フェアリーたちはいかに生まれ愛されたか

イギリス妖精信仰 その誕生から「夏の夜の夢」へ

Floris Delattre
フロリス・ドラットル
訳◉井村君江

アトリエサード

ジョン・アンスター・フィッツジェラルド
《夢を作るものたち》(1860年ごろ)

English fairy poetry from the origins
to the seventeenth century
by Floris Delattre
1912

目次

フェアリーたちはいかに生まれ愛されたか

イギリス妖精信仰——その誕生から「夏の夜の夢」へ

フロリス・ドラットル著　井村君江訳

著者まえがき

この小論は――ロバート・ヘリック※研究の補足として見ていただきたいのだが――イギリス諸島におけるフェアリー神話《ミソロジー》を、イギリスの詩との関係において、またイギリスの詩に及ぼした影響といった面から考察することを目的としており、それ以上のねらいはない。最初期の民間信仰《フォーク・ビリーフ》のなかで、まだ粗野で漠然とした形をとっていた頃に始まって、十七世紀の巧緻きわまる作品群に至り、そこで事実上の終焉をむかえるまでのフェアリー詩の発展の各段階をあとづけてみたい、というのが著書の意図である。本書では、フェアリーという題材の形式と変化と凋落とを批評的に概観すること――言いかえれば、民間伝承《フォークロア》が芸術的な詩になってゆく歴史的経緯の一歩一歩を明らかにすることに重きが置かれている。そのため、文学作品としての詩の審美的価値づけはあえて避けることにした。このフェアリーという問題は、一見つまらぬものに思えるかもしれない。それならば思い出していただきたい。イギリスのいく人かの偉大な詩人たちが、少なからぬ時間と労力をフェアリー国《ランド》の記述に費やすことを意義なしとしなかったこと、またその価値という点で疑義をはさむ余地のない傑作の多くがこの主題によって書かれたということを。そうした認識の基盤がはっきりすれば、より深い研究を進めることができるだろうし、芸術の一分野としての詩が、いかに多くの民間伝承《フォークロア》に負っているか、また原始的な信仰、迷信、それに一民族全体に共通の習慣といったものにどれだけ依存しているか、といった問題について、いっそうしっかり考察することができよう。

フェアリーの主題については、すでに多くの人びとがさまざまな見地から研究をおこなってきており、本書を一読すればわかるように、著者も先達の書いたものを自由に使い、それらに負うところが少なくないということをお断りしておく。それと同時に、フェアリーという題材はいろいろあっても、それらのテーマには共通の傾向があることを立証し、フェアリーたちが原初から十七世紀に至るまでのイギリス詩のなかで経てきた歴史的進化を辿ってみた研究は、これまでには試みられていない。したがっていままでばらばらに扱われてきた諸問題を、こうして一つにとりまとめてみることで何かが得られることを著者は期待している。またこの小論が、その取り扱った範囲においてことの本質にかかわる議論が一歩も出なかったとしても、在来の研究者が陳腐なものと見なしていた論題に、新しい光を投げかけることになるよう希望している。

一言つけ加えておくが、どの引用もけっしてまた引きではなく、つねに正しい典拠に依った。古典の引用の場合は、可能な限り古いエディションから採った。原典に忠実にというのが著者の考えである。

最後にいろいろご援助くださった以下の方々へ心からの感謝を捧げる。つねに最大限の便宜をはかって下さった大英博物館とボドリアン図書館の職員の方々、原稿の段階で目を通して下さったR・ユッション教授、また校正を読んでいろいろ有益な示唆を与えてくれた友人、C・フリュラン、T・K・ルーカーに。

第一章
エルフ、フェアリー、フェイ

フェアリー信仰《ビリーフ》はひじょうに古いものである。それは先史時代からのものであり、見通すこともできぬ霞におおわれた記録もない昔のものである。いわゆるインド・ヨーロッパ語族のあいだにそれほど一般的ではないが、かなり広くゆき亘っていた。フェアリー信仰《ビリーフ》は、すべての歴史の根本に横たわる神秘的な要素から成り立っている。原始時代の人びとは、自分をとりまく自然のさまざまな現象を説明しようとして、すべてのものには自分たちと同じ生命があり、意識ある人格を持って生きており、生気に満ちているのだと考えがちであった。丘や森に出没したり、地下のほら穴や深い水底に住む生きものたちは、ひじょうに神秘的であったので、原始時代の人たちには彼らが恐ろしい姿をしているように思われた。たしかにそうした生きものたちは、人間よりはるかに強い力を持っていたために恐れられ、また敬意を払われたに相違ない。もし友達になれたなら、農民の望むような手助けもしてくれるし、恐ろしい仕返しをしに来ないようにするには、ある儀式をして彼らをなだめればよい。このような言い伝えはインド・ヨーロッパ語族に征服される以前にヨーロッパに住んでいた、背が低くずんぐりした身体つきで髪も目も黒く、地下を住み家にしていたというイベリア人の記憶が、しだいに人びとの心のなかで強められ形を成していったものかもしれない。

また一方、この超自然的な生きものは、この世に再び戻ってきた死者の魂とも関係づけられている。いずれにせよこのフェアリー信仰《ビリーフ》は、一般の人びとの宗教のかなりの部分を形づくっており、農民たちの単純素朴な心にとっては、その宗教のもつ玄秘学《オカルト》的な体系はこの世を支配するものであった。フェアリー信仰《ビリーフ》はヨーロッパ全土に見出せるものであり、その輪郭は、それぞれの国民が持つ特性によって決まってくる。たとえばギリシャでは、神秘的な精霊たちは、自然のさまざまな部分から由来し、それを表わす名前を持つ美しい乙女の姿をしている。すなわち、〈オケアニデス〉や〈ネーレイデス〉、〈ネーイアデス〉は、地中海、泉、川など水の要素にかかわる精であり、〈オレイアデス〉は山や洞穴の精であり、〈アルセーイデス〉、〈ウレーオーロイ〉、〈アウローニアデス〉は森や森林の精で、〈ドリアーデス〉、〈ハマドリアーデス〉は木の精である。これらはいわゆるニンフ（ニュンファイ）であって、若くて優雅で、山羊や子羊、ミルク、油のようなささやかな犠牲《いけにえ》を田園の崇拝者たちに捧げられればすぐに喜ぶ。これに反し北ヨーロッパの国々では、人びとの生活全体が暗い感じを帯びているので、フェアリー王国《ワールド》に対する考えにも、美しさというよりは、恐れとか恐怖といった考えが多く入ってくる。そのフェアリー王国《ワールド》の住人たちは容易には楽しまず、暗さや孤独を好み、片意地なところがあり、時おり故意に人に害を加えたりまた武骨ながら親切をするものもある。特にイギリスにおいては、文学が始まるずっと以前から、三種類の超自然的な生きものがいっしょになって存在しており、根源的なところで、あるいは本質的に見て、それらはたしかに同じものであるが、それぞれは別々に切り離して扱えるほど明確な特性を備えている。すなわち、それらはチュートン神話※のエルフ（Elves）であり、ケルトの伝統※をひくフェアリー（Fairies）であり、アーサー王騎士物語《ロマンス》※のフェイ（Fays）である。

I

エルフたちは〈ホブゴブリン、ブラウニー、コボルト、ドワーフ、ボーグル、トロール、ケルピー〉といったさまざまな名前や形態をとって北方神話のなかに現われてくるが、それらはとくに民間教義《フォーク・クリード》に属している。彼らは人間の姿をしたごく小さな生きもので、わずか数インチくらいしかなく、ややしなびた風貌をしている。エルフたちは明確に分類できる二つの集団を形づくっている。一つは「明るい《ライト》」エルフで、「太陽よりも輝かしい」光と空のエルフであり、もう一つは「暗い《ダーク》」エルフで「瀝青より黒く」、森や山の洞穴に住んでいる。「明るい《ライト》エルフ」は色白くか弱く微妙で、あるものはまばゆいばかりに美しく、月の光をあびて時おり長い金色の髪を梳《くしけず》っていたりする。「暗い《ダーク》エルフ」は奇形で、その外観はほとんどドワーフのようであり、頭は不恰好で猫背なので、言うまでもなくひじょうに醜い。「明るい《ライト》エルフ」も「暗い《ダーク》エルフ」もどちらも多くの仲間と群れをなして暮らしている。真夜中の草原で楽しく歌ったり踊ったりすることを好む。エルフたちが足を踏み入れていたところには、「雌羊も食べないような酸っぱい緑の草の輪」がびっしり生える。その場所へ足を踏み入れた者には禍いがふりかかり、突然目が見えなくなったり、ふしぎな病気でやせ衰えたりする。またエルフたちは夜通し夢中で糸を紡いだり織ったりするので、夜明けに露にぬれた草の葉末に見られるくもの巣のような糸は、そうしたエルフたちの仕事の成果である。エルフたちと人間との交渉は、いつもうまくいくとは限らない。彼らは知恵をしぼって人間をからかったり、困らせたりすることが好きである。姿を消すこともできるので、いろいろな手を使って人間に悪戯をしかける。搾乳場にもぐりこんだり、チーズを盗んだり、牧場で牛の乳をみんなしぼって空にしてしまったり、目の前のものをさっと盗んだり、紫色の「あざ」ができるほど人間をつねったりする。こうした悪戯好きのところが徹底していって、しばしば極端な悪意におちこむことがないわけではない。「良い人たち」とか「良い隣人たち」とか人びとは彼らをなだめるように呼ぶのだが、時には、肉づきのよいはちきれそうな娘をさらっていったり、まだ洗礼を受けていない赤ん坊を揺りかごから盗み、代わりに醜い奇形児を置いていったり、また人間や動物を急に病気にしたりする。だが多くの場合、そんなに根性の悪いことはしない。田舎の人びとと平和に暮らして、彼らはできるだけその家族の仕事、とくに家事の手伝いをする。〈ホブゴブリン〉の多くは、ある特定

ケイト・グリーナウェイ《エルフ・リング》(1901年以前)

の家族に附随していて、その家族のために努めて良い仕事をしようとする。夜中にすき間からそっと馬小屋に忍びこんで、馬たちの泥や汗を落とし、たて髪に櫛を入れ、馬小屋の二階から乾し草を運んできたり、井戸から水を汲みあげたり、農場で働く男の子のする仕事をさっさと片づけてしまう。台所ではだらしのないのは胸がむかつくとでも言いたげに、お皿やらお盆やらを洗い、床をみがき、火を起こし、攪乳器で働き、翌朝早く女中が目を覚して二階から降りてくる頃には、ミルクがちゃんとしたバターの固まりになっている。こうした労苦への返礼に〈ホブゴブリン〉たちが要求するのは、ごくわずかの報酬である。たとえば小鉢にほんのちょっとクリームを入れて、窓の上か階段の一番下のところに置いてやればよい。だがこうしたことを女中が一晩でも忘れたならば、すぐその家から出て行ったり、必ずぐっすり寝ているこの怠け者の女中を、ひどくつねって起こしたりする。

この「明るい《ライト》」エルフと「暗い《ダーク》」エルフには類似点がある。あるエルフは妖しい乙女の姿となって流れのほとりに現われ、人の心を狂わせるような不可思議な唄をうたい、人の心を魅惑して運命の淵へと誘いこむ。あるエルフは森に住んでおり、木こりたちの前にやってきて食事のたべ残しをせがみ、そのうちいつか彼ら流のやり方で返礼に来る。またあるエルフは、赤い髪の毛をして赤い頬ひげを生やし、赤いトンガリ帽子をかぶってリンリン鳴る鈴をつけ、親切で親しみある様子で、家のなかのいやな仕事をせっせと片づける。こうしたエルフたちはみな、悪意をもっているにせよ、ややいたずら好きであるにせよ、人間を恐れている。自分たち小人の背丈に比べたとき、人間の大きさと力が、彼らに少なからず畏怖の念を抱かせるからである。パン焼きやビールの醸造の手を借りたいと思ったり、産婦の手伝いをしてもらいたいと思う人間に彼らは呼ばれる。エルフが人間に対して示す気持は、善と悪、親切と欺瞞、といったものが奇妙に入り混った感情であり、これらは敵意ある恥じらいとでもいうようなもので、そこに何か異教的な感情が含まれているので、キリスト教徒たちと彼らたちの率直なつきあいはむずかしくなっている。エルフたちはチュートン神話の主な特性である悲しくて暗い人生観を同じように持っている。悪意ある悪魔たちと親類ではないにせよ、この見るからに気味の悪い超自然の生きものたちは自分たちの置かれた低い状態をひどくひがんでいるので、エルフ信仰《ビリーフ》の全体を通して、沈鬱な真面目さや、自分の運命をにがにがしく思う感情がその底には流れている。

II

ケルトのフェアリーたちは、ある点においてチュートンのエルフたちと似通っている。インド・ヨーロッパ語族という同じ原始民族に属しているケルト人とチュートン人は、同じ神話への信仰を持っていた。ピクト族、ジュート族、サクソン族、デーン族、あるいはほかの北方民族たちがイギリスに侵入してきたときに持ちこんだ頑強な異教精神は、ケルトの被征服者たちや彼らに近い隣国の人びとの持っていたフェアリーの国にたいする考え方と、すぐさま混りあってしまった。こうしてイギリス本国のケルト人たちが抱いていたフェアリー信仰は、チュートン神話のエルフ信仰と、ある類似性を帯びてくる。フェアリーはエルフと同じように地下の世界に住み、緑の草地が好きでそこに真夜中の饗宴をはる。けれどもウェールズ地方では、しばしば湖がアイルランドのフェアリーの丘と同じ役目を果たす。フェアリーもエルフも普通は人間と同じような姿をしており、いろいろな点で人間と似通った性質を持っている。彼らは結婚もすれば子供も生むし、女性のフェアリーは美しいが、醜くひ弱な赤ん坊しか生まず、機会をみつけては人間の健康な赤ん坊と取り代えてしまう。フェアリーもエルフもともに秩序を好み、綺麗好きである。そして両方ともとくにケルトのフェアリーがそうなのだが、怒りっぽくてすぐに百姓や家畜たちに呪文をかける。イギリスの〈ホブゴブリン〉またの名〈ロビン・グッドフェロー〉は〈パック〉とも呼ばれる。もう少し正確に言えば、ウェールズ地方では〈プーカ〉であり、アイルランドでは〈ポーカ〉あるいは〈プッカ〉、ウースターシャーでは〈ポーク〉、イギリスの西部地方では〈ピクシー〉である。これは主として悪意のある精霊で、いろいろなものに姿を変え、旅人たちを道に迷わせたり沼へ連れこんだりする。たとえば、ロバに化けて足を痛めた通りすがりの人を誘って背中に乗せるが、その人は結局だまされ、後悔することになる。チュートン系のエルフ伝承と関係があり、アイルランド特有のフェアリーに〈レプラホーン〉と呼ばれるものがいる。これはいつもしわが寄った老人で、一人暮らしである。フェアリーたちは踊るとたちまち靴をすりへらすので、彼はいつもフェアリーの靴を作っている。このレプラホーンは金持だがとてもけちん坊なので、おどすか、または混棒で叩くかしなければ、けっして地下の宝の秘密の隠し場所を「小さな人びと」にも示めそうとしない。

　チュートンとケルトの農民たちの信仰に共通のものであるこれらの野卑で、やや粗野で、野蛮なフェアリー神話の神々ばかりでなく、ケルトのフェアリーの世界には、その民族に特有であり、代表者たるにふさわしい多くのよい神々も存在する。マシュー・アーノルド※は、表面的な知識ではあるが鋭く本質を見抜いた解説である有名な随筆で、次のように述べている。「もしもケルト民族の性質を端的な言葉で特徴だてて説明するならば、『感傷的《センティメンタル》』という言葉がもっとも適当であると思う。さらに「良かれ悪しかれ、ケルト民族の特性は地上すれすれのところをゆくというゲルマン民族の特性のようなものではなく、天馬空をゆくようなものであり、また非物質的なものである。とにかく、ずんぐりして背が低く、粗野で実際的でよく働き、たくましい顔つきをして荒々しい性質で、なにか不気味なユーモアを好む騒がしい連中の代わりに、ケルト民族のなかには、優雅で活発で、明るくて情熱的で、喜びにも悲しみにも同じように敏感なタイプの一群のフェアリーが現われてくる。アイルランドのある地方の農民たちは、フェアリーは罪が軽いため、恐ろしい運命から逃れて地上にいることを神より許された堕天使《フォールン・エンジェル》たちだと信じている。あるいは〈トゥハ・デ・ダナーン〉のようなゲーリック神話※か、それに近い種族「マビノギオン※」のウェールズの神々のような神聖な種族に属するとも思われている。彼らはすなわち「生命を与える者」と呼ばれ、不死の存在で稔りを与える者であるが、もはや尊敬を払われなくなって、次第に人びとの心のなかで小さくなってゆき、ただフェアリーとしてだけ思い出されるものになり変わってしまったというのである。「フィンヴァラー」と呼ばれるアイルランドの王がそうした例であるが、彼は「オナーグ」という王女とともにフェアリーランドを治めている。小高い丘や小山に住み、ケルト人の想像力によればそこには〈シー〉の他郷に通じる入口があり、エリジアム※のように官能の悦びを得られる国が広がっている。すなわちいつもリンゴの木々は実り、ぶどう酒や蜂蜜酒がつきることなく流れる国である。アイルランドの農民はフェアリーを今日でも〈ファー・シー〉と呼んでいるが、これは「丘の男」という意味で、女のほうは〈ビーン・シー〉といい、これは「丘の女」の意味で、もっとも一般的な伝説に現われてくる〈バンシー〉は古代の農耕民族につきまとっている不吉な神で、家族の一人が死ぬ時を予言するためだけに姿を現す。

チュートンのエルフたちとケルトのフェアリーたちとの相違は、人間とのかかわり方のところにはっきり出てくる。フェアリーは大部分、初期のケルト神話のなかに現われる。全体として、北方の種類のような小さな姿をとってはいない。純粋に民話のなかに登場するフェアリーたちは、たいがい人間と同じ背丈に描かれていて、ケルトの中世騎士物語《ロマンス》に重要な役割を演じている。このケルトの中世騎士物語《ロマンス》の想像力に富む物語の本体は、五世紀と十二世紀のあいだに作られ、その主題は民族の英雄伝説の系統をひくものである。この物語に現われるフェアリーは主として女性であって、蒼白い面長な顔立ちで、目もさめるばかりに美しく、「赤みがかった金髪か、真夏の沼に咲く花のような」髪をなびかせている。彼女たちは「海の碧い波間」に住むか「常若《とこわか》の国」の岸辺か「幸ある島」に住んでいる。恋する男たちの思いを募らせることに興味があり、騎士が心に思うレディを探し求める遍歴の旅で手助けもしてくれる。しかし、他の女性に騎士の愛がゆくことを好まず、自分にだけその愛を惹きつけておこうともする。フェアリーたちはケルトの伝承物語のなかで魔法や呪術の秘かな使い手として、また霊妙なものの本質的な姿として、これまで考えられてきている。すでにフェアリーは限りない目的を持たぬ欲望や陰鬱な悔恨の情をたたえた騎士道において、一つの理想的な女性像を暗示していた。ケルトのフェアリー王国《ワールド》は、チュートンの『エッダ※』や『ニーベルンゲンの歌※』にしばしば見られるような恐ろしい戦いとか、血に飢えた復讐といったものをけっして許さない。ここは「美と恋と愛」との領土であり、逞しい戦士たちは義務として『クーフーリンとファーディアドの物語※』に見られるように、騎士道にかけて敵を倒し、愛する女性にたいしては、エマアに求愛するときのようなやさしい心づかいでつくす。ケルトの伝承物語の「良い人びと」と、吟遊詩人たちのうたうロマンスのなかの魔法を使う女性との区別は、実際のところあまりなかった。

ジョン・エヴァレット・ミレイ《エアリエルに誘われるファーディナンド》(1850年)

Ⅲ

ケルトのフェアリーたちは、民間伝承的な源やキリスト教以前の農民たちの物語が持つ純粋に神話的な概念から離れて、次第にロマンティックな空想の領域へと移行してゆき、次第に貴族や貴婦人という文化的な階級の人びとの好むテーマと見なされていった。こうした推移につれて、フェアリーの持つ魔法がかった「恋愛ごと」という面は、ますます目立ってきて、間もなくこれがフランスの中世騎士物語《ロマンス》に登場するフェイたちと関連を持ってくる。アーサー王の中世騎士物語《ロマンス》の迷路のなかをさ迷っていると、すでに見覚えのある多くの人物たちにふいに出会うことがあるが、これらの人物たちは、実際にはもっと古いケルトの世界の人物たちから借りてこられたものである。中世騎士物語《ロマンス》の言葉そのものはフランス語かもしれない。だが、中世騎士物語《ロマンス》はフランス語で書かれ、大陸で作られ、異国風の衣をまとわされてイギリス全土一般に広くゆき亘っていったと思われている。なぜなら、フランス語はアーサー王伝説がもっとも盛んだった十三世紀のあいだには、まだ海峡の反対側で広く使われていた言葉だったからである。しかしそこに見られる精神は、フランスの出来事、すなわち「シャルルマーニュ大帝とその十二勇士《パラディン》たち」※に関する一群の物語を伝える精神からは、まったくかけ離れたものである。フランスの物語は主として歴史的であり、事実に基づき、一つのごく単純な筋書きで運ばれてゆく。それは言ってみれば、一つの強力なものが皇帝をつねに護っており、いわば神、あるいは守護天使の直接的保護によっているからと言えよう。これに反し「ブリテンの物語」は、本質的に言って神話的である。その物語は言ってみれば、イギリスの英雄的な王の性格に多少とも関係のある種類の伝説が、すべてその一人の人物のまわりに集められたものである。物語は「巧みに手際よくケルトの伝説とフランスの特質とを入り組ませた混合物」と簡明に言えよう。シャルルマーニュ大帝に関する純粋な物語群のなかには、一般的に見失われてしまったロマンティックな感情が満ち満ちている。

「アーサー王と円卓の騎士たち」の中世騎士物語《ロマンス》は、まさにフェアリーの国のものである。そこではすべてのものがおぼろで霧につつまれ、捉えどころがなく不可思議である。その地平線は古代ケルトの異教的世界と融け合ってゆくか、あるいは初期の神秘的キリスト教世界の彼方へと消え失せてゆく。数多くの群れであるフェイは、超自然的な存在を象徴している。しばしば引用される「湖のランスロットの物語」の一節において、フェアリーたちは次のように表象されている。

そのとき、魔法や妖術を使うことのできるフェイたちが、みなそこに召集されていた。大ブリタニアでは当時、他の国々よりもそうしたフェイが多かった。特殊な言葉や石や草の力を知っていたフェイたちは、それらによって望むだけの若さと美しさと、大きな富とを身につけていた。こうしたことはすべて、予言者〈マーリン〉の時代には、定着していた。※

フェイは言葉自身が示すように、フェイト(運命)という古代の思想へ遡ることができよう。これはローマ神話の〈パーケー〉すなわち「運命の女神たち」と似ており、彼女たちは人間の命の糸を紡ぎ、その誕生を司どり、その運命を支配する。彼女たちは魅惑的な美しい女性であり、もっとも勇敢な騎士に愛を与え、彼をどんな向う見ずな冒険へでも駆りたててゆく。そして騎士をこの世の外の世界へ連れ去ると、その騎士はいつも夢見心地のまま、まもなく不思議な呪文にかけられ、人間の世界のことはいっさい忘れて時を過ごしてしまうことになる。彼女たちは騎士が地上に還ることは許しても、かつて愛を得たその英雄を再び手ばなそうとはしない。よく知られている三人の有力なフェイたちは、ブリテンの物語のなかで描かれている。まず第一はアーサー王の妹の〈モルガン・ル・フェイ〉で、彼女は本来は「アーサー王伝説のフェアリーの女王」といわれている。彼女の属性は多種多様である。霧につつまれたアヴァロンの島の貴婦人として描かれていたり、また、カムランの戦いのあとでアーサー王の傷をなおした魔法の力を持った乙女とか、また恋にそむかれ復讐せんとする棄てられた情人としても描かれている。予言する力を与えられており、さまざまな姿に身を変えたり、人間の姿を変えさせたりする力を持つ女人としても描かれている。さらに彼女は〈オーベロン〉の母親でもある。〈オーベロン〉は森に住んでいるフェアリーの小さな王であり、彼の魔術的な力は、森を通る人を誰でも危険に陥れる。そして彼は母親と同じように、真実をためす盃を持っている。

田園で遊び戯れる
悪戯好きの小さな王オーベロンは
偉大であり、ジュリアス・シーザーの※
息子として広く知られている……
モルガンという名のジュリアスの賢い妻は
輝くばかりに美しい容貌であり、
この悪戯者オーベロンの母であった……※

バーン・ジョーンズ《マーリンの欺き》(1874年)

あとの二人は〈ラ・ダム・デュ・ラック〉と〈ニーニアン〉で、彼女たちにまつわる伝説は、モルガン・サガよりも多くはない。どちらも厳密な意味ではアーサー王伝説以外に登場してこない。〈ラ・ダム・デュ・ラック〉はランスロットの護り神であり、彼をフェアリーランドで育てあげた。彼女はランスロットを、武功をたて偉業をたてるべき人物として鍛え育てあげたのである。ランスロットが大人になったとき、行く手にある試練を受けるにふさわしいものになれば、彼女の愛を受ける権利が得られるからである。〈ラ・ダム・デュ・ラック〉が保護をするということは、とりも直さずランスロットを一人前にして、英雄だということを証明したあかつきに、彼女自身が恋人として彼を選ぶということだけを意味する。

最後に〈ニーニアン〉であるが、彼女は〈ヴィヴィアン〉という名前で親しまれているのだが、魔法使い〈マーリン〉をだましたフェイである。彼女は森のなかで〈マーリン〉に出会って、魔法の術を授かる。〈マーリン〉はこの意地悪い娘にみずから教えたその魔法の術で、永遠の眠りのなかへ誘いこまれ、空気でできた牢屋にとじこめられてしまう。アーサー王の叙事詩群の他のフェイたちは、多かれ少なかれ、みな同じような性格の型にはめられている。すなわち彼女たちはきわめて美しく、勇気ある騎士たちに愛を与える。彼女たちは英雄を魔法の力によって、神秘的な住み家へと誘ってゆく。騎士はみずから望んで永遠に彼女に仕えるか、あるいは完全に忘我の状態になって、フェイたちとともに遥かな国にとどまり、

けっして再び帰っては来ない。

これらが、イギリスの各島々に伝わる神話のなかにみられる、本質的な特色に集約されたフェアリー教義《クリード》のさまざまな姿である。もちろん信仰というものは、はっきりとした確かな境界線は認められないものだし、これらの簡単な輪郭というものは、よりぬかれた一番いい概念に少なくとも向かっていく。現実は思ったよりはるかに複雑であり、とくに民間伝説として扱われている現実は、一つの時代から他の時代へと口碑伝承の形で伝えられていった。したがって、これまで見てきたように、ケルトのフェアリーたちはチュートン神話のエルフたちと似通っていないというわけではないが、一方では中世騎士物語《ロマンス》のなかの愛の理想像の発展と分かちがたく結びついている。また他の例をあげれば、フランスのロマンスに目を転じると、フェアリーの王で、チュートンの〈ドワーフ〉で、奇妙なことにジュリアス・シーザーと〈モルガン・ル・フェイ〉の息子である〈オーベロン〉に助けられた〈ユオン・ド・ボルドー〉※は、いくつものすばらしい冒険に出会い、そこでアーサー王伝説の英雄たちとひじょうに似通ったかずかずの武勲を見せる。民間信仰《フォーク・ビリーフ》のなかの超自然的生き物についてみてきたが、原始的な段階であれ、あるいはずっと下った後の段階であれ、そのあいだこうした生き物たちはさまざまな影響をこうむってゆく。たとえば宮廷生活の影響とか、あるいはまたキリスト教が導入されたために、半ばは悪の精霊として堕落させられていったりしたのであるが、結局こうしたフェアリーたちは、一つの主だった源から派生してきていることがわかる。すなわち、自分をとりまいているものに自分と同じ生命を与えたい、すべてのもののなかに象徴を汲みとりたいという人間の自発的な欲求からきているということである。研究者が区別しようとこころみるいくつかの発展段階にみられたさまざまな形を合わせもって――「フェアリー」という言葉は、時がたつにつれ、次第により低い秩序を持った精霊たちに対し、あるいは森や小川のほとりに出没する小人のようなエルフと同じように、人間の大きさをした中世騎士物語《ロマンス》のフェイたちに対しても無差別に当てはめられたりしているが――「フェアリーたち」は、信仰や想像力がひじょうに支配的であり、まだ「夢を見ることをやめてはいない」薄明りの世界にあった時代の、人類の原始的神話を表わしているのである。

第二章
初期のフェアリー詩

フェアリー信仰《ビリーフ》は、古い時代からブリテン諸島の神話のなかに広く浸透しており、当然のことながら、初期のイギリス文学のなかに流れこんでいった。口承の伝統はひじょうに広く民衆のあいだに流布していて、個々の詩人歌手《ソングスター》たちの空想を刺激し、彼らはこの民族伝承譚を芸術の形に作り変えるとき、ほとんど何も必要としないほど豊富な題材をそのなかに見つけた。一一三〇年頃、『ブリテン列王史』でジェフリー・オヴ・モンマスは、それまで散在していたアーサー王伝説を蒐集して自分の想像を混えつつ一貫した物語とし、当時ほとんど無名だった王をブリテンの国民的英雄にし、さらにフェアリー王国の自他ともに許す王に仕立てあげ、これより約一世紀の後には、『オティア・イムペリアリア』でティルベリーのジャーバス※が、当時のフェアリー信仰《ビリーフ》を委曲をつくして記述しているが、こうした散文家は言わずもがな、初期のイギリスの詩歌のなかには、エルフィン世界《ワールド》に関する記述がかなり多く見出せる。これらの記述は概して簡潔でそうしばしば出てくるものではないにしても、当時超自然的な生きものとして信じられていたフェアリーが、人びとの心の内でまだ生きつづけて、いかに重要な役割を演じていたかということがここには示されている。こうした観点から順を追って、民謡《ポピュラー・バラッド》、チュートンの叙事詩《エピック》、フランス語から翻訳された韻文体の中世騎士物語《ロマンス》、そしてチョーサーの作品やその流れを汲む詩人たちの作品を検討してみることにしよう。

I

民謡《ポピュラー・バラッド》は、予想通り「フェアリーに満ち満ちて」いる。民謡《ポピュラー・バラッド》は文学以前の文学であり、いわばまだ個人の筆使いを帯びていない民衆の詩である。民謡《ポピュラー・バラッド》は、人びとの心のなかにその都度、まっさきに浮かんでくる事柄を素朴なやり方で物語っており、したがって人間の本能に忠実なもののみに興味を抱くような、文学の解らぬ聴き手にふさわしいものとして、それを日常の平明な言葉で言い表わしている。

フェアリーの話は、戦いや恋愛の物語とともにこの歌謡《バラード》の主要なテーマの一つである。人類のまわりにつねに低徊していた先史時代からの信仰と迷信の薄明りは、狩りや侵略への荒々しい情熱、破れた恋、裏切られた思い、また死によってのみ癒される復讐心に燃え立つ憎悪などのように、当然のことながら、人びとの謡う歌のなかに反映していった。歌謡《バラード》それ自体が備えている技法上の特徴、いわば本来歌うことを主眼にしたものであり、詠唱されて踊りがそれに付いていたり、絶対的な客観性とか、きびきびした語り口とか、物語体《ナラティブ》から対話体《ダイアローグ》への移りゆきを少しも感じさせない飛躍とか、また十分に語らず、あまり説明を与えぬ暗示的表現が多いということなどが、押し並べて民謡《ポピュラー・バラッド》を、とくにフェアリー世界の表現に適したものにした。「若きタムレイン」※がちょうど九歳になったとき、エルフィン女王に連れ去られることの次第は次のようである。

不幸な朝、わたしは出かけた、
　傷つけられることを恐れずに、
長いこと思いに耽り、いつかすっかり眠りにおちた、
　一本の林檎の木の下で、

その時、エルフィン女王が現れて、

わたしを連れ去っていった。
思い起こせばあの時からずっと、
わたしは女王の仲間なのだ。※

「フェアリー一族が馬を乗りまわす」万聖節※の宵祭に、マイルズ・クロスの暗いヒースの原に待っていて、愛する人が変身する恐ろしい瞬間に彼をしっかり抱きしめていた美しいジャネットの苦しい体験だけが、地獄の悪魔の手から「エルフのあし毛の馬」にされていた彼女の子供の父親を救うことができ、人間の姿にして地上に連れ戻したのである。

そのときフェアリーの女王はこう叫ぶ。

タムレインよ、と女王は言う、もしあの女が
お前をとり戻しに来ることがわかっていたなら、
お前のその青い二つの眼の玉を、
木作りの眼玉に入れ替えておいただろうに。

タムレインよ、と女王は言う、もしお前を
連れてくる前に、あの女が来るのがわかっていたなら、
お前のその肉の心臓をとり出して、
石の心臓と取り替えておいただろうに。※

別の歌謡《バラード》では、エルフ女王の子供たちに乳を飲ませるため、黄泉の国《アザー・ワールド》へ連れ去られた女のことが謡われている。このあとの話のほうが、ずっと人間味がある。

女王は言う、「乳母よ、わが子を養え、
お前の膝まで、その子の背丈が伸びるまで。
そうしたら、戻って行ってもよいだろう、
お前の懐かしいクリスチャンの国へ。※」

『エルフィン騎士《ナイト》』のなかでも、ある女性がこの世のものでない精霊《スピリッツ》を打ち負かす。

彼方の丘にエルフィン騎士《ナイト》が坐っている、
騎士はホルンを吹く、高くそして鋭く……

「あのホルンが、わたしの胸にあったら、
本当に、あの騎士がわたしの腕のなかにいたなら……」

彼女がこうした言葉を口にするや、
騎士はその女の寝床にやってきた。※

しかし乙女は騎士の言いなりになる前に、不可能に近い仕事、たとえば「縫目をつけずに寝巻を縫う」ことよりむずかしい、気の遠くなるような仕事を彼に課して、その計画の裏をかく。とはいえ、一般にフェアリー族は、こんなに簡単にしてやられるものではない。ひどく腹黒くはないにしても、どちらかと言えば意地は悪い。アリスン・グロスはある日、「北イングランドでもっとも醜い魔女《ウィッチ》」の寝室を「訪ねる約束をさせられて」しまい、「巧妙なかずかずの言葉」で巧みにあしらわれる。そして、彼が魔女の恋人になるのを拒むとすぐに、

魔女はぐるぐる廻り、
緑色の角笛を三度吹きならし、
頭上の月と星たちに誓いをたてた、
生まれて来ないほうがよかったと、
わたしに後悔させせようとするために。

ついに魔女は、木のまわりを這う「みみず」に彼を変えてしまう。

フェアリー王朝の人びとが馬を走らせる
この前の万聖節の宵に、
わたしがいつも這いまわるあの木の近く、

雛菊の咲きみだれる堤に、女王はいた。

真白い手で、女王はわたしをとらえ、
その膝の上にのせて三度撫で、
元の姿に戻してくれた、だからもう、
木のまわりを這わずにすむのだ※。

クラーク・コルヴィルは、いっそう不運であった。というのは結婚したての溌剌とした妻に、行きなれたあの小川にはもうけっして行ってくれるなと懇願されたのに、もう一度だけ、と行ってみると、そこにはフェアリーが彼を待っていた。

「うるわしの乙女よ、お前は洗う
いつでも洗う、その絹のナイトガウンを」
「わたしの皮膚が、ミルクよりも白いのは、
美しい騎士よ、それは貴方ゆえのこと」

騎士はミルクのような白いその手をとり、
その緑色の袖をとり、彼女とともに、

うるわしい乙女の元へと連れ立った、
自分のいとしい妻のことは忘れて。※

この歌謡《バラード》の結末では、彼は息もたえだえになって馬を走らせて母親のもとに帰ってくる。彼はこの人魚の禍いの接吻で、すでに心臓を貫かれてしまっていた。

歌謡《バラード》のなかで描かれているフェアリー、※すなわちそのように一般の人びとには考えられていたわけであるが、こうしたフェアリーたちは、概して愛されるものというよりは恐れられていたもののようである。フェアリーたちはちょうどギリシャの復讐の女神たちが〈エウメニデース〉(原義＝親切な女神たち)と呼ばれたように、その機嫌を取るときだけ、「善き人びと」「善き隣人」「平和を愛する人びと」と呼ばれた。彼らは不気味で気むずかしく、執念深い種族を成しており、頼みにするのも無視するのもともに危険である。フェアリーたちは人間と交渉するときは、いつも無理に自分の意志に従わせようとする。人間のほうはフェアリーたちのわけのわからぬ力を感じ、やむをえず無意識のうちにいつのまにか従わされてしまう。とりわけ、冬の夜長をフェアリーたちのさまざまな悪行の話を語って過ごす人びとにとってみれば、フェアリーは実在する生きものであり、現身《うつしみ》の不吉な存在であった。いつも目に見えない存在なので、人びとは少なからず敬意を払い、できる限り言葉少なに語ったに違いない。吟遊詩人《ミンストレル》※やその歌謡《レイ》に耳を傾けた人たちは、いずれも、これら幻の生きものの風習をあまり詮索しすぎたり、蕨の草むらと青白い水辺のそばにある「月の薄明かり」のその不思議な国に、長居したりするのはよくないことだと心得ていた。

Ⅱ

歌謡《バラード》は韻文で書かれた伝承的な主題を持つ作者不明の物語《ナラティヴ》であり、世代から世代へと受け継がれ、その度ごとに新たな色彩を帯びてゆく、民衆のなかに起源を持った生まれたままの無技巧の詩作品である。叙事詩《エピック》は普通はこれより長い物語詩で、英雄的な行為や人物が扱われており、物語の細部は全部一つになって総合的に調和のとれた統一体に集まってゆく傾向がある。そして叙事詩は、自分の個性をその作品のなかに刻みこんでゆく職業的な詩人の手になるものであって、もはやここでは詠唱されたり暗誦されたりはしないし、ルフランのついた鄙びた合唱曲のようなものでもなく、いわば本のように朗読されるものである。もう一つつけ加えれば、われわれが現在手にしているような歌謡《バラード》は、この二世紀のあいだに蒐集され、書き留められたにすぎないが、このイギリスの叙事詩《エピック》は、遠い昔の時代にまで遡ることができる。すなわち、サクソン族がドイツの地を去り、ブリテン島を征服するはるか以前、その韻文の物語《ストーリー》のなかに、民族のもっとも古い信仰や迷信のたぐいはすでに織りこまれていたのである。

七世紀のものと推定される最古の叙事詩《エピック・ポエム》『ベーオウルフ』※には、いまだ大陸にあったチュートン族の英雄の戦いや、怪物グレンデル母子や飛竜《ドラゴン》との戦いが物語られており、少なくともここにはフェアリー信仰《ビリーフ》に関する一つのことがはっきり書かれている。ここでわれわれがチュートンのエルフたちに出会うのは当然であるが、彼らは悪意に満ちた精霊《スピリット》であり、海の洞穴に住む血に飢えかわいた悪魔《フィーンド》と近しい関係にあり、そこには全体にわたって粗けずりの異教的な色彩が反映している。これに対して、十世紀の写本の形で伝えられてきた詩には、ブリテン諸島にキリスト教が伝来してから後の年代にほどこされた修正の跡が明らかに辿れる。このことの説明は容易にできよう。というのは、仮にサクソン人が新しい教義を公に信奉した後でもなお異教的な考え方にしがみつき、エルフの存在と力を信じてやまなかったとしても、カトリックの伝道者たちは彼らの義務の一つとして、この国民的な信仰を自分たちなりの目的のために使おうとしたからである。伝道者たちは、エルフを「サタンの叛乱にはあからさまに参加しないが、反対もせず、※」世界の終わりの日まで地上をさまようことを宣告された堕天使《フォールン・エンジェル》だと断言する。あるいはまたエルフは邪悪な怪物《モンスター》に変えられて、もの淋しい荒地か陰鬱な湖のほとりに住み、人間をおどしたり苦しめたりすることを唯一の仕事としている、人間最初の殺人者であるカイン※の末裔だとも言われる。こうしたことから、『ベーオウルフ』の次の個所の第二番目の二行連句《カプレット》は、たしかに後世になってから挿入されたものと読みとれよう。

　これから、すべての悪しき族《やから》が生まれた。
　巨怪、妖精、悪鬼のたぐい、
　また、久しい間神に立ち向かい争った巨人たちもそうだ
　神は彼らにその報いを払われたのだ。※

トロイの滅亡とブルータスの上陸から、八世紀の初頭に至るまでのあらゆるブリテン王国の、多少なりとも伝説化した歴史的な出来事を含んでいるラヤモンの『ブリュート』※（一二〇五年頃）のなかでは、エルフたちはより重要な役割を演じている。純粋にチュートン的な『ベーオウルフ』においてそうであったように、エルフたちは人間を悩まし、荒地に出没する。ラヤモンはスコットランドのある湖を、こん

なふうに描写している。

地下の中間にある
これは不可思議の湖、
沢あり葦草しげり、
水は遥か広く、
魚や鳥かず多く、
悪しき族《やから》たちも住む。
水の広さ計りしれず、
水の魔物は浴あみし、
木かげの溜りには、
エルフたちが遊び戯れる。※

ラヤモンは生粋のサクソン人であり、その作品『ブリュート』は、みずから愛国的な叙事詩といっているものである。格調の高い修辞的なラテン語の文体で書かれた『ジェフリー・オブ・モンマス』の伝説的な歴史書と、さらに優雅なフランスの中世騎士物語《ロマンス》をしのばせるアングロ・ノルマン語で書かれたワースの作品『ブリュート』を基に、そのなかにラヤモンはより暗く、より頑強なチュートン魂を注ぎこんだ。彼はアーサー王を誇りに思い、その物語を徹底してサクソン化する。そしてアーサー王を理想的なブリテンの国王として褒め讃える。彼は自由に原作をふくらませただけではなかった。フランスの中世騎士物語《ロマンス》作家が神秘的な魅力でアーサー王の名を鎧おわせたのに対し、彼はそうした魅力の代わりに同郷の人びとの尊敬に十分に値する逞ましい男らしさをつけ加えた。したがって、ラヤモンはアーサー王を〈モルガン・ル・フェイ〉のような女の魔法使い《エンチャントレス》とだけ関係をもたせることなく、アーサー王を、エルフたちの群れのなかに置く。このエルフたちはその特質の上から見て、チュートン伝説《サーガ》の一般的な種族に属するものである。エルフはアーサー王の誕生を司どり、喜んでこの世に迎え入れ、さまざまな贈り物をこの王におくる。

選ばれし時は来た、
かくしてアーサーは生まれた。
この世に生まれるやすぐに、
エルフたちは彼を連れて行った。
ひじょうに強い魔法を幼児《おさなご》にかけた、
彼らはアーサーに力を与えた、
騎士のなかの騎士になるように、
もう一つは、金持の王になるように、
彼らは三番目のものを与えた、
久しく長く生きることを。
彼らはアーサーに、
王としての最後の徳を与えた、

それでアーサーは生けるもののなかで、
もっとも寛大な者となった。
これがエルフたちがアーサーに与えたものであり、
このようにして幼児は立派に育っていった。※

アーサー王の武器、「胸当て」や鉄製の胴鎧、そして剣「キャリバーン」がエルフの鍛冶工によって作られた。

かくして彼は
鉄の胴鎧《バーニー》を身につけた、
これはエルフの鍛冶工が、
秘術を尽して作ったもの……
剣キャリバーンを
彼は腰に下げた、
これもアヴァロンで、
秘術を尽して作られたもの。※

アーサー王はこの世から去る前に、自分はこれから「もっとも美しいエルフ」アーガンテの島アヴァロンに行く、アーガンテは自分を「壮健にしてくれ、また歓待してくれるだろうし、そうしたらわが愛するブリテンの王国にまた戻ってこよう」、と皆に言う。

　さればわれわれはアヴァロンへ去ろう、
女性のうちでもっとも美しきひとの許へ、
女王アーガンテ、
もっとも美しきエルフの許へと。
わが傷をかのひとは癒さん、
回復薬によりて、
わが健康を戻してくれよう。
しかるのち、再びわれは戻らん、
わが王国へ、
そしてブリトン人たちと暮らそう、
溢れんばかりの楽しさのうちで※。

〈アーガンテ〉は、もちろん〈モルガン・ル・フェイ〉のことであり、これらのエピソードのかずかずは、おそらく直接フランスの中世騎士物語《ロマンス》から借用されていると思われる。しかしながら、その色彩は明らかにサクソン的である。これらのエピソードは、僧侶であったこの詩人の作品の国民的な重要さと、少なくともセヴァン河畔に住む十三世紀初頭の人びとが、すでに外国の征服による影響から立ち直り始めていたことをはっきりと教えてくれる。

最後に、ウィリアム・ラングランド※の『農夫ピアズに関するウィリアムの幻想』について述べよう。『ブリュート』より約一世紀半ののちに書かれたものであるのに、素朴な生気を完全に持っているため、これもおそらくサクソン叙事詩《エピック》の一つと呼べよう。この作品では、明らかに『薔薇物語《ロマン・ド・ラ・ローズ》※』に見習った趣向と思える夢の入り組んだ寓意《アレゴリー》のなかに、ひとりの素朴な農民の不屈な性格がくっきりと浮彫りになる。彼は乞われるままに聖歌や挽歌を詠唱して暮らしをたてており、その歌のなかで自分の心のうちをありのままに物語り、不満もすべて吐露する。そして一方、作品の最初の詩句が証明するように、彼は超自然的なものの存在をかたく信じている。

それはマルヴァン丘のある五月の朝、
幻のように目の前に、
不思議なフェアリー※を見たと思った、
さ迷い歩くのにうち疲れ、
とある小川の広い堤に、
しばし憩っていたときだった。※

ラングランドに落ち着きがなくすぐ憤りを見せるとしても、彼は完全なキリスト教徒であり、人間の自然のままの激情と神の意志とのあいだに、さらには社会的権力と自分自身と良心とのあいだに、人生における絶え間ない闘争を見ている。そして寓意的な擬人化の手法によって、彼は「信仰」と「教会」、「真理と虚偽」、また穢れた悪魔《フィーンド》に仕える「嫉妬」や「貪欲」「貪食」といった「七つの大罪」に関する考えを表現する。さらに、丘に出没するエルフたちを地獄の邪悪なインプたちに仲間入りさせ、〈プーク〉とそれらを呼んでいる。

「敵をも洪水をも火をも恐れず
地獄のプークは勢いをました※」

「プークの危険なる手よりわれらを救い、
いつの日か悪魔の力より
われらを解き放つその人の名はキリスト※」

「さらばわれ、聖霊なる第三の力もて
プークをば滅ぼさん
それは聖霊であり……※」

こうしたかずかずの隠喩は、もっとも真剣で神聖な信仰を、一般的迷信によって表現しようとする企てであるが、さらにこのことはチュートンのエルフたちが、いかに人びとの心に絶えずつきまとっていたかということ、また思想の変化や時代の新たな理想に合わせることによって発展してきた古くて根強い民間信仰《フォーク・ビリーフ》や、それぞれの作家の個人的な気質というものに、エルフたちがいかに巧みに適応してきたか、ということの証明に大いに役立っている。

Ⅲ

十三、四世紀にフランスにおいて広く愛好されていた韻文の中世騎士物語《ロマンス》は、イギリスに伝わると紛れもなく成功をおさめた。中世騎士物語《ロマンス》に含まれていた超自然的な要素は、当然その国民の信仰、いわばつねに外来の貴族的で純粋に文学的な思想に入りこんで、それを緩和してゆく力を持つ一般の信仰の影響を受け、そこにさまざまな種類のあい矛盾した断片から成るひじょうに錯雑したフェアリー神話《ミソロジー》を成り立たせた。

トマス・チェスター※という人の手になる『ローンファル卿』の中世騎士物語《ロマンス》は、この点において適切な例を与えてくれる。この作品はマリー・ド・フランス※の短い物語り歌を敷衍して別の形にしたものであり、その翻訳は原本のものよりも三百行ほど増えている。物語は次のように要約されよう。美しい若者で宮廷の家老であるローンファル卿がアーサー王の花嫁グウェニーアをその国へ連れて来たが、彼女は結婚するとすぐに、ローンファル卿を宮廷から追い出してしまった。彼は貧困に陥り深く嘆き悲しんだ。ある日、彼が「悲嘆にくれて」木陰に坐っていると、インドシルクのスカートと緑のマントを身にまとった「綿毛の上の雪のように白い」顔をした二人の「優しい乙女」が、ふいに目の前に現われた。二人はローンファルを自分たちの女主人の豪華な東屋《パビリオン》に案内した。

オリロン王の娘はレディ・トリアムール
父は偉大な力を備えた人

広く知られたフェアリーの王※

この乙女は、

……五月の百合のように
あるいは冬の日に降る雪のように白い※

乙女であったが、この若い騎士をあたたかく、情熱的とも言える心で歓迎した。

いとしき愛人《ひと》よ
このキリスト教の国でわたしが愛するのは
王でもまた皇帝でもなく、
ただ貴方だけ※

「二人は床に入った、しかもすぐに。」だが翌朝、彼を去らせるときに、彼女は一つの特別な条件を課した。

騎士よ、この一つのことを、
わたしは貴方に警告しよう、

いかなる人にもわたしのことを言わぬこと、
重ねて言う、もしも他の人に言ったならば、
貴方は、すべての愛を失うだろう。※

喜びと希望に満ちて彼は帰って来た。ローンファル卿はいまやすべてのことにおいて成功をおさめた。次第に金持にもなった。遥かロンバルディーにまで遠征して、馬上試合に輝かしい勝利をおさめ、ついには「アタリーの貴族という貴族」に嫉妬心を起こさせるほどまでになった。その名声はアーサー王の耳に達し、ついに王は彼を宮廷に呼び戻した。この美男の騎士が宮廷で暮らすようになってからほどなくして、グウェニーアは甘い言葉で彼を誘惑しはじめ、そしてある日のこと、恋情を実際に彼に打ち明けた。ローンファルは夜ごとに自分を訪ねて来ていたエルフ恋人《ミストレス》へ貞節をつくすため、激しく王妃をなじっているうち、運の悪いことに、つい自分の秘密を明かしてしまう。

この七年のあいだ、
貴方が会ったこともないほど
美しいひとを、わたしは
ずっと愛しつづけている……※

女王がその復讐を計るのに長くはかからなかった。

気安く振る舞ってもよいとローンファルに
わたしが言うと、恥しらずにも、
恋人になってほしいと懇願された。※

王妃は王のところへ行き、告げ口をした。騎士は誘惑者と見なされ、定められた日までにその不思議な恋人《ミストレス》を裁判に出廷させなかったなら、そしてまた連れて来ても、その恋人《ミストレス》が王妃よりも美しさに輝いていなかったならば、死刑に処す。と王は彼に申し渡した。

盗人のように彼を首吊りの刑に処そう。※

定められた日は近づいていた。ローンファルが約束を破ってから、その不思議な恋人《ミストレス》は姿を現わさなくなっており、彼は皆が当然と思っているような重い罪を、自分の命によってあがなおうとしていた。だが、レディ・トライアモアの心はついにほぐれて、もっとも華麗な衣服をまとい、城の中庭まで馬に乗ってやってきたのだ。

梢にとまった小鳥のように
愛らしく、そして楽しげに、※

彼女はアーサー王の御前で、これまでの王妃の不正をありのままに語った。それから再び彼女は馬に飛び乗ると、自分の騎士をフェアリーの国へと連れ去ってしまった。

遥か遠く去っていった、
オリロンという楽しき国へ。
かくしてローンファルは、
疑いもなく、
フェアリーの国へ連れ去られたままとなる。※

マリー・ド・フランスの原典と読み比べてみると、この美しい中世騎士物語《ロマンス》はほとんど新しい詩のように思われる。フランスの女流作家から借用した事実の上に、このイギリスの翻訳者はある不思議な魅力、すなわちケルト風な想像の持つ超自然的な神秘を想い起こさせる、魔法の光のようなものを添えたのである。こうして宮廷詩は、過去において、あるいはその源となっていたかもしれない民間信仰《ポピュラ・ビリーフ》に近づけられたわけであり、いわばトマス・チェスターは、あたかも自分自身の国のフェアリーを扱っていたかのように見えるのである。

イギリス神話の超自然的な光が外来の物語を満たすということうした過程、すなわち、それによって物語をかなり増補することは、さらに『オルフェオ卿※』(一三二〇年頃)の中世騎士物語《ロマンス》がその範例として挙げられよう。この物語では、フランス語の原典はもはや跡かたもない。古い古典的な寓話が、イギリスの純粋で素朴なフェアリー物語《テイル》に作り変えられてしまっている。「若きタムレイン」の歌謡《バラード》では行方不明になった恋人を救い出すことが語られるが、少し違うところは、この物語では王妃が救い出されるという点である。王妃ユウロディスは、「花々が一面に咲き乱れているのを見に」出かけた宮廷の果樹園の「美しく不思議な若木」の木陰で、昼日なか深い眠りに陥ってしまう。目を覚した王妃はひどく取り乱し、嘆き悲しむ夫に向かい、自分はどうしても明日ここを去って、フェアリー王《キング》の許に行って暮らさねばならなくなったと語る。彼女はフェアリー王の魔術にかかってしまったのである。オルフェオ王はその朝、「めいめいに武装した逞ましい不屈」の騎士たち千人とともに、その「不思議な若木」の所に出かけてゆき、どんな犠牲を払ってでも王妃を救い出そうとする。しかし、彼らがその場に到着するかしないうちに、王妃はこの一行から、突然奪い去られてしまう。

オルフェオ王は自分の王国を後にした。彼は荒野に隠遁し、そこでハープを奏でつつ、さまざまな種類の動物や鳥を支配する。

しばしば暑い日ざかりに、
フェアリー王は宮廷のものを連れ、
そのあたりに狩にやってきた※

ある日のこと、王は遥か遠くにエルフの乙女たちの群れを見つけた。近づいてみると、すぐその群れのなかに、彼が哀しみ愛惜していた王妃を見つけた。長いこと彼女たちの後をつけていくと、「豪華で立派な、驚くほど高い」フェアリーの城門に辿りついた。そこで王は、自分は放浪の吟遊詩人《ミンストレル》であり、「ひじょうにすばらしい音を響かすハープ」で、御主人様をお慰め申したい、と名乗り出た。そのハープの調べはたいへん楽しく快よいものであったので、何でも望むものを与えようという約束を得た。もちろん王は王妃ユーロディスを要求し、それまで年老いた家老に支配をまかせてあった王都ウィンチェスターに連れ帰った。古典の物語の英雄とは違って、王は再びその権力を手に入れることができた。

家老は王を認めるや足元にひれ伏した。
そこでオルフェオ王は、
王妃ユーロディスとともに
新たに王冠をいただき、
それから二人は長いこと暮らし、
王は家老の役をもつとめて国を治めた。※

実際のところ、この『オルフェオ卿』の物語はまったくイギリスの詩であって、そこではオルフェウスとエウリディケ※のギリシャ神話のほんの輪郭だけが保持されているにすぎない。オルフェオは「イングランドの王で、トレシャンズ(ウィンチェスター)に住んでいた。」オルフェオ自身フェアリーの一族と、ある意味においてかかわりを持っている。すなわち、

彼の父は冥府《プルート》の王の子孫であった。※

いわば民間伝承において、地獄《ヘル》はフェアリー国《ランド》に密接なつながりを持っていた。一方、オルフェオが辿りつくフェアリーの国の城は地下にあり、それはまさに古典的な冥土《インフェルヌス》に似ているばかりか、

チュートンのエルフやケルトのフェアリーの住居と類似している。さらに、この作品のきびきびした運び方には、フランスの中世騎士物語《ロマンス》の気長さとはかなり違って、展開の速い、率直な文体を持つ民謡《ポピュラー・バラッド》を思わせるものがある。事実、チャイルド教授はこれとたいへんよく似た主題を持つ歌謡《バラッド》をシェトランドで発見している。

『詩人《ライマー》トマス』※の場合のように、同一の主題が時おり、歌謡《バラッド》と中世騎士物語《ロマンス》の両方に現われることがある。ふつう、歌謡《バラッド》は韻文の中世騎士物語《ロマンス》の名残りと考えられているが、その二つのうちどちらが初期の形であったか、決定するのは容易ではない。この二つはともにトマス・オヴ・アースルドーンのフェアリー国《ランド》への旅を物語っている。彼は、十四世紀の初めに歌謡作者《ライマー》、すなわち詩人《ポエット》及び予言者《プロフェット》として知られた男である。

誠実なトマスは不思議なものを見た、
ハントリーの堤に身を横たえているときに、
輝くばかりに美しいひとが、
エルドンの木のあたりまで、
馬に乗ってやってくるのを。

そのシャツは草のような緑の絹、そのマントは美しいビロード、その馬の立て髪の先からは、
五十九の銀の鈴が下がっていた。
彼女はトマスに勇気を出して口づけするようにと言う。

「さあ、わたしといっしょにゆくのです、
誠実なトマスよ、いっしょにゆくのです。
どんなことが起こっても、
良かれ悪しかれ七年のあいだは、
わたしに仕えなければなりません※」

彼女は乳白色の馬のうしろに誠実なトマスを乗せ、エルフの国を指して走り去った。海のとどろく声を聞き、深紅の血の流れを渡り、最後に緑の庭園に辿り着き、彼はそこに七年のあいだ、ひき留めておかれた。そこで歌謡《バラード》は終わりになる。中世騎士物語《ロマンス》のほうでは、情け深いフェアリーの女王はトマスを危険から守らんとして、地獄の邪悪な悪魔《フィーンド》が、七年ごとに女王が治めている人びとのところに、フェアリーの国の人たちが支払うことになっている報酬「十分の一税《ティーンド(ケーン)》」を取りにやって来る前に、急いで彼をこの世に送り返すという次第が語られる。エルフの女王はトマスに、危険に満ちた恋の思い出として、予言の才能を授ける。

さまざまな要素がこの伝説的な物語のなかに認められるはずである。人間が黄泉の国《ネザー・ワールド》に旅するという伝説は、民間信仰においてはありふれたものであるが、このことはユリシーズ※が冥府《ハーデス》を訪れたこと、あるいはアエネーイス※が冥土《インフェルヌス》を訪れたことと正確に対応している。おそらくいくつかの宗教的な特徴がそこに認められよう。デーン人オジア※とおなじように、トマスがはじめにエルフの女王を見たとき、その女王を聖母マリアと取り違える。

幸いあれ、汝天国の女王！
わたしはけっしてこの地上に見なかった、
汝に比肩するものを

彼の七年にわたる地下界の滞在は、キリスト教の煉獄という概念ともまた無関係ではない。

天国への道とよばれるところに
通じている悪の道……

はこの魔法使いの女に次のように対比させられている。

今宵、貴方とわたしが行かねばならぬ
美しいエルフランドへの道……※

再び言うが、トマスがフェアリーの女王に目をかけられ、彼女にその不思議な国に連れて行かれたことは、〈モルガン・ル・フェイ〉がデーン人オジアを連れ去り、彼には二十年と思われた二百年間をアヴァロンでともに暮らしたという、アーサー王伝説のもう一つの翻案である。結局のところ、この物語の全体的な雰囲気は、その背景と事件の両方から見て完全に通俗的な性質のものであり、歌謡《バラード》は、いわば文学的な中世騎士物語《ロマンス》を再び通俗化したものにすぎないといえよう。

フェアリー伝承《ロア》の知識を扱う韻文の中世騎士物語《ロマンス》についてはこのくらいにしておこう。これらの中世騎士物語《ロマンス》は、フェアリー神話《ミソロジー》が中世の後半において到達した段階を示している。それらは民間信仰《フォーク・ビリーフ》の熱意と、中世騎士物語《ロマンス》の甘美な気まぐれとを結びあわせている。それらはまた、一般の人びとの素朴な信仰にたいする宮廷風なこれらと異なる物語をも表わしている。そして中世騎士物語《ロマンス》は、一般民衆の要素と文学的な要素とが、詩のなかで絶え間なく交流している事実をよく示している。あるいはさらに正確に言えば、これら中世騎士物語《ロマンス》のなかのフェアリー伝承《ロア》の知識によって、われわれは十三世紀と十四世紀の、普通の教養を身につけたひとりのイギリス人の心の状態を、かなり詳しく洞察できるのである。彼は、自分の民族の持つ原始的な迷信や古代の怪物《モンスター》に対する恐怖を、ほとんど捨て去ってしまった。彼は司祭や修道僧を仲立ちとしてキリスト教の教義に通じ、ラテンの詩人を通して次第に古代の豊かな神話に親しんでくる。依然として超自然的な生き物の存在を信じてはいても、彼は自分の信仰を潤色し始め、その信仰をもっとも空想的な詩の何篇かの主題にし始めているのである。

Ⅳ

「イギリス詩の父」であるジェフリー・チョーサー※は、個性をその作品全体に浸透させ、以前の作家には欠けていた強い主観的な要素を持って、それを書きつづった最初の作家であるが、彼は「善き人びと」に対して少なからぬ注意を払っていた。それはチョーサーが彼らに関してはっきりした意見を抱いていたからではない。そうではなく、ひじょうに生彩のある彼の文体がフェアリー神話《ミソロジー》に関する当時のまだ定まっていない一般的な概念を、くっきりと浮き彫りにしたからである。このようにして、これはチョーサーのやり方なのだが、彼はまず初めに、当時広く流布していたいくつかの考えや、かなりの数の言いまわしを「実験してやってみた」のである。韻文で書かれた中世騎士物語《ロマンス》にならって、チョーサーは古典的な冥府《ハーデス》の住民とフェアリーを同じものとみた。

フェアリーの王プルート……
プルート、そして彼の女王
プロセルピナ、そして彼のすべてのフェアリー※

「トーパス卿」のなかで、再び彼は、フェアリーの地下の国へ通ずる入口を荒野に設定した。

かれはまたすぐさま鞍にまたがると、
フェアリー女王を探さんために、
牧場の階段や石の上を馬で飛び越えていった。
かくして長いこと馬を走らせ、
ついに人里離れた静かな所に着いた。
それはものさびれた
フェアリーの国だった。
しかし、この国のなかでは、

かれに刃向い馬でやってくる
そうした女にも子供にも会わなかった……

ここはフェアリー国の女王が、
ハープや笛や小鼓を打ち鳴らし、
お遊びなされるそのお住い……※

他のところでチョーサーは、エルフの国とアーサー王の物語を結びつけた。イギリスの中世騎士物語《ロマンス》にその本質的な様相を与えている神秘的な信仰への熱情や、騎士の武者修業の理想は言うに及ばず、この英雄の王の持つフェアリー的な性格を、むしろ記憶に値する唯一の特色と彼はみなしていたようである。「バースの女房の話」の次の一節は有名なものである。

昔、ブリトン人が崇めていたアーサー王の時代にはね、この英国にはどこへ行ったってフェアリーというものが現われたんですよ。そのエルフの女王は、浮かれ心の友達を引き連れ、いつも緑の牧場でダンスをするのです。これは私が読んで知った古い言い伝えで、数百年も前のことですがね。今日《きょうび》は、もうフェアリーなど、一人も居やしません。そのわけはこうなんですよ。今は正式な托鉢僧や乞食坊主が、どんな土地にも川にもやって来て、まるで太陽の光にあたった挨みたいに、いたるところにうようよして、人にえらい慈善をほどこすだの、祈禱をするだのと言ってます。地主の邸宅にも、広間にも、台所にも、婦人部屋にも、都会にも、町にも、城にも、その高い塔の上にも、村里にも、納屋にも、厩《うまや》にも搾乳場にさえ現われて、人びとに祝福を与えている。こうしたことが、もうフェアリーが現われなくなってしまった原因ですよ。

昔、エルフが出歩いたところに、今ではごらんなさい、朝でも午後でも托鉢僧が歩いてますよ。自分の托鉢を許された土地を廻りながら、朝のお経《きょう》を読んだり、勤行《ごんぎょう》をしたりしていますでしょう。

今日《きょうび》は女衆は、どんな藪のなかに入っていっても、樹の下にいても、安心して自由に歩けるはずなのに、ただ一つ眠っている間に婦女を姦すという夢魔《インキュバス》がいて、それが托鉢僧ときているから始末におえない。女に恥辱を与えるばかりですよ。※

　ここには偉大な詩人のいたずらっぽいユーモアが見られる。もちろん彼は、これら「数百年前の」迷信を、もはや信じようとはしない。われわれの懐疑家は、この「古い考え」を持ちあわせてはいないのである。そしてなおこの諷刺家は、エルフたちがいなくなってしまったのは聖なる修道僧《モンク》や托鉢僧《フライア》たちがお節介にもフェアリーの仕事を自分のものにしてしまったからだと、ひそかに袖のかげで笑っている。その上、チョーサー自身の物語である「トーパス卿」は、全体として中世騎士物語《ロマンス》のパロディになっている。この物語は、中世騎士物語《ロマンス》の持つ貴族的な調子と、だらだらと続く冗漫さを茶化している。さらにこの物語は、中世騎士物語《ロマンス》に当然つきもののテーマや、とくにフェアリーについての知識が、ともに完全であることを明確に示している。

　一晩じゅうわたしは夢を見つづけた、

エルフ女王が恋人であり、
この着物のなかで眠っていたのだ。

この世のなかで、この町なかで、
わが妻たる資格充分の女なぞ、
一人だって居るまいから、
わたしはエルフ女王を愛そう。
女という女はみな棄てて、
ただ一筋に、エルフ女王を手に入れるため、
谷でも丘でもいといはしない。※

これはチョーサーの作品全体の特質でもある。彼は陽気なユーモリストであり、中世騎士物語《ロマンス》をおだやかな優雅なやり方で面白くしようとする傾向が著しかったが、フェアリーを主題にすることで生ずる神秘的な魅力から自分を遠ざけるには、あまりにも彼は詩人であった。われわれは「貿易商人の話」のなかで次のような一節に出会う。

大勢の貴婦人を引き連れ、
王妃プロセルピナを従えた
フェアリーの国の王プルート※

このフェアリー夫婦は聖書の句の解釈に没頭したり、ソロモンの道徳的性格について詳しく議論したりする。そして年老いたジャニアリの面目をまるつぶしにした「若く優しい」マイに仕返しするために、老人に再び視力を与え、「元のようによく見える」ようにしてやる。「法律家の話」のなかでは、このフェアリーの女王は、エルフ、すなわちこの場合では、一種の魔女《ウィッチ》のようなものになっている。

「お后《きさき》はおそらく魔法か妖術によって、化けて来たエルフでもございましょう。だれもお后に侍《はべ》ることを嫌がっております。※」

さらに、この本のいたる所にこうしたことは見出せる。

「おおい。ニコルさんやあい。どうしたんだ。おおい。まあ下をお向きな。眼を醒しなさいよ。キリストの受難のことを考えるんだ。おれがエルフや人間どもを追っ払ってくれるわ。※」

おとなしそうな顔をして坐っているマイウスは、まるでフェアリーのように美しく見えた。※

そうして立っている馬を驚いて見つめ……

それはフェアリーの国からやって来たと人々は思った。※

要するに、チョーサーは学者であり宮廷詩人ではあったが、彼はその時代の民間の迷信を、穏やかな皮肉どころか、快い喜びを感じながら見ていたのであろう。さらに言えば、何世紀も前にフェアリーが消滅してしまったことを滑稽めかして言い、彼自身もそれを信じてはいたが、その時代を画家のようにひじょうに的確に描いたので、どうしてもその物語の中にはフェアリーが登場して来ずにはいなかった。最後に、チョーサーは普通の一般読者を惹きつけることができるものをしきりに求めていたので、一般民衆の想像力から出た、最高とは言えないが彼らにはお気に入りである主題の一つを、放っておくわけにはいかなかったのである。

チョーサーと同時代人でもっとも有名で、品行正しく「道徳的」なガウアーについて言えば、彼の描くフェアリーは、絵画的な生彩さを失っている。そのフェアリーは、すでに生き生きとした国民性を備えたエルフとのつながりをなくしている。彼らはフランスの中世騎士物語《ロマンス》に出てくるフェイの色蒼ざめた写しか何かのようで、そこには、少なからず文学的技巧を感じさせれものがある。「コンスタンスの話」では、妃を離縁するように懇願された王は父に向かって次のように言う。

誰れもかれもが思っている、
妻のコンスタンスをフェイなのだと。
そしてわたしがすぐに、
妻を離縁しないなら、
王たるわたしの尊厳は、
すぐさま失われるだろうということも。※

フランス語で「フェ」と言った場合に、魅惑的な女、術策を弄して男を惹きつけ、どうしても自分を愛さずにはおかなくさせてしまう女、という意味があるが、ガウアーの話にはこのようなフェイが、しばしば現われてくる。たとえば、「ナルシサスの話」では、

かれは自分の顔を見た、
もしも自分のような、フェイのような、
そうしたニンフがいたならば、
この胸いっぱいに、
愛を感じたであろうのに。※

あるいは「イアソンとメディア※の話」において、メディアは秘法や魔法の不思議を教えられた女として描かれている。

メディアは人間の女でなくフェイのようだった、
さまざまな術を行なうことができた。
女神なのだと人は言った、
やりたいと思うことを皆、やってのけたから。※

チョーサー風の韻律を用い、多作家であった十五世紀の作家の一人リドゲイト※も、また、中世騎士物語《ロマンス》の英雄であるアーサー王にいち早く言及した。それは、ボッカチオ※の『名士列伝』の三万行を越える冗慢で危げな翻案である『王侯の没落』のなかに見出されるはずである。

かれはフェアリー国に君臨した王だった、
笏を持ち剣をたずさえ、
王の権威を示す道具を持っていた。
王であり支配者であったフェアリー国を去り、
彼はブリテン国を治め、
古えの円卓を再びたて直し……※

全体的にみれば、十五世紀に至るまでフェアリーは――この包括的な名称のもとに下級位に属する精霊《スピリット》たちも無差別のままに混り合いながら、良きにつけ悪しきにつけ人間と交流していたのであるが――時おり、長い期間をおいては英文学のなかに入りこんでいった。民族の持つ原始的な神話や一般の人びとの心にもっとも深く根ざしたものを形づくりながら、フェアリーは次第に芸術意識をもって作られた詩のなかに採り入れられていったのである。こうしてフェアリーは、悪意はないにせよ悪戯をするチュートン神話のエルフとして、また古典的な地獄《ヘル》である異教《ペイガン》の国の住人ともなって姿を見せていたが、イギリスにキリスト教が伝来してくると、それらはすべて忌み嫌われ、カトリック司祭者たちの冷酷な攻撃の的となっていったのである。さらにフェアリーは騎士道を主題としたロマンティックな物語の影響を受け、十字軍の後になると、さまざまな東方の豪奢な伝説の影響をもおそらくはこうむっているとみられよう。フェアリー世界というものの概念にはひどい混乱があったわけであるが、こうした捉えどころのない、固定せぬ伝説をしっかり把握しながら、やがてそれらを一つの調和ある全体へと結びあわせてゆく詩人は、まだ現われていなかったのである。単なる想像された話に容易にあてはめられたり、あるいは純粋な文学の物語の主題と見なされてしまうには、このフェアリー信仰《ビリーフ》は迷信としてまだひじょうに生き生きとしており、根強いなにものかを持っていたからであろう。

第三章
エリザベス朝のフェアリーたち

エリザベス朝はイギリス・フェアリー詩の黄金時代である。この時代ほど詩人たちが民衆と密接にかかわった時代はなく、湧きあがる愛国精神からもっとも程度の低い迷信に至るまで、一般大衆の信仰がこのときほど詩人の作品に織りこまれた時代はなかった。イギリス史の記録で見ても独自の時代であり、宗教的紛争に巻き込まれることもなく、また海外からの侵略の恐怖もなく、人びとはその強烈な想像力を、遥か海の彼方に黄金の島を情熱的に夢見る方向へと向けていたし、一方ではなんらの制約も受けずに、粗野で、さまざまに思う存分振舞っていたに違いないが、また他方では、たぎり立つ精力を飼い馴らして思うまま現世の生活を楽しむ方向へと向けていたのである。詩人も吟遊詩人や劇作家と同じく、こうした国家的熱狂のいぶきを受けざるを得なかった。さて、この「もっとも気高く力ある壮麗なエリザベス女王」の支配下にあった時代に、いかなるフェアリー神話《ミソロジー》が形づくられたか、またそれが一般の人びとの文学のなかにどのように響き、どのようにさまざまな詩人たちに取りあげられたか、そして最後に文学の題材として騎士的な貴族的なエドマンド・スペンサー※に、あるいはジョン・リリー※やロバート・グリーン※らの「ユニヴァーシティ・ウィット※」たちに、いかに用いられたかを検討したい。

I

宗教革命は人びとの心を自由に解放することに大いに貢献したが、迷信の要塞を破壊することは不可能であった。中世時代のなにか恐ろしいぼんやりした薄明かりは、何年かのあいだ揺れ動いており、神学者の熱心な論争や頑固な反対派を除けば、宗教というものは無知な一般大衆にとってなにかもの悲しいような、恐ろしいような、そして気味悪いようなものから成り立っていると思われていた。

ウォルター・スコット※は『スコットランド辺境地方の吟唱詩歌集※』で次のように書いている。「宗教革命はローマ教会の多くの堕落を一掃したが、洗い清めんとする急流は、それが流れて経てきた土壌の迷信的な不純さによって染められたままであった。わが国の犯罪記録に汚名を残した魔術師や魔女たちの裁判は、教会の革命の後、かえってしばしば行なわれるようになった。ローマの奇蹟によって、もはや慰めを得られなくなった人間の持つ信じやすい性質が、民衆のあいだに広まった迷信の伝統的な記録のなかに、まるで栄養ある食物を求めたかのようであった。」フェアリーたちは、チョーサー時代やカトリック僧侶の時代よりもエリザベス朝時代において、より面目をほどこしたと言って喜べなかった。まだフェアリーは、神学者たちによって昂然と非難されてきた悪魔族の仲間、実際の魔物と見なされていた。

はがねの床であらがう汝ら夜と常闇《とこやみ》の私生児、フェンドよ、フェアリーよ鬼婆《ハグ》よ！※

とジョージ・ピール※の戯曲『アルカザールの戦い』に登場する一人は叫んでいる。フェアリーたちと交渉があるという素振りを少しでも見せたものは魔術師だと思われたり、ときとして火あぶりの宣告をさえ受けた。魔女やほかの超自然的生き物とおなじく、フェアリーはエリザベス朝の人びとにとって無視できぬものであり、こうしたことを立証するかなり多くの文献が現存している。かの有名なレジナルド・スコット※の書物には次のように書いてある。

『魔術《ウィッチクラフト》の発見』、この書中には魔女や魔術師《ウィッチモンガー》の非難さるべき行ないが目立って発見できよう。

妖術者《コンジュアラー》の悪業、魔法使い《エンチャンター》の邪悪さ、予言者《スースセイヤー》の愚行といったものである。……これらに精霊や悪魔の性質や実体に関する論文が付け加えられている。（ロンドン、一五八四年）

このなかでは、魔女発見者たちの極悪きわまる行ないも大胆に暴露されており、この時代の迷信と特殊なフェアリーの知識を、かなり多く提供してくれる。次の文章は、当時行われていた民間信仰《フォーク・ビリーフ》に関する、やや完全に近い要約と思われるものである。

フェアリーたちは主として山や地面の洞穴に住み、地上や牧場や山中に種々の奇妙な姿をして現われる独得の習性がある。人間の男や女や兵隊や王様や貴婦人や子供になったり、また緑の衣の騎手の姿に身を変えて、話にあるように夜中に畑から盗んできた麻の茎を馬に変えたりする。陽気で剽軽な精霊たちは、真夜中に田舎の家々で、召使いや羊飼いとふざけたり戯れたり、いっしょになって遊ぶと言われる。召使いたちを紫色になるまでつねったり、パンやバターやチーズを時々置いてゆき、もし食べることを拒めば、フェアリーたちは彼らにとんでもない悪戯をしかける。たとえばそういう連中は、二週間か一か月ぐらい、フェアリーたちにどこかへ連れ去られてしまうのである。空中をいっしょに馬車で運ばれ、丘を越え谷を越え岩を越え崖を越えていくうちについ気を失い、見つかったときには牧場か山に倒れて正気を失っており、しばしば身体のどこかもなくなっているという具合である。※

実際のところ、われわれのおばあさん時代に雇われていた女中たちは、真夜中に麦芽やかし菜をすり潰してくれたり、家を掃除してくれたりするこうしたフェアリーやその従兄のロビン・グッドフェローに、ミルクの入ったボールを置いてやる習わしがあった。それからこんな話も語り伝えられている。もし女中や家政婦たちが身分相応の報酬である一山のパンやミルクのほかに、彼らが裸のままでいることに同情して洋服を置いてやったりすると、ひじょうに気持をいら立たせることになる。こんな場合フェアリーたちはきまってこう言った。「おやおや何かいいものがあるらしいな？ヘンプトン、ハンプトン、ここで足音をさせたり、騒いだりはもうしないぞ……」※

われわれはこの信仰の普遍性と、それが多方面に亘っていることについて、もう一つ珍しい一節を引用しなければならない。

……だがわれわれは幼年時代に、母親代わりの女中たちに、次のような生きものが出てくるよとよく恐がらせられたものである。牛怪獣《ブル・ベガー》、精霊《スピリット》、魔女《ウィッチ》、針鼠小鬼《アーチン》、小妖精《エルフ》、鬼婆《ハグ》、妖精《フェアリー》、半人半羊《サチュロス》、牧神《パン》、半人半獣《ファウヌス》、半人半鳥の海の精《サイレン》、さ迷う鬼火《キット・ウィズ・ザ・キャンスティック》とか、海の精《トリトン》、半人半馬《ケンタウロス》、小人《ドワーフ》、巨人《ジャイアント》、小鬼《インプ》、毛づめの鬼《カルカアス》、魔法使い《コンジュアラー》、小妖精《ニンフ》、取り換え子《チェンジリング》、夢魔《インキュバス》、悪戯者の小妖精《ロビン・グッドフェロー》、ひずめ幻獣《スプーン》、悪夢の精《メア》、槲の木の精《マン・イン・ザ・オーク》、地獄の悪鬼《ヘル・ウェイン》、火龍《ファイア・ドレイク》、悪戯者の小鬼《パックル》、親指トム、悪戯小鬼《ホブゴブリン》、騒ぎ屋の小人《トムタンブラー》、骨無し怪物《ボンレス》等こういった生きものたちだが、われわれは自分の影に脅えていたのである。※

一五八九年、ジョージ・パットナム※はその『イギリス詩法』のなかで、フェアリーは洗礼を受けていない子供たちをさらい、その代わりに醜い「取り換え子《チェンジリング》」を残してゆくということを、乳母の意見の一つとして再び取り上げている。有名な喜劇役者のタールトンの死後まもなく、『煉獄からのタールトンのニュース……彼の古き仲間、ロビン・グッドフェローの手になる刊行』（ロンドン、一五九〇年）と題された一冊の小冊子が出版されたが、そのなかにはこう書いてある。

わたしめを楽しい性格を持った家庭の守護神の一人とお考えあれ。老婆たちがその陽気な悪ふざけの話をするいわゆる食料貯蔵室のホブ・スラストとか、ロビン・グッドフェローといった精霊《スピリット》のように、有害な性質を備えたものではないのだし、あなたの前に精霊《スピリット》の姿で現われるのだから。わたしめもほかのゴブリンと同じように陽気で、ロビン・グッドフェローが昔、田舎娘たちをバター貯蔵室のところでしたように、立ち去る前には、あなたを陽気にするのだとお考えあれ。※

そしてある時は辛辣で、またある時は愛想のよい諷刺家であるトマス・ナッシュ※もまた、面白味はややとぼしいが、その小冊子の一つ『夜の恐怖、あるいは幽霊談話』（ロンドン、一五九四年）で、フェアリーに関しては古い伝承的な知識と鋭く比較しながら、次のように言及している。

今の時代にロビン・グッドフェロー、エルフ、フェアリー、ホブゴブリンと呼ぶものは、かつて偶像崇拝の時代、また、ギリシャの空想的《ファンタスティカル》な世界では、牧羊神《フォーン》、半身半精《サチュロス》、森の精《ドリアード》、木の精《ハマドレアード》と呼ばれたが、彼らはおおむね夜中に陽気な悪戯をした。それから麦芽をすりつぶしたり、仕事着の麻のシャツを着て緑の野で輪舞したり、家をきれいに掃除しなかった女中を寝ている間につねったり、可愛想だがその悪名高いやり方で、旅人たちの道を誤らせたりしたものだ。※

民間詩《ポピュラ・ポエトリー》が、こうして広くゆき亘っていた信仰を利用しないはずはなく、フェアリーは、下層階級の人びとを楽しませるために書かれ、通俗な調子で歌われ、人通りのもっとも多い街道筋で売り歩かれ、あの粗野で滑稽で、しばしば猥褻なところもある路傍で売られた俗謡《ストリート・バラード》の片面刷りの印刷物のなかでも、重要な役割を演じていたのである。その一つは次のように始まる。

親指トムはフェアリーが、
しばしば助けた家来じゃない。
人妻だろうが生娘だろうがちょっかいを出す、
浮かれ者のスピリットたるロビンじゃない。※

さて、数多い〈ゴブリン〉の一人である親指トムは――スコットによると、人びとに自分の影に脅えるようにしたのはトムだというが――たいへんよく知られていた。たとえばトマス・コルイエート※の『未成品』（一六一一年）に序として付けられた詩のなかに現われてくる。

親指トムは口きかぬ、プディングのクリープに埋葬されて、
そこから外を覗きみる。

そしてトムは、一つは散文、もう一つは韻文で書かれた二冊の小さな呼売り本《チャップ・ブック》※の主題となった。現

存している呼売り本《チャップ・ブック》の写しは十七世紀のものだけだが、おそらくR・スコットが『魔術の発見』を書いたときには、この二冊の呼売り本《チャップ・ブック》以外のものが存在していたと推定できる。すなわち『小さな親指トム――その背丈の小さき故にアーサー王の小人と綽名された――の物語、トマスのためにロンドンにて印刷、ラングレー、一六二一年』、それからもう一つ『親指トム、その生涯と死――驚異と不思議な楽しさに満ちた男らしいすばらしき行為の数々――この小さき騎士はアーサー王時代に生をうけ、大ブリテンの宮廷にその名を知られた。ロンドン、ジョン・ライトのために印刷、一六三〇年※』。後者の本のなかでは、親指トムの身体つきは、

背丈はたった一インチ
あるいは手の幅の四分の一

であり、プディングの入った椀のなかに墜落したり、アザミに縛りつけられたり、大鴉に連られたり、あらゆる種類の珍事件に出会ったりするが、彼はフェアリー・クイーンの特別のお気に入りだった。女王は彼に名前をつけてやり、

その命名式に参列せんものと、
その気味悪いゴブリンの行列を従えてやってきた。

この小冊子の終わりのほうでは「親指トムが病気にかかったこと、彼の死、その葬式の次第」が語ら

『親指トム、その生涯と死』の挿画（1630年）

れる。

それから安らかに、静かに、
トムはこの地上を去り、
その霊はフェアリーランドへと、
昇天し、消えていった。
深い哀悼をたたえた顔つきで、
フェアリー・クイーンが
たいそういとおしみ尊んだこの勇気ある
騎士の遺体を受け入れたので。※

II

よく知られた典型的な〈ゴブリン〉である〈ロビン・グッドフェロー〉は、ずっと悪魔のような精霊《スピリット》として、あるいはその悪戯や下卑た冗談が、街角で下らぬ人びとを大騒ぎさせる茶目っ気ある精霊《スピリット》の一つとして見られていたが、時を経るに従ってこうしたフェアリーたちは、より高度の文学に採り入れられていったのである。この神秘的な生きものたちは詩人に一つの神話を提供したわけであり、その神話は詩人たちの目に、まだその不気味で不吉な姿は晒していたが、詩の目的のためにはそれに適する程度の超自然性というものを、いまだに保っていたからであった。「理性によって抑制された国民の盲信が、文明の域に達した迷信とでもいうようなものを生み出し、詩的装飾をこらすには十分なほど夢想的であるけれど、常識にとってはさほど不自然でも怪物的でもないというような一続きの伝統を残した時点に、われわれはすでに到達したのである」※とT・ウォートン※は書いた。事実フェアリーの世界は、そこから詩人たちがもっとも甘美な比喩を汲み出す泉と見なされるようになったのである。ここでは、二、三の例証だけで十分であろう。ウィリアム・バード※の『悲哀と敬虔の歌、讃歌とソネット』(一五八八年)に収められた作者不詳の抒情詩は次の数行で始まる。

フェアリー・クイーンのように、
アマリリス草原に踊り、
澄みに澄んだ声でうたう。※

トマス・チャーチヤード※は『掌玉快詩集、ウッドストックを御巡幸中の女王陛下に捧ぐ(オックスフォード)』(一五九二年)の詩集のなかで、「やせ顔の老婆ども」が語る不思議な物語を述べている。

……いまでは明るき影に変わりし
怪物たちのありし日の物語。

これらのフェアリーは、ベッドネル牧草地でよく踊りを踊ったものだし、

……そこにはご馳走がたっぷり用意され、
ホッジポークがやって来ては大酒を飲み、
肉をむしゃむしゃと全部たいらげた、

だが、夜ふかしで、すず製の
皿や小鉢を磨かない
だらしのない女中の処に、
陽気な仲間がやって来た。

台所といわず、広間といわず
精霊《スピリット》の住む場所にも
小鉢や皿が落ちてきた、
それよりひどい悪戯をするために。

もっとひどい悪戯が起こった、
皿や小鉢が落ちてわれると、
乱暴者ロビン・グッドフェローあの武骨者が、
搾乳器の上ずみをぜんぶすくい取った。

その上ミルクポットさえ捜し出し、
可愛想に乳しぼりの女は泣き出す始末、
人びとがぐっすり眠っているときに、
こんな気違いの客どもが何をやらかすか、
神様だけが御存じのはず。※

エドワード・ギルピン※は、当時の流行詩、とくにやわらかでロマンティックなペトラルカ風の調子に抗したその諷刺詩『スキアレシア、警句と諷刺詩のなかの真実の影』(一五九八年)のなかで次のようにはっきりと言っている。

意見をそのままに考えたまえ、それは
つまらぬ玩具、新奇な恋人、
変幻自在なロビン・グッドフェロー、
疲れ切った欲望の肉市場、それに
無常な非難さるべき行為の取り引き。※

スコットランドの詩人アレグザンダー・モンゴメリー※は、緑色の衣裳をまとった「フェアリーの王」を、女王や彼らの宮廷のこともふくめて、こんな風に描いている。

収穫の季節の終わり、ハロウィンの宵に
「親切な隣り人たち」は遠乗りに出かけるようだ、
ある者は芳しき草の上に、ある者は豆の上に、
薄明かりのなかに群れをなして、足早やに走る……
フェアリー王とその廷臣たち、エルフ・クイーンや、
たくさんの恐ろしいインキュバスたちは、
その夜、乗り物にのって出かけて行く。※

最後にバルナビ・バーンズ※は『パルセノヒイルとパルセノープ』（一五九三年）のなかで、悲惨な処女に寄せる生き生きとした小さな頌詩《オード》を書いている。最初の二連はこんな風になっている。

草原の上で
フェアリーの群れは、
曲に合わせて踊っていた。
サチュロスは笛を吹き、
音楽が止むと
フェアリーは憩う。

ニンフたちがやってきて

踊りに加わる、
素早く、たくさん、三人ずつになって!
踊ったり、
とび跳ねたり、
さあ、ここにいて見よう!※

引用したこの作品において、フェアリーが古い言い伝えの〈ニンフ〉や〈サチュロス〉といっしょにされていることに気づかれたであろう。これはエリザベス朝の詩において、しばしば行なわれた趣向である。T・ナッシュがすでに古典の神々とチュートン神話のエルフたちを、同一のものとして扱っていたことを思い出すし、ラテン詩人の翻訳者たちも「ニンフ」あるいは「水の精《ナイアーデ》」という言葉を一様に「フェアリー」と言い換えたのであった。そんなわけで、ヴィルギリウス※の以下の二行、

その森には土地の生まれの牧羊神《ファウヌス》たちやニュンファたちが住んでいたし、木の幹や固い樫の木から生まれた人間の一族も住んでいた、※

はガヴィン・ダグラスの『エネアド』(一五一三年)に次のように表わされる。

その丘のあたりには、ニンフや牧羊神《ファウヌス》とともに、美しい種族《フェアー・フォルキイス》たちとかエルフィスとかわれわれが呼んでいる者たちも……

そして、トマス・フェイアー（一五五五―六〇）のなかでは次のようになっている。

森は時おり牧羊神《ファウヌス》やニンフや
土地の神々、それに
フェアリーの女王が治め、
かれらの下にいる国民は粗野で……

また一方、アーサー・ゴールディングの翻訳になるオヴィディウス※の『転身物語《メタモルフォーゼス》』では、次のような表現に出会う。

湖のフェアリーたちに、新鮮な花環を贈ろうとしてやってきた……
（ラテン原文――彼女が花環を捧げようとしていたのは、ニンフたちにである……IX 337）
牧神《パン》はその周りをぐるぐる踊る
フェアリー・エルフたちに固まれて、
（ラテン原文――牧神《パン》がうら若いニンフたちのため歌をうたっているその間に……XI 153）
半身羊の牧神《パン》が所有する前に、

これはフェアリーのものだった、
(ラテン原文――半身羊の牧神《パン》がいまそこに住んでいるが、その昔ニンフがそこに住んでいた……XIV 5156)

ノーナクリス山とフェアリー国のニンフたちの間で、
その美しさ、またその人柄においても、
この乙女はほかに比べようがないほどだった
(ラテン原文――すると神は言い給うた「アルカディアの凍りついた山々のなか、ノーナクリス山の森の精《ハマドリアーデス》にまじり、きわだって知られた水の精《ナーイアス》がいた」……I 689-91)

水の精《ウォーター・フェイリー》たちのなかで、かの女だけが軽快な狩りの女神《ダイアナ》に知られてはいなかった
(ラテン原文――水の精《ナーイアデース》のなかで、かの女だけが敏捷な狩りの女神《ディアーナ》に知られてはいない……IV 304)

　このような次第で、フェアリー・クイーンその人が、まもなく『魔術の発見』で〈ディアナ〉と呼ばれたり、※また『夏の夜の夢』で〈ティターニア〉と呼ばれても何の不思議もないのである、これらはみなオヴィディウスがウラヌスの女王につけた呼び名のうちの一つなのであるから。イギリスのフェアリーを古典の神々と混ぜ合わせる考え方は、なにも目新しいものではない。というのは、トマス・キャンピオン※の「眠れるすべての婦人たち」に寄せた美しい恋唄には、

……もしもお前が恋人を、悲しがらせるそのときは、
フェアリーの女王プロセルピナが、
はるばるフェアリーどもを遣わして
恋人につれない仕うちのお前にたいし、
その真白い両手や美しい腕を、
青あざになるまでつねるだろう。
野なかのぎんばいかの東屋《あずまや》で、
今宵、月の光のもと、楽しく踊る
フェアリーの女王プロセルピナは、
愛しい人と二人して、長いこと、
小さな谷を見下ろし、丘を見上げる、
どんな悲しみも苦しみも、
二人のこの聖なる夜をばゆるがすまい……。※

となっているが、この引用句は前述したチョーサーの次の主題と調和し、反響していることに思いあたろう。

プルートとその女王
プロセルピナ、そして彼女のフェアリー※

古代異教の神々とともに、中世ロマンスのフェイたちもまた、チュートンの民間信仰に登場する素朴なエルフたちと接触するようになった。騎士道精神は、よく知られているように、また容易に例証もできるが、エリザベス朝時代になってもいまだ生き続けていた。そしてアーサー王伝説は、ラテン詩人たち、とくにオヴィディウスの華やかな作品ほどにしばしばもてはやされなかったにしても、この世紀の終わりまで流行し続けていたのである。たとえば、トマス・マロリー卿※の『アーサー王の死』の人気に不平を述べているロジャー・アシャムの次のような言葉を聞いてみよう。

……この本の面白味は、すべて次の二つの要点にある。すなわち、あからさまな殺裁と大胆な猥褻行為とである。この本では多くの人たちを喧嘩の理由もないのに殺したり、ひじょうに巧妙な術策を弄してひどくみだらな姦淫を行なう者が、もっとも高貴な騎士と見なされている。ランスロット卿と彼の主人であるアーサー王の妃、トリストラム卿と彼の叔父マーク王の妃、それにラムロック卿と実の叔母であるロット王の妃の場合などがその例である。これは、賢い人びとが楽しみの種にしたり、正直者が喜ぶ格好の材料である。※

他方、博識の好古家であるホリンシェッド※も皮肉めいた口調でこう述べている。

……今日に至るまで、ブリテンの取るに足らぬ話によって、とりとめもなく述べたてられたり、その不思議のかずかずが報告されている同じアーサー王は……

また彼は他の箇所ではあざ笑っている。

……そのようなアーサー王の存在が、たとえフィクションであろうが事実であろうが、彼が帰国して、再びブリテンの王として君臨するなどと信じられるような愚かさは……※

その上、十五世紀の韻文の中世騎士物語《ロマンス》はしばしば再版された。こうして、トマス・チェスターによる『ローンファル卿』の翻訳は、書籍出版業組合登録にあるように『武勲詩※ガウェイン卿』とともに、ジョン・キングの認可を得て、一五五八年に印刷された。

次の本につき、ジョン・キングに印刷認可を与える。すなわち『武勲詩ガウェイン卿』、『手芸の本』、『ローンファル卿』

ある一冊の本が、とくにエリザベス朝のイギリスにおけるフェアリーを扱った詩歌の発展に重要な役割を果たした。すなわち、バーナーズ卿の『ユオン・ド・ボルドー』の翻訳である。

当時流行したこの作品は、その編集者シドニー・リー※氏によって「一五三三年から一五四二年頃のもの」とされているが、これは十三世紀中葉の有名なフランスの「武勲詩」の英訳ではなく、約一世紀遅れて敷衍して韻文で書かれたさまざまな英訳本の一つである。すでに『フロワサールの年代記※』の英訳（一五二三―二五年）を出版していた翻訳者であるバーナーズ卿、ボーシャーは、心からこの原作に共感し、その精神にすっかり溶けこんだ。彼は、トマス・マロリー卿ともども、単にフランスの注目すべき作品をイギリスにもたらしたというだけでなく、騎士道物語を新しく、しかも原型が持っている新鮮さをほとんどそのまま、中世文学からルネッサンス文学に伝えることに成功した勇気ある編集者の一人と見なしてよいであろう。

このテーマは簡潔に述べることができる。ユオン・ド・ボルドーは、シャルルマーニュの子に裏切られて攻撃をしかけられたとき、彼を殺害してしまう。戦いという一つの試練に勝利をおさめたのだが、彼は皇帝によって宮廷から追放され、ほとんど不可能に近い遠征に派遣される。すなわち、彼はバビロンに赴き、ペルシアの提督ゴーディスのところへ行って、文字通り彼の髯をつかんでその娘をさらって来なければならないことになる。彼はあらゆる種類の障害や困難に会いながら、ローマ、ブランディシ、エルサレムをつぎつぎと通って出かけてゆく。ユオンと〈オーベロン〉との出会いは、この話全体の本質的な主眼点ではないまでも、もっとも際立った出来事の一つになっている。ある日、ユオンはフェアリー王が住み、王の魔法の力が及んで危険だと見なされている森にやって来る。王に話しかけてはならない、さもないと魔法にかけられて生命が危くなるだろう、と警告されていた。〈オーベロン〉は彼に挨拶してから、あることを尋ねるが、ユオンが黙りこくっているので、答えざるを得ないほど彼と従者を恐ろしがらせる。だがすぐに二人ともうちとけて、ユオンの抱いている強い忠誠心に惹かれたフェアリー王は、彼に不思議な酒盃と大いなる徳の角笛を贈る。それより後、〈オーベロン〉の不可思議な助けを得て、このフランスの騎士は遠征のすべてにおいて成功をおさめる。死の直前に〈オーベロン〉は、自分の持つ超自然的な才能をユオンに分け与え、魔法のあらゆる術を伝授し、あまつさえ彼をフェアリーの王位に就かせたというのである。

〈オーベロン〉の性格《キャラクター》はたいへん複雑である。まず第一にチュートンの伝承的知識からくるものがある。オーベロン（Auberon）とフランスの中世騎士物語《ロマンス》では綴られているように、〈オーベロン〉はAlberich（Alb = elf《エルフ》+ rich = king《王》から派生している。『ニーベルンゲンの歌』においては、ジークフリートがニーベルンゲンから獲得した秘宝を守護しており、十三世紀のゲルマン中世騎士物語《ロマンス》集である『英雄叙事詩集《ヘルデンブッフ》』においては、王の娘を求めてシリアを旅するゲルマンの皇帝オルトニットに出会い、ちょうどフランスのオーベロン（Auberon）がユオンにしたように、オルトニットがすることを助ける。一方、このフェアリー王の小人のような姿、「背はたったの三フィートで猫背のように丸くなっている」というのは、チュートンのエルフの際立った特徴である、ちっぽけな容姿とまったく一致している。第二に、〈オーベロン〉は中東的な専制君主の華やかさと、贅沢の限りをつくした生活にひたっている。彼自身がうっとりするような美しさであり、金色の屋根とダイヤモンドの尖塔のあるその魔法の宮殿は、カリフの壮麗な大邸宅にも喩えられるほどである。そして、彼の王宮では、「驚くばかりに絢爛豪華で優雅な宝石でいっぱいに飾られ、その数は多く、まるで太陽のように輝いて透きとおるばかりの上衣※」を身につけていないものはほとんどない。〈オーベロン〉の性格には、さまざまなキリスト教徒たちの様相も顔を出している。彼はジュリアス・シーザーの息子であり、S・リー氏が指摘したように、アレグザンダーとともに「中世の伝説的教皇時代とローマ帝国、すなわちキリスト教と西ローマ帝国を象徴する」人物である。彼は自分の力をイエスに帰し、結局はフェアリーの国の歓びより天国の椅子のほうを好む。最後に、彼はアーサー王に関するロマンスから少なからぬ特徴を借用してきている。すなわち、彼はあの「魔術の大家」である〈モルガン・ル・フェイ〉の息子であり、超自然的な力は、彼が生まれたときに、フェイたちによって授けられたものとなっている。そしてその臨終に際して

ダニエル・ニコラウス・チョドウィッキ《ユオン・ド・ボルドーと妖精の王オーベロンが角と花瓶を交換する》1782年

は、〈マーリン〉が、アーサー王とともにモムーアの東にある王国にその死の床を訪れるのである。他にも多くの点が彼をケルトの伝承と結びつけている。すなわち、彼の「天使のような容貌」や、彼が持っている魔法の金色の酒杯——このなかの酒は正直者の手にあるときはけっして飲み干されることはない——とか、一吹きすればたちどころに応答があり、吹く者のところにすぐさま手助けがやって来るという象牙の笛などである。ユオンがフェアリーについて抱いている考え、「もし、彼に話しかければ、あなたがたは永久に滅びるであろう」という考えは、紛れもなくケルトの伝承的知識の典型である。

そうしてみると、バーナーズ卿の翻訳したユオン・ド・ボルドーのなかに登場するような「悪戯好きの小さな王さま」の性格《キャラクター》ほど異質なものはないし、これほど人を当惑させもし、おまけに示唆に富むものもない。〈オーベロン〉はエリザベス朝の文学において、フェアリー王の公認の名前となった。ブリテンの物語の典型的な特色がカロリング朝のそれと混り合っているこの本は、多くの詩人たちがもっともふさわしいものとして、そこから個々の幻想を汲み出すことに没頭した一つの金脈のようなものであった。そのうちでも、とくにこれを自在に利用し、〈オーベロン〉の名をそこから借用したのはスペンサーであり、思うに彼が初めてこの名前をイギリスの詩のなかに摂りこんだのである。

III

『妖精の女王《フェアリー・クイーン》』はいまここで扱っている主題に関する限り、それからやや逸脱しているかもしれぬ。この浪曼的な長篇叙事詩は、詩人の心積りでは十二巻から成るはずであったが、そのうちの三巻だけが一五九〇年に出版され、また別の三巻が一五九六年に出版された——これはけっしてフェアリーたちのすばらしい物語を語ろうとしたものではない。こうした物語よりこの作品の持っている目的はさらに大きく、はるかに複雑である。フェアリー神話《ミソロジー》は、全巻を通じて寓意的な超自然力として現われるのみで、主題に対して本質的な重要性を持っていない。事実スペンサーが、最後まで序言と主題とを持ち越してこの作品を未完のままに残したため、女主人公の名前はしばしば言及はされていても、実際には描写されていないのである。

『妖精の女王』は、中世における一般的な演劇とは異なって、何といっても寓意劇であり、人間の魂のなかの善と悪、徳と不徳との闘争を示そうとしたものである。それは理想的な半教父的な半プラトニックな世界、言わば魂の天路歴程の叙述である。詩人の目的は明らかに教訓的である。スペンサーはサー・ウォルター・ローリー※に宛てた序文のような手紙のなかで、「全巻を通じての主要目的は紳士、あるいは高貴な人物に立派な道徳的訓育を施すことにある」と書いている。一方、数年前にスペンサーが友人のルドヴィック・ブリスケットと交した有名な対話のなかで、ルドヴィックは、「彼はすでに作品をかなり書き進めており、それは美徳の守護者として、あるいは擁護者として、騎士にあらゆる美徳を与えて、すべての道徳的な美徳を描こうと意図しており、騎士の行為や武勲や騎士道や、彼自身が保護者となっている美徳の作用が描かれるはずであり、その美徳やそれに背く不徳や御しがたい欲望は、打ち負かされ征服されるはずになっている」※と述べている。真底から宗教的な人間であったスペンサーは、人間の魂につきまとう辛い試練に対しては敏感であった。ひとたび罪と虚偽に浄化された宗教は、あらゆる崇高さの源泉であると信じている。彼はカルヴァン主義派の、言わば「人生の批評」の多くを受け継いでいると思われる。人生を目的への手段として真剣に、厳しく考えた。。人生には、逞ましい騎士が絶えず戦い続けるべき悪に傾きやすい種類の誘惑が、満ちているのだと考える。騎士たちの行為、つまり邪悪との織烈な闘争というものは、真実と美徳をよりいっそうもたらすものと彼は確信していた。ミルトン※のように、彼もまたみずからの作品を、神によって自分に命ぜられた仕事と見なしており、すでに「偉大な主の凝視のなか」にあるとみずからを考えていたのである。

一方、スペンサーはエリザベス女王の注目を引き、その寵愛を得ようと骨を折った。スペンサーの生きていた時代は、おびただしい数の宮廷の陰謀や、あらゆる種類の政治上の困難に溢れた由々しき時期であり、彼がコーク州に住んでいた時には、グレイ卿が、反乱を起こしたアイルランドと心なき講和を結ぶのを目撃している。こうしたことから『妖精の女王』には、道徳的、かつ宗教的な告白のなかに、絶えず多くの歴史的な事件に関する言及が割りこんできていると言えよう。騎士たちはいくつかの美徳を具現化している上に、往々にしてその時代の卓越した数人の人物をモデルにしている。この詩の理想的な英雄であって、「壮麗」を象徴しているアーサー王は、時としてフィリップ・シドニーであり、また別の場合にはレスターである。「正義」の騎士サー・アーティガルは、厳格なピューリタンのグレイ卿である。「虚偽」を装うデュエッサは、スコットランド人の言う「緋色の女」であり、女魔法使いの頭目でもあって、それはメアリー・スチュアートなのである。

見るのもいやな皺だらけの醜い老婆で、
隠されているところの汚ないことは
口にするさえはばかられるほどであった。※

もちろん名誉ある座は、叙事詩のなかで描かれている人物たち、「妖精の女王」グロリアーナ、優しさと美しさの化身であるベルフィービー、清純で高貴な乙女ブリトマート、優雅で哀れみ深いマーシラと同じように、かつて書かれたもののなかでもっとも型にはまらぬ自在な人物の一人、エリザベス女王に献げるために取ってある。彼女は男性がめざすもっとも高貴な目標であり、まさにあらゆる女性の美徳を備えた典型であると同時に、「イングランドの女王であり女帝」である。十六世紀末の十年間に、当時年を召されていたこの処女女王に献げられた多くの目立った敬意のうちで、スペンサーの浪漫的な忠誠の誓いは、少しもあつかましい部類に入るものではなかった。

　さて、「全巻を通じての主要な目的」、つまり道徳的な抽象概念とその時代への言及とを被い隠すために、あるいは詩人自身の言葉で言えば、それを「たいそう尤もらしく、かつ愉快」に描くために、彼は「歴史的虚構を用いてそれを潤色する」方法を選び、アーサー王の中世騎士物語《ロマンス》における超自然的な雰囲気のなかにそれを包みこんだ。スペンサーはマロリーの編集した本やバーナーズ卿の翻訳さえもかなり詳しく知っており、たとえばサー・ガイアンが「騎士に叙される」ところではこう書いている。

　　サー・ヒューオンはオーベロン王とともに
　　フェアリーランドに来た時、
　　その手によって……※

信じられる限界を超えることなく、武者修業の騎士があらゆる種類のすばらしい行為を成し遂げ得るフェアリーランドこそ、まさに騎士が求めていた活動の舞台であった。スペンサーは論理的な意味や政治的な暗示を伝えようとはしたが、構成の際にその題材を自由に駆使して、逞しい騎士や美しい乙女たちをアーサー王の円卓《ラウンド・テーブル》の騎士たちの時代に移行させた。このように彼はフェアリーランドを「きわめて広々とした広大な」ものとして描いたのである。

耳や目にすべて快よいさまざまの楽しみが、
まき散らされている。※

しかし一方、別の箇所では、このフェアリーランドはイングランドと同一視されているようである。

さらに調査すればこの書の種々の箇所に
示しておいた徴《しるし》によって探せよう……
そして、この空の下、もっとも美しき女王様！
あなた様はこの美しい鏡のなかにお顔を、
フェアリーランドにあなた様の領土を、
そしてまたこの昔《いにしえ》の像の中に、あなた様の
偉大な御先祖様を見出されることでありましょう。※

その国にはさまざまに描かれた醜い怪物たち、たとえば、巨大な洞窟にひそむ忌わしいドラゴンや半身が蛇、半身が女の怪獣※とか、「身の毛もよだつ背の高い※」恐ろしい巨人、「ほとんど呼吸もできないほどに息をはずませ※」て勇敢な騎士から美しい乙女へメッセージを運ぶ小人、また地獄のような場面では、

突如として邪悪な魔女たちがその呪わしい術によって、
　深い霧を起こして太陽をおおい隠し
一陣の突風を巻き起こして乙女の顔に吹きつけると、
それまで光り輝いていた彼女の美しさは
　おぼろにかすんでしまった※

というような、優しい淑女の堅固な心を欺こうとする悪い魔法使いもおり、あるいは悪意に満ちた女魔術師は、※

美しい服を着て憩っていたが、その服は
しどけなくゆるやかに乱れて、女性には
ふさわしくない様であった。※

そうして「至福の園《バウワー・オブ・ブリス》」の戸口に立って通りかかる人びとを「淫らな愛欲や放縦な快楽※」に誘いこむ。

学識ある魔法使いの〈マーリン〉は、

　彼ほどに魔法の術に長けた者は
　後にも先にもいなかったのであるが、※

こうした場面にしばしば姿を現わす。王族の乙女ブリトマートが秘密の住まいに行ってみると、そこに「恐ろしい魔法使い」が

　不思議な目的の仕事に熱中しており、
　奇妙な文字を地面に書いているのを見出した
　これでしぶとい小鬼どもを意のままに従わせるのだ。※

マーリンはブリトマートにあらかじめ定められた未来の夫、アーティガルの様子を知らせる。

　かれはフェアリーの国に住んではいるが、
　フェアリーの子でもなくまたエルフの類でもなく、
　人類の胤《たね》から生まれ来た者である。※

一方、少年の頃マーリンから教育を受けたアーサー王は、やや神秘的なあり方で、『妖精の女王』六巻を通じて登場する。彼は時には壮麗を象徴し、次のように呼ばれている。

ヨハン・ハインリヒ・フュースリー《アーサー王と妖精の女王》1788年ごろ

名高きブリトン王とフェアリーの騎士※

あるいは純潔の化身でもあり、

愛という空しい言葉と愛の生活とを、

時間の無駄、美徳の敵として※

軽蔑する。しかしながら、「この地上に生を受けているもの」は何一つ確かなものはないと感じ、森のなかを駈けめぐり、青々とした草の上に休んでいた時にすばらしい幻を見る。

私の傍に、王家の乙女が、そのきゃしゃで美しい身体を、そっと横たえたように思った。これほど美しい人をこれまでに見たことはなかった。

乙女は愛らしい媚びを見せて私を楽しませてくれ、心から私を愛してくれるようにと言った。というのも、乙女の愛が私のものなのは確かだから、時が来れば明らかになるはずだからという。夢にもてあそばれたのか、本当にそうであったのか、これほどまでに心が喜びに震えたことはなかったし、またその夜ずっと、乙女が語った言葉は、人間が誰れもまだ聞いたことのないようなものだった。

別れ際に乙女は、自分は「妖精の女王」だと言った。※

グロリアーナ自身については、読者に紹介されていない詩のなかで人物描写が削除されているが、いささかもその性格は損なわれることなく、もっとも高貴な徳を授けられている。彼女は、

至高の女王であり、強大な力ある女帝であって、
あらゆる哀れな嘆願者たちを助け、
力なき王侯たちの保護者になることを名誉としていた。※

自分に懇願したり敬慕したり崇拝したりする勇敢な騎士たちに皆、グロリアーナは「困難な命令を下し」ている。

全体として見て、スペンサーのフェアリー神話はいちじるしく技巧的である。それは本質的に寓意的であり、読者は絶えずロマンティックな背景に潜む倫理的な、あるいは政治的な意味を意識せざるを得ない。それは、詩人が因襲的な、よくできた装飾物や騎士の武者修業の出来事を寄せ集めた、伝統的な仮面劇といった印象を与える。それは混沌としていて不安定である。主人公たちは無頓着にもエルフと呼ばれたり、フェアリーと呼ばれたりしている。たとえばサー・ガイアンはいま「小妖精の騎士《エルフィン・ナイト》※」と呼ばれたかと思うと、こんどは「好戦的な小妖精《ウォーライク・エルフ》※」と呼ばれ、またアーサー王は「妖精の騎士《フェアリー・ナイト》※」と呼ばれている。それはまったく想像上のもので、

かれはエルフがフェイに生ませた子※

というように、一度か二度エルフが男性語として用いられ、またフェイが女性語として用いられていることを除けば、民間信仰《フォーク・ビリーフ》の「小さな人びと」と中世騎士物語《ロマンス》のフェイとのあいだには、少しも区別はないのである。そしてアーティガルと「赤十字の騎士《レッド・クロス・ナイト》※」が揺籃から盗み去られたということを除けば、民間の迷信には少しも触れられていない。スペンサーのフェアリー国《ランド》は空想によって作りあげられたものであり、ありふれたテーマを一風変わったものに修飾したもので、単なる文学的な考案物にすぎず、要するにマロリーやバーナーズ卿の中世騎士物語《ロマンス》のみならず、同様に古典的な神話をも模倣したものであり、そこではニンフに関する古代の伝承的知識が、エリザベス朝の翻訳ものによく見受けられるように、英国固有のフェアリーとしばしば結びつけて考えられている。

だがその堤にはニンフやフェアリーたちが腰を下ろし……※

だが親しげなフェアリーたちは多くの美の女神《グレース》と出会い、軽やかな足どりのニンフたちは、長き夜を楽しむ。※

スペンサーはチョーサーの「ソーパス卿」の物語の先例にならったのかもしれぬが、フェアリーがエリザベス＝グロリアーナに統治されているというだけの理由から、フェアリーは女王に支配されるものとしている。彼はエリザベスを〈オーベロン〉の子孫とし、〈オーベロン〉をエリザベスの父ヘンリー八世と同一視している。エルフィン皇帝《エンペラー》の系図が示されている次の連には、スペンサーがフェアリー世界《ワールド》を取り扱った際の典型的な例が見出せよう。

……プロメティウスが獣からさまざまな部分を取ってきて人間を創り、
この創造物に生気を吹き込むために
天から火を盗み、そのためにジョーヴに
自分の生命を奪われ、鷲に心臓の腱を食われた。

このようにして創造した人間をプロメテウスは、
エルフすなわちクィックと呼んだが、これがあらゆるエルフの祖先なのだ。
このエルフは世界中を疲れた足をひきずりつつさまよい、アドーニスの園で地上のものとは思えぬ
精霊か天使のようなうるわしい生き物に会うが、これが全女性の祖先であった。フェイと名づけら
れ、これからすべてのフェアリーが生まれ、直系の血筋を引くことになる。

ほどなくしてこれらのフェアリーから、力強い国民と力ある君主が生まれ、全世界を相手に戦い、
すべての国を支配下においた。この王権をほしいままにした最初にして最後の者はエルフィンで、
全インドは彼に服従し、今日アメリカと呼ばれる国をも服させた。
次の王は気高いエルフィナンであり、まずクレオポリスの町を建てたが、エルフィリンがこの町に
黄金の城壁をめぐらした……
これらの王のあと、エルフィクレオスが統治したが、偉大なる威厳を持ったこの賢王は、王笏をしっ

かり握って豊富な戦勝品を得て、フェアリーの王冠の名誉をいやまさに高めた。王は二人の息子を残したが、美男の兄エルフェロンは夭逝し、その空位を力あるオーベロンが、婚姻と支配によって二重に満たした。オーベロンの力と栄光とは、かつて聖なる王座にあったすべての王に勝って偉大だったため、この王の記念は今なお広く残っている。

死に際して王は残されたタナキルに
王位を継ぐよう言い遺したが、
この女王より美しく気高い女性は存在しないし、
慈悲深きところ、学識あるところ、ともに女王に比べ得る人とてない、故に人びとは、栄光の花と
グロリアンを呼ぶ。
汝、グロリアンよ、栄光と偉大なる力のうちに永《とこ》しえに生き給わんことを願う。※

スペンサーがフェアリーを取り扱う際のいくつかの欠点を酌量すれば、フェアリーがこの作品に永遠の美しさを与えることに、大いに貢献したことは否定できない。彼らはまったく現実性を欠いているかもしれぬが、この叙事詩の魅力の大きな部分を占めていることは見逃せぬ。この作品のいちじるしい特色の一つである靄のかかったはるかな隔たりといったものを、この作品に与えている。それらは、われわれを不可思議な世界、神秘的な人影が絶えず目の前に現われる果てしない夢の国へと連れてゆく。『妖精の女王』はよく知られているように、アイルランドで書かれたものであり、詩人はケルト人の神秘的な魅力をこの作に拡げているように思える。大胆なエルフィンの騎士たちと徳の高いフェアリーの乙女たちは、月が常に変わらぬかすかな光を放ち、騎士の鋼鉄の鎧と乙女の少女らしい衣服が、

影とも言えるほどのかすかな光※

を放つロマンティックな荒野をさまよう。フェアリーたちは全巻の物語を「仄暗い奇想」のなかだけでなく、空想的で夢のような美の、一種の魔法の霧のなかに包みこんでいる。それらはこの作を人生の寓意劇としてばかりでなく、魔術的な人生の壮麗な劇たらしめているのである。

Ⅳ

十六世紀の末に至ると、フェアリーについてのみごとな詩が数多く現われ、とくにそれらが舞台で取り上げられていることが目立ってくる。ウォートンが、こうした小さな不思議な生きものがもてはやされるようになったのは、まさに『妖精の女王《フェアリー・クイーン》』の成功によるものだというのは正しい。これ以後〈フェアリー〉という言葉は〈エルフ〉や〈フェイ〉を指すのにも用いられ、悪戯好きで悪きをするチュートンの〈ゴブリン〉の性質は、アーサー王の中世騎士物語《ロマンス》の超自然的な乙女たちの性質と絶えず混同されている。そうした創造物の一般的な傾向を指摘するには、シェイクスピア以前の重要な劇作家のうち、二人から借用した二、三の例を見れば十分であろう。

ジョン・リリーは英国喜劇の創始者であり、「粗野な民衆の好みに訴えることをやめ、古い英国の伝統を破って、審美的、かつ知的な特質のみを頼りに喜劇を書いた」※最初の人であるが、それにもかかわらず、彼の劇のなかには英国固有のフェアリーの踊りや滑稽な身振りが持ちこまれている。それらはひじょうに技巧的な作品である『ガラテア』のなかに見出せる。

（二幕三場ラフ一人登場）

……神のお助けで、この森から出られたらなあ、梟の鳴き声や蛙のがあがあなく声、蛇のしゅうしゅう鳴く音、狐の吠え声、それに魔女の歩きまわる音が聞こえるほかは、ここには森でのめぐり会いの他は何もありゃしない。おや、あれは何だろう。

（フェアリーが踊ったり戯れたりしながら登場し、退場する。）

後をつけてみよう、地獄へ行くなら止そう。だがあんな美しい顔をしている者が、ひどい運命にあわせるはずはない。※

また、宮廷での寓意劇『エンディミオン』※（一五八五―八六年）のなかでは、

（四幕三場。森。エンディミオンは月の光を浴びた土手の上に寝ている。コルスイッツただ一人）

（フェアリー登場）

いったい何なのだろう、私の髪を逆立たせ、気分を沈ませてしまうあのように美しい鬼たちは？

魔女か――いやいけない！　ニンフ――どうかお許しを！　ああ、どうしよう！

いったい自分はここで何をしているのだろうか？

（フェアリーは踊り、歌いながらつねると彼は眠りにおちてゆく。フェアリーたちはエンディミオンに口づけをして立ち去る）

主たる者、彼を何度もつねるがよい、黒と青のあざになるまで、
人間は見てはならぬのだ、
星々の女王がなさることを、
覗いてはならぬのだ、フェアリーが悲しむのを。
フェアリー１　青くなるまでつねれ。
フェアリー２　黒くなるまでつねれ。
フェアリー３　青くそして赤くなるまでつねるのに、
鋭い爪を欠かしてはならぬ、
眠りが空ろな頭を揺らすまで。
フェアリー４　他人の土地に踏み込んだなら、
体中はあざだらけになるだろう。
エンディミオンに口づけせよ、

彼の目に口づけせよ、
それから夜中に見えかくれする人にも。（退場※）

ハートフォード伯爵が「ハンプシャーのエルベサムを御巡幸中の」エリザベス女王に献げた余興劇（一五九一年）のなかでは、フェアリーの女王はオレオーラという名の下に、白銀の杖を手にたずさえ、花輪で飾られて姿を現わし、口にされる言葉は次のようである。

地下に住むこのわたくし、
オレオーラはフェアリーの国の女王にして、
夜ごとに色彩りはなやかな花の輪のなかで
踊りまわり、エリザベスの名を称え歌う、
陛下に義務を尽さんとするわがために、
海の神《ネレウス》と森の神《ミルバン》が、近ごろ、
英国の女王陛下を歓迎し、
魔法の杖で大地を開いたと聞く、
フェアリーの王オーベロンより与えられたる
この花の冠を載き、恭しく陛下に御挨拶申し上げる。
明るく輝きわたる月の女神フィービーは人間の姿をして、
天の完璧さを身に備え、わが挨拶をお受けなされた。

そして私オレオーラが、天に愛され、
（と申し上げるのも、愛すべき星々が夜ごと私の膝に落ちてくるゆえ）
天に黄金の日々を長くさせ、あるいは短く切らせてしまうのも、
女王陛下の賞讃をうらやむためのこと。※

この空想的な讃辞は「女王陛下のお気に召し、三度、繰り返して歌い踊るように、とお命じなされた※」とニコルスは言っている。

繊細で機知に富み、冷たい感じのするこの『ユーフィーズ』の作者とはひじょうに趣を異にするロバート・グリーンもまた、フェアリーたちを作品のなかに登場させている。かくして、彼のもっともよく知られているパンフレットの一つ、『無数の悔悟によって贖われたグリーンのわずかに価値ある機知……生前に書かれ、遺言により一五九二年に出版さる』のなかで、俳優は彼がもっとも喝采を受けた箇所の一部をこう述べている。

いや、あなたのご判断には賛成しかねる。そう、かく言うわたくしはこの時代のいかなる人より「フェアリーの王」、〈デルファガス〉として名高いのだ。『ハーキュリーズの十二の難事』を、舞台の上で恐ろしく大きな声で語り……

二年後にグリーンは〈オーベロン〉を劇に登場させたが、その完全な題は次のようであった。

「フェアリー王オボラムによって引き起こされる愉快な喜劇を加えた、フロデンで歿したジェームズ四世のスコットランドの歴史※」

〈オーベロン〉は『ユオン・ド・ボルドー』のなかの人物とは少しも似てはいず、言わば円満な観照的な精神で、人生をあまり重大視することなく、むしろ概して楽しいものと考えているようである。第一幕のあとで彼はみずからをこう語っている。

ボアン、お前に言おう、オーベロンこそは
静寂の、喜悦の、利益の、満足の、
富の、名誉の、そして全世界の王なのだ。
いかなる場所にも拘束されぬが、すべての場所はわしに従う。
世の中と人間とから逃れ、お前のこの生命を生きよ、
別れる前にお前に不思議なことを見せてあげよう。※

〈オーベロン〉は「フェアリーの王」と呼ばれており、やや不器用なやり方ではあるが、幕間にフェアリーたちを踊らせている。シェイクスピアはこの作品に負うところがあるというチャートン・コリンズの意見は、多少誇張はあるとしても、言わば「間違いなくシェイクスピアはグリーンの言わんとしたことを理解し、『夏の夜の夢』はこの幕間の喜劇のなかで口ごもりがちに、ほんのわずかだけ表現されたものに対して明瞭な表現を与えたものにすぎない※」としても、次のような事実は否めない。すなわちグリー

ンの〈オーベロン〉は、〈ティターニア〉の夫とまったく違ったものではなく、『夏の夜の夢』の〈オーベロン〉の粗けずりで実験的な粗描といった印象を与えるのである。

最後に、『乙女たちの変身※』という作者不詳の劇があり、これは正しい根拠ではないが、リリーが『ポールの子供たち』の上演のためにある箇所をつけ加えたものと思われており、そのなかに一つならず、多くの点において『エンディミオン』の著者を想い起こさせるフェアリーに関する挿話が入っている。

（二幕二場）

モプソ　静かに。誰がやってくるのだろう。

（フェアリーたちが歌い踊りながら登場）

月夜にわたしたちは遊び戯れ、
夜とともに一日が始まる。
踊りを踊り、露が降りるころ、
かわいいアーチンたちを踊らせる、
小さな蜂のように軽やかに、
二人ずつ、三人ずつ、
歩きまわる、歩きまわる。

ロキュロ　この人形のような者たちは一体何だ？
フリスコ　この森に出没するフェアリーだろう。
モプソ　それじゃひどくつねられるに違いない。
フェイ１　何か音楽を奏でて下さらない？
フェイ２　すばらしい音楽を奏でて下さらない？
フェイ３　とても優雅な音楽を！
モプソ　断固としてこばまなければいけない。飛んでいるものなどいやしない。いいえ、私どもはとても楽しいのですから、どうぞお構いなく。
フェイ１　まあ、でもなにか弾いて下さるのでしょ？
フリスコ　いいや、骨身を折りたくないので。
フェイ２　まあ、でも一ペニー分もおわずらわせしませんわ。
ロキュロ　フィドルはどこにあるのかね。
フェイ３　とてもみごとな楽器をお渡ししましょう。
モプソ　何とお呼びしたらよいでしょうか。
フェイ１　私の名前はペニーです。
モプソ　あなたを貯えられず残念です。
フリスコ　私は何とお呼びしたらよいのでしょう。
フェイ２　私の名前はこおろぎです。

フリスコ　あなたのために煙突になりたいものです。
ロキュロ　小さなかわいい方、お名前は何とおっしゃいます。
フェイ3　私の名前はプリックです。
ロキュロ　小さな小さなプリックだって？　おお、それじゃお前は、田舎の小娘をびっくりさせ、ベッドから追い出す危険なフェアリーだな。私は誰の手のなかにいようと構いはしない。だからお前の手からは逃げはせぬ。

フェイ1　私は鳥の冠毛を生やして
花のてっぺんに飛びあがり、
それから蝿に乗ると、
蝿は私を空高く連れてゆき、
ちょっとした旅をする。
フェイ2　露のしずくが垂れて
私の冠に輝くとき、
私は頭を振って踊り戯れ、
あちらこちらと飛びまわる。
フェイ3　眠りについたと思われるころ、
娘の着物の下にもぐりこみ、
そこで飛びはねそこで遊ぶ、

それからのみのように噛みつき、
はねまわる※。

引用したこの場面は『ウィンザーの陽気な女房たち』のなかで、フォルスタッフがフェアリーに変装したサー・ヒュー・エバンズやピストル、ミストレス・クウィックリー、それにアン・ペイジに出会うところの一節を思い起こさせはしないだろうか。いずれにしても、奇妙な名前をつけて地口を言うところなど、すなわち『夏の夜の夢』の有名な場面で、ボトムが〈ティターニア〉の上品な従者たち、「豆の花」「クモの巣」「蛾」「カラシ種」たちと「お近づきに」なりたいと望む場面を思い起こさせはしないだろうか。こうした思いつきは言うまでもなく、シェイクスピアの作品においてさらにみごとに発展させられてはいるが、それはすでに『乙女たちの変身』のなかに見出せるものであり、こうした類似は、単なる偶然の一致というにはあまりに似すぎているものであろう。

要するに、十六世紀の終わり頃になって英国のフェアリーは、抒情詩や戯曲のなかに自由に取り入れられはじめたわけである。うす気味悪いものというフェアリーのそれまでの特質は、いまや詩人たちが詳しく描き、もっともよいと見なされたように美しく潤色され、調和のとれた伝統へと混ぜ合わされていったのである。チュートンのエルフとケルトの中世騎士物語《ロマンス》のフェイの本質的な相異は、これまで長いこと忘れられていた。フェアリーたち、きわめて一般的にそう呼ばれているが、彼らはいまや無学な民衆や教養ある階級の人びとをも同じように楽しませており、こうしたことはジョン・マーストン※の『悪人の懲罰』『サチュロスに関する三巻の書』（一五九八年）の二つの文章のうちに明らかに見えている。最初の文は、フェアリーについての伝承的知識と結びついた歌謡《バラード》に関する一般の人びとの好みについてふれている。

やさしきナトウよ、お前の主人のお召しだ
そのいやしき心をとりて飛び去れ、
わが詩の邪魔をせず、
フェアリー王には歌謡《バラード》を買い、
こじき女のためにはつまらぬものを買いにゆけ。※

もう一つの文は、スペンサーのマントを身につけることしか考えぬ、自惚れの強いヘボ詩人を粗描している

もう一人の者は歩き、もの憂げに動き、身を横たえ、
もの思い、本を読み、ついには睡眠がかれのまぶたをふさぎ、夢を見る。
夢のなかには間違いなく、フェアリーが、
素速く立ち現われてくる、そして
百花撩乱の谷間の不思議な話を語る、
目が覚めるとすぐさまかれは、
目をこすりつつ、その物語を書きつける。※

不完全で不成功の長い努力の期間のあとで、すべての素材が集められ、それらを最高の傑作に作りあげるべき力強い手を待つばかりの時がやって来たのである。

第四章
『夏の夜の夢』※

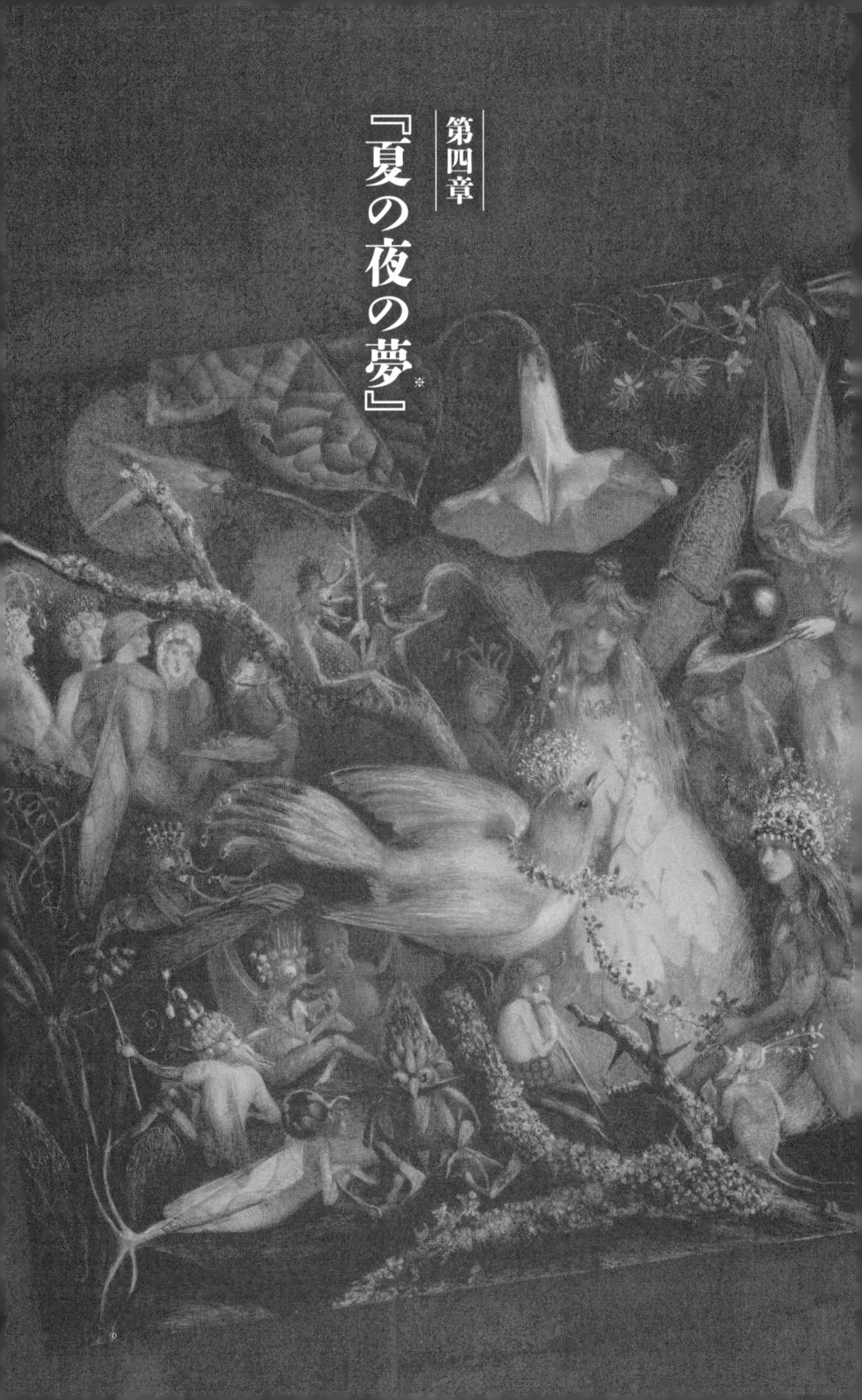

人間の心のなかのもっとも曖昧な奥底にまで探りを入れたシェイクスピア※は、人間の存在の限界の彼方に広がる未知の領域に強く惹きつけられていたらしく、彼の作品のなかでは、超自然的なものが少なからず重要な位置を与えられている。『マクベス』では、登場させた魔女たちの「悪い力の持つ不可思議さと壮大さ」を、そして『リチャード二世』、『ジュリアス・シーザー』、『ハムレット』では、血も凍るようにぞっとする幽霊たちを描いてみせてくれる。こうした世間離れのした恐ろしい幽霊たちを、シェイクスピアは悲劇時代の作品のなかで描き出したわけだが、さらに初期では——また再び晩年にそうなるのだが——フェアリー国の住人たちを描き、この想像上の夢のごとき実在性を持たぬものたちの描写に、その全作品にゆき亘っているものと同じ性質の、いわば心理的な現実性を与えたのである。かなり多くの作品のなかでも、フェアリーたちはそれとなく登場させられている。『ヘンリー四世』第一部で、王は「息子のハリーの額に染められている放逸な不名誉」を目のあたりにしながらこう祈る。

真夜中にとび歩くフェアリーが、うぶぎに包まれているまま、われわれの子供を取り換えてくれたらなあ……。※

『シンベリン』のなかでは、繊細な感覚のイモージェンが眠りに身をゆだねようとつとめながら、こうした台詞を述べる。

神々さまどうぞお護り下さいませ。フェアリーたちや夜の誘惑者たちから、わたしを、どうかお願いですからお護り下さいませ。※

『冬の夜ばなし』のなかでは、年とった羊飼いが「海辺の荒涼としたところ」でパーディタを見つけて息子に言う。

俺はフェアリーたちにきっと金持ちにしてやるって言われたんだ。これはフェアリーの取り換え子かもしれないぞ。開けて見ろよ。
これはフェアリーの金って言うんだな。な、おい、きっとそうだ。だから蓋を閉めろ、隠してしまうんだ。※

『ロメオとジュリエット』や『ウィンザーの陽気な女房たち』、や『嵐《テンペスト》』のなかで、フェアリーたちは、明らかに別の挿話を形づくっている。とりわけ『夏の夜の夢』では、フェアリーたちが作品の主な特色をなしている。この戯曲は、ハーミアがデミートリアスと結婚するか、

……それとも冷たい不毛の月に向かってかぼそい讃歌を歌いながら、一生を不生女《うまずめ》として送るか、

どちらかの選択を与えられている。第一場から、シーシュースの真夜中の宮殿でフェアリーたちの踊りとなる最後の場面まで、これは間違いなく天才の最初の作品であると言われている。※それでは、とくに『夏の夜の夢』のなかで、どういうものがシェイクスピアのフェアリー伝説を作りあげているのであろうか？実際にシェイクスピアは、彼の前の作家たちからどういうものを借りてきているのであろうか？　こう

した文学の手本というものは、どのくらいまで遡れるものなのか、中世時代あるいは封建時代の騎士物語までか、それとも古典的な詩歌までなのか？　そしてこうした伝統は、どの程度までシェイクスピアの時代に当時の思潮として残っていたのか？　また受け継がれてきた考えをいかに彼が取りあげ、その想像的な才能がそこにどのような形を最終的に与えたのか？　結局、シェイクスピアの、フェアリーという主題に対する独自の取り扱い方は、彼の心とその芸術の上にどのような光を与えていたのか――できるだけ手短かにこうしたいくつかの問題を、これから検討してゆきたい。

　シェイクスピアは彼のフェアリー伝承《ロア》をけっして作り出したわけではない。劇作家としての生涯をはじめたとき、すでにこうした主題を持つ文学は、ある程度存在していたであろうし、こうした以前の作家たちの書いたもののなかから多くの暗示や言及をこれまでに見たように、彼はいつものやり方で十分に自分のものとして用いていたと考えられる。このようにしてシェイクスピアは、バーナーズ卿が翻訳した『ユオン・ド・ボルドー』にも親しんでいたらしい。このフランスの中世騎士物語《ロマンス》の王と同じく、『夏の夜の夢』のなかの妖精の王は〈オーベロン〉と呼ばれる。彼の王国はユオンの保護者の国として「インドの果ての大草原地方※」と呼ばれる、空気が香料の匂いでかぐわしいイェルサレムの東の神秘な地域に広がっている。〈オーベロン〉は本来の騎士物語の主題に見られるように自分の宮廷を持ち、一団の騎士たちや「笑わせてくれる※」道化師をかかえている。その女王は侍女たちを侍らせ、フェアリーの家来の一団を従えている。フランスでもそうであったが、イギリスの〈オーベロン〉はこの世の人たちと交渉し、ローマ教皇圏での出来事にはもはや興味がなく、アセンズで起こる出来事のほうに興味を持っている。彼は恋人たちの思い違いに親切な関心を示して仲直りの役に立つ。一方それに反して、彼の誇りの高い向う見ずな連れあいは、少し足りない道化者、織物師のボトムと恋に落ちたりする。だが『ユオン・ド・ボルドー』と『夏の夜の夢』との類似はこの他にはあまり見られず、〈オーベロン〉の性格は中世の原型のなかには見出すことのできない多くの特色、たとえば姿を隠す力や不死※であることなどによって際立っている。

　このラテンの詩は、シェイクスピアのものにいろいろな特色を与えた。この偉大な劇作家もまた、フェアリーが古代異教徒の半神と同化したという、当時ではすでに一般に知られていた事実をよく知っていた。まずフェアリーたちは、すさまじい速さで動く。

　　ダッタン人の弓から離れる矢よりも速く、※

　シーシュースの結婚のためにインドから急いでやって来て、アセンズの近くの森に舞いおり、ちょうど古びた場所に出没していた〈ニンフ〉や〈サチュロス〉のように、気まぐれにあちこち遊びほうける。フェアリーたちは結婚式に出席し婚礼《ハイメン》の神の役割を演じ、讃め歌で家を聖なるものにし、新床に「慶びと栄え」※を与える。「翼あるキューピッド」※とか焔の「鏃《やじり》」※とか「三つの顔を持つヘカテの一連の馬」※とかいう言葉が使われ、フェアリーたちは古典的な神話について無知でないことが窺える。フェアリーの女王は少なくともオヴィディウスの絢爛とした感覚的な詩のなかで描かれているような、古代の人たちの眩いばかりの神話に属しているように見える。女王は〈ティターニア〉と名づけられているが、これは『転身物語《メタモルフォーゼス》』のなかの〈ダイアナ〉が持ついくつかの呼び名の一つである。※〈ダイアナ〉は巨人《タイタン》の種族で、巨人《タイタン》の太陽神ソルの妹である。〈ティターニア〉は『夏の夜の夢』のなかでは、この古典的な女神とはまったく似ていないというわけでない。若い乙女という特色とか、貞節の保護者といった性質を除けば、女神そのものではないにせよ、その性格にはとくに月の女神に似たものがある。あるときは霊妙な呪術や魔法の草を取り扱う修道尼のような姿で信仰者の前に現われたかと思うと、あるときはおぼろにかすむ霧に濡れた夜に、きらめく不可思議な女猟人の姿となって現われ、大空を狩りへと出かけてゆく。※女王のフェアリーはけっきょく夜の世界の者たちであり、

太陽の存在を避け、夢のように闇を追いかけながら※

飛びまわり、彼女の夫は「闇の王《ウンブラウルム・ドミヌス》※」とオヴィディウスが名づけた「冥府の王」プルートに似ている。

自分のフェアリーたちの性格を、フランスの騎士物語《ロマンス》や古典的な物語からとり出してくることだけに満足せず、シェイクスピアは広く一般の人びとのあいだに伝わっていたフェアリーの知識からも借りてきた。そうした知識は、ウォーリックシャーの田舎の幼いころの想い出や、一般に言われているようにウェールズの人たちから直接聞いた会話のなかから、あるいはまた、その時代の迷信に関する完全な研究者であったR・スコットの『魔術の発見』を精読したことから得たであろうことはよく知られている。ともあれ、民間信仰に出てくるフェアリーたちは、シェイクスピアの作品のなかでは、単に文学畑の源からだけ借用されてきたフェアリーたちよりも、ずっと重要な役割を演じているのである。

まず第一に、ケルトの民間伝承からシェイクスピアは『ロメオとジュリエット』のなかでマキューシオが語っているような、悪戯好きのエルフである〈マブ〉を、そして『夏の夜の夢』の〈オーベロン〉の陽気な道化師役〈パック〉を作り出した。〈マブ〉の語源はウェールズのマブ（mab）、すなわち子供であるが、他の説によると語源はダーム・アボンド（Dame Abonde）の縮小された語形から由来して

ジョン・シモンズ《ティターニア》『夏の夜の夢』より（19世紀）

いるといわれる。だがさまざまな論議はあっても、明確な一定した説はない。〈パック〉というのは精霊の種類全体に対する包括的な呼び名であったものを、はじめてシェクスピアが固有名詞として用いた。この夜の気まぐれな放浪者を、シェイクスピアは「やさしいパック」※とか「正直者パック」※とか、単に「パック」※と呼んでいる。前にも触れたように、パックに関しては多くの類似した言葉がイギリスの方言のなかに見られるが、この語そのものについては、ラングランドだけではなく、ゴールディングの翻訳になる『転身物語《メタモルフォーゼス》』のなかでは、

　山羊の身体、ライオンの頭と胴、龍の尾をしたプーカ、キマエラの国※

とあり、またスペンサーの『エピサラミオン』のなかでは、

パックや、ほかの悪い精霊たち、
魔術で人を困らす魔女たちや
名前の意味さえわからぬホブゴブリンたちよ、
この世に在りもせぬもので、
われわれを怖がらせるな。※

と書かれてあり、ここでは悪魔ではないにせよ多少害のある精霊《スピリット》を意味しているようである。さて〈マブ女王〉と、〈パック〉あるいは〈ロビン・グッドフェロー〉と区別して呼ばれていないものとのあい

だにも、たがいに多くの共通点はある。このエルフィン・レディは高貴な生まれの〈ティターニア〉とあまり関連がなく、直接に民間伝承から派生してきている。この女王に関する描写が『ロメオとジュリエット』のなかにあり、ここにその全文を引用すべきと思うが、それはある程度、この記述がフェアリー一族に関する民間信仰の抜粋のようなものであって、少年シェイクスピアがストラットフォードの家の炉ばたで、年寄りの口から何回となく聴いていたものに相違ないからである。

おお、それなら君はマブ女王といっしょにいたのだな。あの女王はフェアリーの産婆役、村長の人差指にはめている瑪瑙《めのう》ぐらいの小さな姿に化け、芥子粒《からし》ぐらいの小さな者たちの群れに車をひかせ、眠っている人間たちの鼻先をかすめ通る。その車の輻《や》は手長蜘蛛の脚、ほろは蝗《いなご》の羽、引き革はほそい姫蜘蛛の巣、くび輪は濡れたような月の光、鞭はこおろぎの骨、鞭づなは豆のうす皮、馭者は若い女の怠けずきの指先から掘り出された、小さな蛆虫の半分ほどもない、灰色の着物を着た小さな羽虫。車体ははしばみの空っぽの実で、それを作ったのは大昔からフェアリーたちの車作りを一手にひき受けている、栗鼠か年寄りの地虫だ。こうした格好で、夜ごとに恋する者の頭のなかを駆けめぐって、そいつに恋の夢を見せる。廷臣の膝の上を走れば、たちまち最敬礼の夢となり、弁護士の指先を走ればたちまち謝礼金の夢、御婦人の唇の上を走ればたちまち口づけの夢となる。その唇を、マブは腹を立てると水ぶくれにただれさせる、寝息が砂糖菓子で匂うからだ。ときどき廷臣の鼻の上を走ると、出世の手づるを見つけた夢となり、税金代わりに納めた豚のしっぽで眠っている牧師の鼻をくすぐると、実入りの増えた夢を見る。またときには兵士の首すじを駆けめぐる、すると敵兵の首をとる夢やら、攻撃やら、伏兵やら、スペインの名剣やら、さてはまた底知れぬ祝盃の夢、と思う間もなく耳元に太鼓のひびき、驚いて目をさまし、祈りの文句を二言三言、またまたぐっすり眠りこむというわけさ、夜中に馬めがたて髪をもつれさせるのも、臭い汚い髪の毛をエルフの塊りに作りあげ、それが解けてしまうのは、大きな不幸の前兆だ、なぞと気をもませるのも、これまたマブ女王のしわざ。※

一方〈パック〉は〈ロビン・グッドフェロー〉と呼ばれるずる賢い精霊※であり、いろいろな点で〈マブ〉と類似している。彼もまた田舎生まれの田舎育ちである。夜になると人の家にそっと入りこんで台所の手助けをしたり、床の掃除をしたり、穀物を粉にしたりする、人びとに親しみぶかい〈ゴブリン〉である。彼はまた気に入らないことがあると、いろいろと悪戯をしかける。「息をきらしたおかみさん」がミルクをかきまわしバターを作ろうとするのに、そのミルクの上澄みを掬いとって無駄骨を折らせたり、ビールの醸造ができないようにしてしまったりする。※また村じゅうあちらこちらうろついて若い娘をおどしたり、年寄りのおしゃべり者たちを困らせたりする。

フェアリーたちはみんな尻をたたいて笑いころげ、すっかり陽気な声をあげ、こんな愉快なとは滅多にないと言いだすやら……※

〈パック〉はさまざまな姿に身を変えることができる。「豆の餌で肥った馬」とか、「料理した焼きガニ」とか、目の前の三脚椅子とかにも変身する。

ジョゼフ・ノエル・ペイトン《オーベロンとティターニアの和解》『夏の夜の夢』より（1847年）

リチャード・ダッド《エアリエルの歌》『嵐（テンペスト）』より（1842年）

悲しい話をしながら気取ったばあさんが、わたしを三脚椅子と思って腰かける。そっとすり抜けてやると、ばあさんどすんと尻餅をつく。※

猟犬にも豚にも首なし熊にも、そして火にさえ化けるし、ときには旅人に道を迷わせて「困るのを見て可笑しがる。」「剽軽《ひょうきん》やさん」※と他のフェアリーに呼ばれる〈パック〉は、言わば野人ともいえる野育ちで毛むくじゃらな風貌のために、おそろしく粗野な者と見られ、冬の夜ながの村人たちの話の種になる。

〈パック〉の仲間のフェアリーたちは、〈パック〉より洗練されていて優美であるが、民間伝承からその特色の多くを借りてきている。フェアリーたちは夜になると姿を現わし、「夜の陰を追って」踊り歩き、「夢のように闇を追ってゆく」※また赤ん坊を盗んで、その人間の児の代わりに取り換え子《チェンジリング》を置いてゆく。清潔好きであり『ウィンザーの陽気な女房たち』のなかで、〈ホブゴブリン〉に変装したピストルは次のように言う。

蟋蟀はウィンザーの煙突へ飛んでいって、もし灰が掻き出されてなくて炉辺が汚れたままだったら、下女たちをこけももの実のように青くなるまでつねってやれ。わが輝かしき女王さまは、だらしのないぐずぐずした奴はお嫌いだから。※

もう一度ふれるが、フェアリーたちはじつに踊りに夢中になる。螢をランタンにして提げ、「露の球を草原に」作り、「口笛を吹く風に調子をあわせ輪になって踊り」、「月夜の宴※」をぞんぶんに楽しむ。

こうしたフェアリーの性質に、シェイクスピアが若い頃からずっと親しんできたものに違いない。そしてこうしたフェアリーの性質は、シェイクスピアのイギリスに対する知識、あるいはこの天才の牧歌的な、庶民的な要素を、少なからず形づくっている。

しかしながらこうしたいくつかの特色が『夏の夜の夢』のなかで描かれているフェアリーの世界で、ほんの少ししか役に立っていないということは、シェイクスピアがそこに自分自身のものを多くつけ加えたからである。冒険心に富んだ若者には豊富な贈物を授けても、次の瞬間、自分の下した命令に従わないと殺させてしまうというような、『ユオン・ド・ボルドー』のなかに現われる乱暴で怒りっぽいフェアリーたちの王〈オーベロン〉が、『夏の夜の夢』の物語では、そのずる賢い移り気なところだけが物語に持ちこまれており、離ればなれになっている恋人たちに同情を示したり、自分の后《きさき》に対して意地悪い復讐を考えめぐらしたりする。それよりも元の古典的な原型とひじょうに違ってきているのは、〈ティターニア〉である。ひじょうに子供っぽく本能のままに動く女になっており、翼をつけたキューピッドの矢にあてられると、うぬぼれ者のおめでたい村の暴君である織物師、ボトムと無邪気に恋に落ちてしまう。わがままで、家柄がよいということを意識してややお高くとまり、自分の過失を認めたり謝ったりは頑としてしない。そのうえ、なまめかしく、まさに女性の優美さそのものの原型である。休もうと思うときには、まずお供のフェアリーたちを、あちこちいろいろな使いに走らせ、美しい子守唄を歌わせながら眠る。※

さあ、二十秒ばかりあちらへいっておいで、いくたりかは、じゃこう薔薇の蕾にいる毛虫を退治しておいで。いくたりかは蝙蝠《こうもり》と戦って、その皮の翼を取ってきて、それで小さいエルフたちの上

ジョン・シモンズ《夏の夜の夢》
（1873年）

衣を作っておやり。それからいくたりかは、仲間のやさしいフェアリーたちをいぶかって、ホーホーと鳴く、あのやかましい梟を追い払っておくれ。※

〈パック〉のよく知られている性質についても、シェイクスピアはかなり多くの特色をそこにつけ加えた。この〈オーベロン〉の従者は、チュートン神話のなかで持っていた性格の荒々しい面、なかでもまず徹底した意地の悪さを棄て去られている。したがって〈パック〉は、もはや古代の地下の住人の記憶ともかかわりはないし、また死んだ人たちの霊との連関もないし、『夏の夜の夢』においては、田舎の人たちのあいだに伝わる話のようには、恐怖や邪悪の力を代表してもいない。彼はいまや徹頭徹尾、すっかり陽気な〈ゴブリン〉になっている。「人間ども※」をからかったり困らせたりして楽しんでいるとしても、また人間たちの喧嘩を「気ばらし」としてふざけながら笑っていても、けっしてほんとうに人間に害を与えるようなことはしないし、全体に見れば人間に幸運を授けようとさえしている。※

さて、ちょっと見たところ相容れないようなこうしたフェアリーたちの特色も、この詩人の構成的な想像力にかかると、しっかりと一つに結びつけられる。〈オーベロン〉は中世騎士物語《ロマンス》の世界ではまだ〈ドワーフ〉のひとりだったのが、そこから連れだされて、チュートンの小さなエルフたちのなかへ入れられ、一方、田舎の家で親しまれよく知られていた〈パック〉は、フェアリーの王〈オーベロン〉直属の家来である宮廷道化師として現われる。主なフェアリーたちの名前と特色の大半は、それぞれ違った国々から来たものと言えよう。すなわちこうした「小さな人びと」は、『夏の夜の夢』においては、ほとんど一つの家族とも見える王国をきちんと作っているが、これは何世紀にもわたってゆっくりと続けられてきた融合作用が、ここで一つの頂点に達したわけである。多くの要素、サグソンとケルトの民間伝承、そしてフランスの中世騎士物語《ロマンス》とラテンの詩歌、この二つともに素朴な中世の教義と華やかなルネッサンスの文化であるが、これらが結び合って、一つの独特の成果となって、天才の特色をそこに見せているのである。※

そしてさらに、フェアリーたちは、はじめて劇のなかでひじょうに重要な要素となり、おそらく欠くことのできないものとなった。グリーンやリリーの劇のような幕間狂言に出てくるだけでなく、実際に劇のなかの「登場人物」として舞台に現われてくる。フェアリーたちは劇の本筋に欠くことのできないものとなり、たとえば〈オーベロン〉は、アテネの恋人たちの仲を取りもったり仲直りをさせたりするし、また〈ティターニア〉は織物師のボトムにぞっこん惚れてしまったりする。またフェアリーたちだけで完結した筋を持っていて、その性格もよく描きわけられ、劇の本筋のなかの一つの小さなわき芝居を演じる。見方によれば、人間たちの惹き起こした諍《いさかい》は、このエルフィン王夫妻のあいだの哀しむべき不和のおかげで起こったことになる。それにもましてフェアリーたちは、シェイクスピアの思想を明確に具現化したものと言えよう。フェアリーたちは観客の目の前で、フェアリーの国をくり広げて見せるが、それはスペンサーの描いたような、言わばまじり気のない稀薄な場所というのではなく、またそこにあるものはみな静かですばらしく高貴なものになっているわけではないが、すべてのものは生き生きとして素速く動き、なにかにぎやかな感じのする国である。一般的に広くゆき亘っていた伝説とか、前の時代の作家たちが書いたもののなかで見つけたごく小さなものを利用して、シェイクスピアは自分のフェアリーたちに夢のような実在性を与えた。これは言い換えれば、すばらしい詩にフェアリーを美しく昇華させたわけである、ちょうど彼が劇のなかで、人間のごくありふれた感情を不滅の傑作に仕立てあげたと同じように。

一言で言うなら、『夏の夜の夢』は夢の国の芝居である。シェイクスピアのフェアリーたちは当時の村人たちの噂のなかに出てくるものよりも、ずっと身体が小さくなっている。「どんぐりの殻のなかにもぐりこんで身体を隠したりする」※し、また蛇の「エナメルのぬけ皮」で身体を包んだりする。

眠っている眼から月の光を煽いで払うために、彩り豊かな蝶の羽をもぎとっていらっしゃい。※

するとフェアリーたちは「風よりも素速く」、「空をゆく月よりも速く」※、すばらしい速度で飛んでゆく。〈パック〉は「四十分の間に地球を一周りいたします」※と王たる主人に約束する。フェアリーたちがひじょうに小さく空気のように身軽なことは、ちょうど夢の擬人化そのもののような印象をわれわれに与える。フェアリーは「空霊の精」※でもあるし、ただの「影」※でもある。フェアリーと同質のものは自然物のな

ヨハン・フュースリ《ティターニアとボトム》(1790年ごろ)

かでひじょうに繊細なもの、たとえば花とか露とか蝶々、ナイティンゲールのたぐいであり、したがってフェアリーは「豆の花の君」とか「蜘蛛の巣の君」「蛾の君」「芥子だねの君」といったやさしいものの名前で呼ばれる。彼らは一つの新しい超自然の国、一種の上品で優雅な世界を構成している。フェアリーたちは、かぐわしい香りと月の光に満ちた森にかかわるものすべてと、牧歌的な夢の擬人化である。少なくとも単純な心を持ったボトムとか、惚れ合った恋人たちは、フェアリーたちを信じているが、フェアリーを信ぜず、実際的で、ものごとを真面目にとるシーシュウスのような人たちは、彼らの惹き起こす出来事は、気のふれた人間の想像力の産物なのだと思い、次のように言っている。

恋人や気遣いの頭のなかはわき返っていて、ものを創り出す想像力があり、冷静な理性よりもっとよく理解できるものだ。※

つまり、フェアリーたちは、暁の光とともに消え失せてゆく、暖かで豊かで、美しく穏やかな夏の一夜の、快い不思議な魅力を持つすべてのものを、具体化して示したものであるとも言えよう。

この〈オーベロン〉と〈ティターニア〉のフェアリーの世界は、実際の世界の形に似せて作りあげたシェイクスピアの若い頃の夢を、ある程度において具体化したものである。事実、彼の抒情詩人としての面は、戯曲というより劇詩といえるこの劇のなかに、最初にして最高と言えるほどよく現われている。『夏の夜の夢』には輝かしい非現実的な若き詩人の人生観がよく表わされている。若さとは、フェアリー王国の感覚的な美しきであり、そこは花々の香りがかぐわしいインド王国であり、フェアリーたちはそこで時が過ぎゆくのをまったく気にとめず、楽しく華やかな生活に浸って、うかうかと日を送っている。

若さとはまた〈ティターニア〉と〈オーベロン〉の愛の諍《いさかい》であり、それは二人の心の表面すら波だてることのない、愛すべき争いである。

さて、シェイクスピアは劇作家としての活動の終わりになって、再び最初期の傑作の中心テーマに帰ったのであって、『嵐《テンペスト》』はまさにフェアリー・ロマンスと言えよう。場面は「ある無人島」に設定され、そこには「音楽や快よい旋律」が島の各方面から漂ってくるところで、「インドのはるかな大草原地方」ぐらいに想像的な場所と考えられている。〈オーベロン〉はプロスペロに代わる。彼は自然の支配者であり魔術師であり、その「強い術の力」はジューノーやセレースやアイリスらの女神たちすら呼び出すことができる。またプロスペロは「人間性の奥深くまで見通しており、穏やかで賢い善良さと、人生への物質的興味などまったく持たず、自分本位である」※というこの言葉は、まさに彼の性格を言い得たものであろう。〈エアリエル〉は〈パック〉に似ていないことはない。〈エアリエル〉もまた超自然的な従者であって、主人の使いのためには空中を素速く飛んでゆく。彼は〈オーベロン〉の身近な従者よりももっと洗練されていて、もっと「上品」であり、「優雅」※であるが、たった一度、〈パック〉と同じような悪戯をまんまとやってのける。姿を見えなくして、トリュンキロとステファノのあいだを邪魔し、二人に喧嘩をさせるのである。また〈パック〉よりひじょうに優しい心を持っている。人生の苦労を身をもって味わい、「人間ども」が苦しんでいる不幸を面白がって笑うどころか、ときとして人間たちに自分が加えた悩みごとにたいしてかえって同情したりするが、それにたいしては責任のない助力者ぐらいにしかならない。全体としてみて、シェイクスピアは、成功ともいえるその劇作家としての生涯の初期と晩年の両方において、フェアリーの世界の特殊な魅力に惹かれ、その世界を二つの傑作の主題にしたということは意味深いと言えよう。一つは小さな田舎町から出て来たばかりの若者として、もう一つは成熟した年になって世間と戦いつづけて勝利を得たあとになって、ベーコンの言葉を借りれば「真実にたいする有利な立場に立って」、「遥か見下ろす谷間の曲りくねる道や流れや、霧や嵐※」を見はるかすことができたときに、自分の劇をフェアリー伝説で満たし、夜の「小さな人びと」を選び、心の奥ふかい感情を自分の代わりに語ってくれるものとして使ったことは意味ぶかいことと思う。その上、彼の天才の所産とも言うべき独自の想像力から純粋に作り出されたプロスペロの口を借りて、生涯をかけた魅力ある仕事を断念することを語る言葉そのものも、実際には地方に伝わる伝説のなかから、借りてこられたものであった。

　お前たちエルフよ、小高い山々の、さまざまな小川の、そしてさまざまな湖の、また森のエルフたちよ、満ちては引く海の神を追いかけては引き返し、砂原に足あとを残さぬエルフたちよ、雌羊すら食べぬ苦い緑の草の輪を月ひかる牧場に作る、小さな人形のエルフたちよ、荘厳な夜半の鐘の音を喜びつつ、真夜中に「きのこ」を作ることを楽しみとするエルフたちよ……。

　……わしはこの杖を折り、それを幾十丈もの地下に埋め、それからわしのこの本を、音もかつて届いたことがないような、深い海の底へ沈めようと思う。※

第五章
シェイクスピア後のフェアリーたち

シェイクスピアの創ったフェアリー王国は、すぐさま成功をおさめた。一五九三年から九五年のあいだに書かれ、題扉にあるように「数回上演された」のち、この『夏の夜の夢』は、一六〇〇年に四つ折版の形でほとんど同時に異なった所から二冊世に出たが、十七世紀に到るまでずっとシェイクスピアのもっとも人気のある喜劇であった。エリザベス朝の平土間の観客たちは、スチュアート家の支配下でこれまでよりいっそう迷信深くなっており、たやすく理解できたこの劇のなかにさまざまなものを見出し、一方詩人たちは、この偉大な劇作家の作品を心から讃美してこれを模倣し、もしできるなら、それより優れたものを作りたいと努めたのである。こうして〈オーベロン〉と〈ティターニア〉、それに薄明かりに生きる楽しい宮廷の陽気なものたちは、人びとの心を占めていたロマンティックで近づきがたいグロリアーナ女王と、その位置を入れ代えることになった。シェイクスピアの描き出したこのフェアリーの世界は、心から讃美できる理想的な世界として人びとに受け入れられ、根気よく借用され続けてゆくわけである。

I

十七世紀全体を通じて、ある一つの外的な理由が、シェイクスピアのフェアリー王国を、ひじょうに通俗化させることに少なからず貢献をした。この外的な理由が、当時まだ一般民衆の信仰の大部分を形づくっていたものを、たまたま一つの思潮の流れとして表現させたのである一六〇三年、スコットランドのジェームズ六世はイギリス王に即位したとき、その偏見と、学者ぶった権威ある神学とを持ちこんだ。とくに王は魔術師とか多少なりとも魔法に関係のあるすべてのものに対して、熱烈な反対ぶりを示した。王の即位後、すぐにある法律が通過したが、それによると、魔女たちは有罪の判決がはじめに下れば、「たとえ隣人に対してなんら危害を加えることがなかったにせよ」死刑が宣告されるというのである。王はロンドン入りしたその同じ年に『悪魔学』という小論を起稿したが、これはエディンバラで六年前に出版したものを再版させたものであって※、このなかには『悪魔学』に対する彼の考えが述べられている。王によれば、この地上には人間たちを悩ます数知れぬ悪霊たちが跳梁跋扈しており、フェアリーたちはその「悪霊」※の集団の一つを成していたという。

精霊の第四番目の種族は、キリスト教徒たちに、「ダイアナ」と彼女のさ迷う廷臣たちと呼ばれたもので、イギリス人に「フェイリイ」、または親しい隣人と呼ばれるものは、法王時代においてもっともよく知られた一連の迷想であった。その迷想に基づいているさまざまな空しい話について言えば、フェイリイの王や王妃の様子とか、その美しい宮廷と従者の行列、あるいはどのように善い行為や義務といったものを果たそうとしたかとか、また一般の人間のように馬に乗ったり歩いたり食べたり飲んだりしたかどうかなどということであるが、これは前にしばしば語ったように、総じて悪魔族というものは正常な人間の感覚を欺いて、本当のことでないものを見たとか、聴いたとか信じこませるものにすぎないのである。それはヴィルギリウスの「極楽世界」にも似ていないし、またキリスト教徒たちの言うものとも似てはいない※。

フェアリーを悪魔と見なし、カトリック教が作り出したものとするもう一つの弾劾が現われ、これは以前にも増して敵意に満ちたものであったが、これはのちにヨーク大主教S・ハーセネット博士の手で、同じ年の一六〇三年にパンフレットの形で公けにされた。表題には「国王陛下の臣下の心を、忠誠心から遠ざけ、また悪魔退散の口実の下にイングランドで公然と説かれているキリスト教の真実から遠ざけるための、だいそれたローマ教皇派の詐欺の宣言書」とあり、第二十一章には次のような一節がうかがえる。

ローマ教皇派の僧侶の霧が、われらあわれな人民の眼をくらましていたとき、いったいイングランドでわれわれは、悪魔や悪霊やエルフが作ったどんな世界を歩み通ってきたことか？　もしロビン・グッドフェローのために、一鉢の凝乳とかクリームとかを間違いなく出して置いてやらなかったなら、善良な主婦たちが床についているあいだに、料理人や娘や女中たちはつねりあげられたり、あるいは悲しい目に会って、おかゆは次の朝にはポットのなかでこげてなくなっているだろうし、チーズは固まらず、バターはできあがらず、貯蔵されたビールはけっしてよく泡立たないというようなことが起こるだろう。もしも土地の税金を一ペニー、あるいは十分の一税を教会に支払わず、また聖体拝受の式に一度も出席しないとするならば、出歩くときには次のものたちに気をつけるがよい。ブル・ベガー、スピリット、ウィッチ、アーチン、エルフ、ハグ、フェアリー、サチュロス、パン、ファウヌス、スイルヴァン、キイット・ウィズ・キャンドル・ステックス、トリトン、ケンタウロス、ドワーフ、ジャイアント、インプ、カルカー、コンジュアラー、ニンフ、チェンジリング、スクリッチオール、インキュバス、ザ・スプーン、メア、マン・イン・ザ・オーク、ファイアー・ドレイク、パックル、トム・サム、ホブゴブリン、トム・サムブラー、ボンレス、その他のもの。十二回アヴェ・マリアを唱えずに、二十四回十字を切らずに、六回パーテル・ノステルを言わずに、あるいはヴァージン・メリーか聖ウンクンヴァー尊者の保護を願わずに、この恐ろしい怪物たちのあいだで一銭銅貨ぐらいの価値しかないカラシをとるために、夜敷居をまたごうとする愚かな若い娘や若者や年寄りがいるだろうか※？

この該博な知識の持ち主である博士は、他のページにも見られるように、チョーサーが「修道士たち」をからかった寸劇についての知識もないわけではなかった。

ひじょうに慧敏で、機智と学識とを備えていたチョーサーは、次のようなことを知っていた。すなわち、魔術とか憑きものとか幽霊屋敷とか、そのほかこれに類する下らない想像上のものは、すべて人を欺くものであり、人を騙すものであり、人の目を眩ますものであって、ずるい牧師や淫乱な僧侶がおのれの性欲を隠し、あるいは私腹を肥やすために、いわゆる法王の玩具（キリストのメダル、小羊の象徴、ロザリオ、聖水、神聖なる十字架、お守りのペンダント、信仰の衣）を高い値段で売るための胡麻化しであることを知っていたのである。悪魔を防ぐためのよいメダルなら、高い値段を出してまでも買わぬ人があるだろうか……※

このかなり手厳しい反カトリック的な感情は別としても、フェアリー信仰《ビリーフ》はそれでもまだ、この世紀の偉大な精神の持ち主たちの心のなかに宿っていた。したがってベーコンは良い精霊と悪い精霊が存在することを認めており、これらは本格的な学究の主題になりうるものとみていた。

堕落し、あるいは神に叛いた精霊たちと語ったり、それらにかかずらわることや、またどんな崇拝の念をも抱くことは禁じられている。だが、彼らの性質や、その力や、その幻覚に関する考察とか科学的な究明とかは、それが聖書の方面からであれ、知性の面からであれ、精神的な知識の分野のことである。なぜなら使徒も次のように言っている。「われらは彼の策略に無知にはあらず。※」

クライスト・チャーチの隠遁者であり、学識豊かで人間の愚かな行為に対して、率直でユーモアに満ちた解剖学者でもあるロバート・バートン※は、その著書のなかにこの一般に広くゆき亘っている迷信を入れることを忘れなかった。

地上の悪魔たち、ラレース、ゲニ、ファウヌス、サチュロス、ウッド・ニンフ、フェアリー、ロビン・グッドフェロー、トウルリ、などは人間をよく知っており、それだけ多く人間の邪魔をする。ある者はイギリスのフェアリーたちを自分たちの種類とみなしていたりする。フェアリーたちはその昔多くの迷信によって愛されていた。人びとは家のなかを綺麗にしたり、バケツ一杯のきれいな水やよい食料やそうしたたぐいのものを用意したりすれば、フェアリーにつねられないばかりか靴のなかにお金を見つけたりするし、またやる仕事は順調に運ぶというのである。野原や牧草地で踊るのは彼らであって……、その広い野原にはよく知られているように緑の輪を残す。ある者はこれは流星が落ちてできるのだと思っているし、また偶然に地面に草が茂ってできる現象だともみられており、年とった女とか子供たちがよくこれを見つける。パラケルススは、ドイツのいろいろな所でフェアリーが、二フィートの長さのコートを着て歩いているのをいつも見かけたと記している。身体の大きな種類は〈ホブゴブリン〉とか〈ロビン・グッドフェロー〉とか呼ばれており、迷信の時代には、ミルクを一杯もっていってやればトウモロコシを挽いたり、木を切ったり、いろいろな勝手仕事をやってくれたものである。※

トマス・ブラウン卿※でさえ、このことは自分にとって不可解なことだとはっきり言っている。

……多くの学識ある人たちが、自分の形而上学をも被造物者の階梯をも忘れてしまい、精霊の存在をどうして疑問に思うようになったのか——他の人はいざ知らず、自分はつねに魔女の存在を信じてきたし、今はこれを知っている。魔女を疑う者はそれを否定するに止まらずして、ほかの精霊をも否定することになり、その結果として間接には、一種の不信者、否、無神論者たらざるをえないのである。※

このような信念が、この時代のいく人かの最高の思想家たちによって大胆に宣言されている一方、こうした主題は、低次元の文学の形をとって千差万別の作品となって現われていった。魔術に関する数知れぬ論文が世に現われた。とくにランカシャーの恐ろしい魔女裁判が、二つの劇になったことが記録されている。一つはT・ヘイウッド※とリチャード・ブローム※が書き、もう一つはやや少しあとに、T・シャドウェル※によって書かれたものである。亡霊《ゴースト》とか〈ゴブリン〉は、「聖なる天使の位階と名称と階級と役割、天使といっしょに堕ちたルシファー」と題した、半ば神学的論文のなかにたえず言及されていたと、一六三五年にヘイウッドは書いているが、そのなかにはこうした一節がある。

……パックやホブゴブリンと
いわれる者たちは……
人も訪れぬ古い家々の片隅や、
材木置場の下を棲家にし、
そこに住んで、食料貯蔵庫や搾乳場で、ものすごい騒ぎをひき起こす。
ロビン・グッドフェローはフェアリーとも呼ばれる。
人気《ひとけ》のない部屋のなかでは騒ぎはつづく。
ドアを叩いて人びとの眠りをさましたり、
いくらしっかり閉められていても、
すごい力でドアが開けられたり、
夜っぴてクリスマスのどんちゃん騒ぎがつづいたりする。
ポットやコップや木皿や瀬戸皿や鍋ややかんを、
棚や腰掛けのまわりで踊らせたり、
それらが台所のあたり一面に投げ出されちらかされても、
朝ともなれば何一つ、間違った場所に戻されているものはないという始末。
ある者は、残忍な殺人が行なわれた家を決めた場所として使い、
またある者は、荒涼とした家や廃墟や人住まぬ家で、恐ろしい居住者になりすます。※

また、サミュエル・ロウランズ※の場合のように、諷刺として次のように用いられることもある。

昔々おばあさん時代、古い時代に住んでいた……
ゴブリン、フェアリー、バッグス、ナイトメアー、アーチン、エルフの群れは、
その昔、多くの家々に出没していた。
その外、多くの精霊たちも、さまざまな場所に現われ、
そこらあたりの女のなかには、いまでも、そうした悪魔の顔つきをしている者もいる。
悪事をせぬので、良いロビンという名で知られた種類もいた。
だが時が経つにつれ、ロビンは消え失せ、
彼とその夜の仲間たちは、もはやわれわれには見知らぬ者になり果てた……※

この詩の最後の行にもうかがえるように、フェアリーへの信仰は消えかかりながらも再び現われてくるのだが、すでに、スコットやチョーサー自身も、このことに関しては同じことを明言している。高度な知識を持ち、すすんだ考えをした階級の人びとは、低い次元の迷信を否定はしていたが、そののち、十七世紀に至るまで、広くゆき亘っていたこうした当時の風潮を楽しんでいたわけで、シェイクスピアが有名な劇作品の主題に与えた新しい解釈を、その時代に流行させるのに、言わば貢献したのである。多くの観客がそうであったように、当時の教養ある人びとも教養のない人びとと同じように、『ハムレット』のなかで父王の亡霊が現われて舞台を横切っていくのを見ると、こうしたことはしばしば起こることだと信じていた。したがって『夏の夜の夢』のフェアリーたちは（その比類ない文学的価値はさてお

くとしても)、よく知られていてそのうえ身近なもの、まったく自然な生きものとして、シェイクスピアの同時代の人びとの心には刻まれていたに違いないのである。一般にゆき亘っていたフェアリー信仰を用いたことによって、その劇にどんな興味深いものがつけ加わったかということは容易にわかることであるが、どの程度の魅力が本来のものにつけ加わったかということ、これは今日のわれわれには想像しがたいことである。

II

『夏の夜の夢』の流行は、当時の作家たちにすぐさま影響を及ぼした。一六二八年に無署名の『ロビン・グッドフェロー、その気遣いじみたいたずらと陽気な冗談※』と題する小冊子が出たが、この本の多くの箇所には、フェアリー劇に登場するあの〈オーベロン〉の身辺護衛役に似た者が登場する。シェイクスピアの劇が書かれる以前には、これまでに推定されているように、戯曲が小冊子を基にしているというよりは、むしろ小冊子が戯曲を基にしているように見えるのだが、こうした出版物が一六二八年までに、いくつか存在していたことは確かである。散文か韻文で、あるいはその両者をまぜて書かれたいく種類かの呼売り本《チャップ・ブック》が現代までずっと伝わってきているが、広く普及した文学を扱う場合によく見られることだが、伝わっているものは実際に当時、道端で売られていたもののごくわずかなものでしかない。そのなかには、たとえば次のようなものがある。J・P・コーリア※が私家版として出した『陽気なパックあるいはロビン・グッドフェロー――その誕生、彼は誰の息子か、いかにして母親から逃れ去ったか……いかにして父オーベロン王は彼を見つけ出し、ともに楽しい悪戯をやってのけたかの物語』という「ひじょうに愉快な機智に富んだ」ゴシック字体の独特な歌謡《バラード》とか、あるいは散文の小冊子のなかにある短い韻文の物語『ロビン・グッドフェローの馬鹿げた陽気ないたずら』※といったものもある。

やや異なる他の例をあげよう。シェイクスピアがフェアリー女王の名前〈ティターニア〉を借りてきたのは、オウィディウスの『転身物語《メタモルフォーゼス》』からである。この作品を翻訳したゴールディングのなかには、この意味ある名前はけっして出てこない。この物語では〈ダイアナ〉に相当する場合は「巨人《タイタン》の娘」と訳されている。さて、ジョージ・サンディズがシェイクスピアの死後数年のちに『転身物語《メタモルフォーゼス》』の他の翻訳を出し（一六二一―二六年）、そのなかの〈ティターニア〉という言葉は、〈ダイアナ〉の同義語とし

『ロビン・グッドフェロー、その気遣いじみたいたずらと陽気な冗談』（1639年）

て種々の場合に自由に使われているが、こうした変わり方は、『夏の夜の夢』の広い影響によるものといえよう。

劇のなかでシェイクスピアによって作り出されたフェアリーたちは、独自の影響力を発揮し、彼らが多かれ少なかれ劇中の主要な役割を演ずる戯曲というものがいくつか見られる。たとえば『情欲の国』とか『みだらな女王』と呼ばれる戯曲がそれであるが、これはヘンズロー※の一六〇〇年二月の日記のなかでは、デッカー※、ホートン※とデイ※の共作による『スペインのムーア人の悲劇』と記されており※、そのなかには〈オーベロン〉が登場し、フェアリーたちはその前で踊ったり音楽を奏でたりする。〈オーベロン〉は単なる機械仕掛けの神《デウス・エキス・マキーナ》で、むしろ一種の予言者であり、マリアはスペイン王に苛酷に扱われたために眠り薬を盛るが、次に彼女を待ち構えている運命を〈オーベロン〉は予言する。

王が目覚めぬうちに、お前は殺される、
王の母の手が、お前の息の根をとめよう、
息子は殺されてしまったと思いこんで。
お前の生命を奪う者は、お前の夫の妻となろう。
さらばマリアよ、私は立ち去らねばならぬ。
最後のときを辛抱づよく受けとめよ。
お前がフェアリーの国に来るまでは、
エルフたちもフェアリーたちも何の手出しもできぬのだ。

（踊りつつ歌いつつ退場）

マリア　お前たちがフェアリーであれ悪魔であれ、
わたしはお前たちの群れから身を隠したい。※

同じフィリップ・ヘンズローの日記に、ヘンリー・シェトルの書いた、夜の愉快な放浪者の冒険についての悲劇のことが記録されている。

一六〇二年九月九日、「ロビン・グッドフェロー」という悲劇の支払いの一部をヘンリー・シェトルに前貸しする。※

『ナルシサス――十二夜のうかれ騒ぎ』という戯曲が、一六〇二年オックスフォードのセント・ジョンズ・カレッジで上演された。これは一種のバーレスクで、『夏の夜の夢』の劇中の「ピラマスとシスベ」にやや似通っており、シェイクスピアのフェアリー劇の一種の模作であると端的に言えるほど、言葉づかいの上で二つは多くの類似点を持っている。※一五九四年に『シーリア』というソネット集を出した詩人ウィリアム・パーシー※は、その数年のちに『フェアリー田園詩、またはエルフの森』と題する作品を書いたが、その前後のところに「一六〇三年完成。わがパルナソスたる狼たちの丘」と書いている。実際のところこれはひじょうに惜しい作品で、このなかの〈オーベロン〉は衒学者ぶって、知識をひけらかす哲学者のような性格に描かれての気まぐれについてとか、男と女のどちらがより深い愛情を抱き得るかなどについて、「たくんの花々で身を飾った」フェアリーの女王と議論を戦わせている。フェアリーはまた次の作品のなかにも現われる。『ひじょうにすばらしい「フィロタス」という楽しい喜劇、劇のなかでは老人と若者とが結婚することによって起こるさまざまな不都合な出来事が展開される』これはヘイウッドの作と言われ、一六〇三年にエディンバラで出版されているが、このなかの「夜の小さな人びと」は、聖母マリアや地獄とも関係を持たせられている。

聖母マリアにかけて、フェアリーの
偉大なる王と王妃にかけて、
汝に命ずる、そしてまた父と子と聖霊の御名にかけて言う、ここにとどまれと……
地獄なりとフェアリーの国へなりと
立ち去れ、われらとともにとどまってはならぬ……※

『楽しき喜劇——計りごと』これは一六〇六年にロンドンで出版されたが、このなかでも〈ロビン・グッドフェロー〉は、厳しい父親に引き裂かれた不幸な恋人たちを救うために姿を現わす。「恐ろしい奇怪な姿」で現われ、人を悩ます化け物熊《バッグ・ベア》のように振舞い、かたくなな父親に向かって話しかけ脅迫し、二人の結婚にすぐさま同意させるということをやってのける。

地獄の偉大な王たるプルート、
並びに地獄の王妃たる麗しきプロセルピナの厳命により、

また、恐ろしきハグや三途の河原に群れ集う悪霊どもの賛同を得て、
地獄の猛火に包まれている魂たちの最高支配者、
悪魔の男爵、冥府の淵の湖の王子たる
アケロン、スティックス、フレゲトンの摂政の宮、偉大なるディスがお前をプルートの法廷に来る
よう召換するため
地下の深みより、私をここに遣わしたのだ※！

最後に、『バビロンの娼婦』という「詩劇」のなかでは、「最近の女王の偉大さ、寛大さ、誠実さ、温厚さ、また他に比類なき素晴しき美徳などについて、また（この反面たる）ローマの紫の衣をまとった娼婦の悪意、背信、陰謀、浸蝕、絶え間ないむごい策略などについて語ろう」としている。トマス・デッカーは、エリザベス女王を〈ティターニア〉と呼んで、この名前を明らかにフェアリー女王として用い、もちろんイギリスをフェアリー王国そのものに見たてている。

顧問官であるフロリメルは、ヘンリー七世時代についてこう語っている。

……（われらが父なる）偉大なエルフリンが
その王座を手に入れるとき、
汝の国の木陰は、エルフたちの眼ではなく、
真赤に燃える多くの剣で光った。
そのとき耳にしたものは音楽の調べではなく、

けたたましき雄叫びやさけび声であり、
武装したアーチンや厳しき家庭のエルフたちは、
その尖った剣の先でみずからを刺してしまった。※

ヘンリー八世は彼の側から次のように呼ばれている。

偉大なるオーベロン王
ティターニアの尊き父

一方その娘は、

……一本の絹糸を持った乙女の手は
フェアリーの国に導かれていくだろう。※

スペンサーがエリザベス朝のフェアリーの系譜をさまざまに述べた『妖精の女王』のなかの前述した一節を覚えている読者は、ここに重要な変化があったことに気づくはずである。すなわち、グロリアーナ、タナキル、ブリトマート、ベルフィービーというロマンティックで寓意的な名前は、〈ティターニア〉という、より簡潔で確実に定着された名前に、その位置を譲ったということである。

Ⅲ

『夏の夜の夢』の成功は、これまで見てきたような二流の劇作家たちばかりでなく、その時代の偉大な二人の劇作家、すなわちシェイクスピアの個人的な友達であり、十七世紀を通じて、少なくともシェイクスピアと同等の人たちとみなされていた、ジョン・フレッチャー※とベン・ジョンソン※の対抗心をも煽りたてた。

シェイクスピアの初期の傑作の持つ魅力に対して、フレッチャーは敏感にならざるを得なかった。二人はおたがいに長いあいだの知り合いであった。一六一三年彼らは『二人の血縁の貴公子』と『ヘンリー八世』の二つの劇を共作している。とりわけフレッチャーが作品のなかに見せた若者の美に関する鋭い感覚や、やさしい心の見せる勝手気ままさ（これは単なる身持ちの悪さというものにはめったに向かわないものであったが）は、彼をロマンティックな空想性の熱烈な共鳴者、また讃美者にしたが、そうしたロマンティックな空想性というものは、これまでに見たようなシェイクスピアのフェアリー劇が持つ主な特色のなかに見られるものであった。巧みな友達の手によって成功したその主題を、フレッチャーが自分の作品のなかに持ちこんだということ、これはあり得ることである。

実際のところ、一六〇八年から九年の冬に書かれ、一六一〇年の五月までに出版されたと推定される『貞節な女羊飼い』という作品は、『夏の夜の夢』の影響を受けているという多くの証拠がある。主題は異なっているが、この作品の持つやさしい優雅さとか、流れるような饒舌さとかは、スペンサーの作品を思わせるが、より積極的に「現世的、世俗的」である。やさしく官能的で、ときとしては卑俗になる対話には、明らかにシェイクスピアの陽気でいたずら好きな小さな〈インプ〉を思い起こさせるものがあるが、そこには新鮮できわめて美しい部分が挿入されている。たとえば〈サチュロス〉が去ったあとの、森のなかでのクロイラインの独白に耳を傾けよう。

……またわたしは聞いてます（母上に教わり、いまはわたしも信じます）、もしもわたしが穢れなき、乙女の花をば摘みもせず、清らかに純潔のままに、美しく保っておけば、ゴブリンも、木の精、フェアリー、エルフにフィンド、サチュロスも、そしてまた、森に出没するどんな力ある精霊も、わたしの身体を傷つけるようなことはなく、また空しい幻がわたしをそそのかし、その偽りの火を追って、さ迷い出ることもなく、また声々が死んだような夜の静けさのなかから、わたしを呼び起こし、誘い出し、おびき寄せ、沼をぬけ、水の澱みを渡らせて、わたしを破滅に導くこともないということを……※

他の行においてフレッチャーは、シェイクスピアのフェアリー王国に、彼独自の優雅な華やかさをつけ加えた。ペリゴットはアモレットに求婚の願いをきいてくれるように懇願する。それから二人は近くの森のなかで会うことになる。森のなかで彼女を愛する羊飼いは、次のように語りつづける。

たがいに純潔な抱擁をかわし、
魂を儀式にのっとり結びあわせる、
二人の婚約の誓いのために……
なぜなら、聖なる森に貞淑の泉は捧げられ、

その泉の花咲きみだれる堤には、
敏捷で軽やかなフェアリーたちが、
輪になって、蒼白い月に照らされて踊り、
ときおり、盗んできた子供たちを泉に浸す、
滅ぶ運命《さだめ》の肉体と、この世のいやな掟から、
子供たちを自由にしてやるそのために※

最後のところで、〈パック〉と同族と思われている〈サチュロス〉が、〈パン〉がうかれ騒いでいるあいだに、自分のなすべき運命は何か、について次のように説明する。

……わたしはここに居なければならない、
人間どもが道に迷うのを見定め、
輝くように見える幻の火が
人間どもを導いて、
正しい道につかせるのを見るために。
それからまた、貞潔なものを犯そうとする者が
いるかどうかも見守らねばならぬ。
もしそんな人間がいるならば、すぐさま、
花々で飾った角笛を吹き鳴らす、すると、

月の光をあびて自在に踊っていた
フェアリーたちが、素速くぜんぶ飛んできて、
そ奴を骨にひびくまで強くつねる、
その煩悩が消え去るまで……※

博識な詩人ベン・ジョンソンは、喜劇や劇作品のなかでその古典主義に、健全で生き生きとした精細な写実主義を多分に混ぜあわせようと企てたにもかかわらず、うかれ騒ぐ「夜の小さな者たち」とふざけあってしまう抒情的で軽妙な彼の詩神《ミューズ》に悩まされた。その作品のなかにはフェアリーたちについて語っているところが、かなり多く見出せる。たとえば『もの言わぬ女』には次の一節がある。

ドフィーヌ　いったいなんだってあの人たちは、まるでフェアリーのように私につきまとうのかしら。ほら、私に宝石を下すった、だからあの人たちを追い払えない。
クレリモント　ああそんなことおっしゃってはいけません、仮りにも……※

『サチュロス』という作品では、〈マブ〉が女王に宝石をさずけながらこう言う。

誓って言うが、他の人に語ってはなりませぬ。
誰がこれを貴女に与え、それは何故かということも。
貴女がわたしたちの所に戻ってくればいつでも、

もっとたくさんの宝石が手に入りましょう。
気高く幸あふれる女王よ、さらば。
だが、誰にもこのことは言わぬようご注意あれ。※

シェイクスピアの『冬の夜ばなし』で、すでに羊飼いによって語られ、それ以前には『ローンファル卿』の物語のなかでも語られていた民間信仰《ポピュラ・ビリーフ》に関する同じ言及が、この二つの場面にうかがえる。つまり、フェアリーの信頼を裏切ることはひじょうに危険なことで、彼らの恩恵をこうむったことを、けっして他の人に吹聴してはいけないというものである。他の場合としてあげられるが、ジョンソンは『錬金術師』のなかでその人物についてこう言っている。

かれの様子は、フェアリー女王好みの
唯一最高のもの※

そして、いかにフェアリー女王の家来たちが踊り好きであるかを、『十人十色』という作品のエピローグでまず述べる。

戦いの声はフェアリー女王の国内では止み、
亀の歩みのような平和が、女王の宮廷のまわりで、
フェアリーの輪になって踊る。※

また『桶物語』という作品にはこうある。

　あなたの華やかさを見せびらかすには、
　教会に行く娘御や乙女たちを、妖精のように
　野原で踊らせるのがよい。※

ジョンソンは、それまでに広くゆき亘っていた使い古されたフェアリーに関する知識の上に、直接いろいろな点でインスピレーションを得るため、『夏の夜の夢』にその興味を向けていったように思われる。かくして『サチュロス』――「女王陛下ならびに王子様のわが王国への初のご訪問に際し、一六〇三年六月二十五日、アルソープとスペンサー卿家における特別の余興」の作品において、ベン・ジョンソンは「楽しい英国《メリー・イングランド》」の現実的神話を舞台の上に作り上げ、フェアリーに関しては、シェイクスピアがすでに見せてくれた特色を取り上げることで、ほとんど満足している。〈マブ〉女王を、最初から「フェアリーの最高の支配者」として〈ティターニア〉の位置においていても、女王や小さなエルフたちの悪戯やたわむれ方は、そのまま『夏の夜の夢』の模倣である。森の精であり別名を〈パック〉と呼ぶ「跳びまわるおどけ者」の〈サチュロス〉が、フェアリーの群れの先頭に立ち、〈マブ〉女王に向かって言う言葉は、元のものである〈オーベロン〉の宮廷のあのおどけ者が使う言葉に、じつに類似している。

マブ　お前のおしゃべりの呪文にかけられているようだわ。お前の口はあまりに早く動くのだもの。

サチュロス　いやいや、甘いクリームの鉢のまわりに群がり集まる貴女さまや、足ほどには、素早くはございいません。

夜ともなればバター製造所で盗みを働き、その仕事の邪魔をしたり、手伝ったり、好きなように気が向くまま、見さかいなしにやってのけるのも、フェアリーの女王のマブさま……

もしも田舎の女中めが、腰かけを
よごれたままにしておけば、
女どもをつねるのも、マブさまだし、
その鋭い爪先は女どもが燃えがらを
かき立てるのを忘れたときも容赦はなさらぬ。
もしも女たちが、たまたまマブさまを
歓待すれば、その靴のなかに六ペンス金貨を一つ、
入れておくこともおやりになる……※

ジョンソンの仮面劇は、彼自身も言っているように「聖ヨハネ祭の夜」に上演するために書かれたのであって、このことが二つの劇のあいだの類似性にとって、いまだに重要な意味を持っているとも言えよう。

ベン・ジョンソンの他の二つの仮面劇は、ちょうどヘンリー王子が十六歳に達し、ウェールズの王子になった一六一〇年六月に、みごとな「様式と演技」で上演されたが、この二つの劇はまたフェアリー

ランドに関係している。その一つは『ヘンリー王子の砦』で、ここでは後継者の比類なき徳を賞讃して王位に就け、王の輝かしい未来を予言した「湖の精」や、イギリスの英雄アーサーや、学識ある魔法使い〈マーリン〉が紹介される。もう一つの仮面劇は『フェアリー王子オーベロン』で、このほうがわれわれの問題により密接なかかわりを持つ。ここにもまた、古来からの神々と、ロマンスのフェイやチュートンのエルフたちとの絶え間のない非シェイクスピア的な混合があるにせよ、『夏の夜の夢』の影響が明らかに残っている。この古い詩人のなかの気まぐれな優雅さ、洗練された写実主義といったものが、〈サチュロス〉たちの対話のなかに流れこんでいる。〈サチュロス〉たちは〈シレヌス〉のまわりをふざけて飛びまわり、彼にさまざまな質問を浴びせては困らせる。

シレヌス　この頃はフェアリー王子と騎士たちのまばゆい儀式に捧げられ一段と厳粛な夜だ、月は彼らがうかれ騒ぐ宴を明かるく照らしている。
サチュロス2　フェアリー王子と騎士たちは今夜、ここにやって来るだろうか？
サチュロス3　若いオーベロンに会えるだろうか？
サチュロス4　王子はわしらに楽しいおもちゃをくれるだろうか、それがあれば娘たちを喜ばせてやるのだがな。
サチュロス3　それで娘たちをすぐに引きずり下ろすのだろう？
シレヌス　静かにするがよい。気まぐれ者たちよ。フェアリー王子は、お前たちが思っている以上のことをおやりになろう。
サチュロス2　わしらの黄褐色の手首に、フェアリーの編んだ花の腕輪を巻こうか。

サチュロス４　それから恥しがり屋のニンフに侮辱されないよう、わしらの無骨な角に花輪やらリボンやら、きれいな花々をさげようや。
サチュロス３　花がはじめに咲いたときとおんなじように、生き生きとな……※

彼らが夜明けを待っているとき、フェアリー王子は宮殿からまさに出かけようとしているところで、気まぐれでせっかちなエルフたちは、また踊り出そうとし、月に向かってバラードを唄っているが、その調子の持つ軽妙さとか、鮮やかな色彩で描き出された幻想性とかには、シェイクスピアの響きがある。

サチュロス１　……さあ、楽しくやりましょう。ぐずぐずせずに、いますぐに。
シレヌス　好きなようにやるがよい、気まぐれ者たち。
わしはちょっと横になって一休みしよう。
サチュロス１　さあみんな、唄おうじゃないか、いつものように、あちらにおいでの見せかけの乙女に小言を言ってやろうじゃないか。

唄　さて、そこにおいでの手管《てくだ》にたけた御婦人、お月様よ、
貴女さまはお隠しになってる少年のそばを、
いますぐお離れになれますまいか？
産婆どのジュノーさまの申すよう、
「それはお月さまの蒼ざめた顔色を変えるのに、よいやり方ではありますまい。」

だけど貴女さまがその顔を病人みたいにしていなさるのは、貴女さまの御愛嬌、
月姫は男知らずだということに賭ける愚か者もいないとは限りませぬから。さて、貴女はいく度も
身を変え、その度ごとに身を変えて、いま見るそんなお顔にお作りなさる。
お月さまよ、貴女はいったい何者か、白状なさい。そしていま、失っておいでの楽しみごとを、自
由気ままに、それこそうまくおやりなさいよ。
サチュロスたちと楽しみを分け合いましょうや。
わしらは姿こそ荒くれでみっともないが、
行ないには人よりぐんと徳がある、
だれもかれも、エンディミオンになれるってわけじゃない。※

この仮面劇の最後のところで、フェアリー王〈オーベロン〉が「光り輝くフェイやエルフたち」のまんなかに足を踏み入れると、皆はいっしょになって、

……炉ばたや搾乳器のそばに出没する、
磨きのかかっていない田舎者のフェアリーたちより、
値打ちがないと思われぬよう、※

「その敏捷な足で、不可思議な輪の上を踏み踊ろう」とする。「品高い騎士《ナイト》たちは」「気高いオーベロン」の周囲を夜どおし踊りまわる。夜明けの光りが、

……紅潮した戦いの庭より昇りきて
そのばら色の手で星たちを退ける※

まで。

一六一〇年から一一年頃、クリスマスの祝祭日のあいだに宮廷で上演された短い仮面劇である『甦った愛』には、「素朴な田舎者のフェアリー」の一人、〈ロビン・グッドフェロー〉に関する生き生きした叙述が見られる。〈ロビン・グッドフェロー〉は楽しげな独自のうちに、彼がどうやって「白の宮殿」に入りこみ、そこで行なわれている余興を一目でも見るために苦心したかということをもの語る。そして、この余興の上演が延期されたことを耳にしたときのくやしさを、次のように言い表わしている。

はてさてなんたることだ！ これがイギリスの楽しみごとの一つというわけ！ それとも宮廷のお遊びごとというのか？ こんなことならずっと野原で飛びまわっていたほうがましだったし、魚を売りとばすとか、人間どもをたぶらかし、野生の馬に蹄を打ちつける無駄なことをやらかしたり、胸赤のコマドリを焼鳥にしたりしていたほうがずっとよかった。どうみたって仮面劇《マスク》をやっていないということより、そうしたことのほうがましだもの。皆さまがたはわしをじろじろ御覧になる、あなたがたのために、かくも正気が戻りました。かく申すわたくし奴《め》は、正直者の素朴な田舎の精霊《スピリット》、人畜無害なるロビン・グッドフェロー、炉ばたや家のなかをきれいに掃除し、田舎娘たちをからかい、みんながおやつを食べてる間に、いやな仕事をぜんぶ片づける。いまこうして宮廷の精霊たるあなたがたと話をしているわたくし奴はここに着くまでそれこそ喜んで、さまざまな危険をおかしてやってまいったのでございますよ。※

この〈ロビン・グッドフェロー〉は、もちろん右の文中傍点を付した所の文章のうちに言及されていることでもわかるように、シェイクスピアの〈パック〉に近しい関係を持つものである。〈ロビン・グッドフェロー〉は「毛むくじゃらのパック《パック・ヘイリー》」という名前になって、再び『悲しい羊飼い』という作品に現われてくる。この戯曲はベン・ジョンソンの死後一六四一年に、二つ折り本の形で出された未完の牧歌劇※である。この作品には、ベン・ジョンソンがこれまでに用い様式から脱け出そう、また従来の牧歌劇の型からも脱けようという、新しい出発の意図が感得される。これは歴然とした英国独自の創作品である。主な登場人物であるシャーウッドの森に住むロビン・フッド※とその陽気な仲間たち、そしてビルボワ城あたりの田舎の人びとは、みな血肉をそなえた気骨あるイギリス人たちであって、エリザベス朝のアルカディア楽園の、いささか人工的で物憂げな雰囲気からははるかに遠い存在である。イタリアの牧歌劇を下敷にした理想化された叙述は、単に広く普及している民話に閉め出されてしまった。したがって、この劇のなかでわれわれは醜い魔女モードリンや、その息子の愚かな豚飼いのローレル、またその娘である気位の高いドゥースやその家族に付いている妖精《スプライト》の「毛むくじゃらのパック《パック・ヘイリー》」に出会うことになる。すでに『女王たちの仮面劇』のなかで魔術に関する正確な知識と深い共感を示してみせたジョンソンは、こんどはフェアリー伝承《ロア》に密接な関係があることを示している。彼はフレッチャーに改良を加える。『貞節な女羊飼い』において描かれていた理想の代わりに、ジョンソンは「手織の麻の服」という、ごく素朴な田舎の雰囲気を出そうと努めたのである。たとえ完全に自在な創作家の技倆とか、高雅な豊富さといったものに達することがなかったにせよ、あるいはスウィンバーン※の言うフレッチャーの「抒情的な宝石細工」というものに達することがなかったにせよ、ジョンソンはイギリス人の生活にとってはなによりも真実に近い、技巧を弄せぬ気楽さというものと、健康的で快活なバーレスクとを、二つながら備えていたと言えよう。「毛むくじゃらのパック《パック・ヘイリー》」は、ダム・モードリンに仕えるいとも親切な〈フィンド〉であり、彼は次のように言う。

……ダム・モードリンは悪においては長けていて、なんでもやろうと考えているが、その彼女を惑わし、護ってやる悪魔がこのわたくし奴《め》※……

あるとき、このダム・モードリンが姿を変えて現われたとき、ロビン・フッドが魔女に違いないと疑って、彼女の腰のベルトを捉えると、ベルトははずれてしまう。彼女は叫びと呪いの洪水を浴びせ、怒りに狂って飛び去ったところ、来あわせた忠義者の〈パック〉に会い、彼に説得されて正気にかえる。

モードリン　おお、パック、わたしのゴブリン！　ベルトが失くなったのです。無法者のロビン、あの大泥棒めが、むりやり盗んでいったのです。

パック　そんなことは、たいして悪い雲じゃありません。それよりもっと、険悪な雲におびやかされるでしょうからね。油断は禁物。帆を下ろし、荒れ狂う天候に従うことです。貴女の悪意と同じほど、貴女の力は限りない。怒りが惹き起こすことを、貴女はいつもなさりたい。だが時期の来るのをお待ちなさい。それに従ってやるのです。卵の殻を船にして、マストは藁に、着物を蜘蛛の巣に

し、姿を見られないように、航海なさい。貴方を取り巻く岩々から逃れるまではね……※

こうして話し合いは決まり、〈パック〉の助けと惑わしのやり方のおかげで、モードリンは足跡を見つけようとしつこく彼女の後を追っていた猟人たちの手から逃れられる。第三幕が未完成のまま、この牧歌劇は不幸にも中断されてしまった。この思いやりのある〈スプライト〉は、実際に舞台ではわずかしか登場せず、彼について少ししかわからぬのは残念というほかはない。彼は次のようなすばらしい言葉を口にする。

……わたしは貴女の危険をみんな教えてさしあげたい——それらの危険がぜんぶ過ぎ去ってしまったところで※

総じて『狐』、または『セジアヌス』という作品を持つ健全で飾り気のないこの劇作家が、繊細なフェアリーの主題を手がけ、また親しみある〈ゴブリン〉たちを、けっしてその劇中で軽く扱わず、それらがいかにも隠やかな感じになっているのを見ることは、ある意味で興味深い。イギリス本来の牧歌劇にしようということにおいて、また

……純粋にイギリスの羊の群れからだけ、
かれの詩の女神《ミューズ》が紡いだ羊毛※

から作られた自分自身の言葉を使うことにおいて、ジョンソンは「愛する師ウィリアム・シェイクスピア」※の歩んだ跡をのみ辿り、『夏の夜の夢』の、典型的とはいえぬにせよ、よく知られたフェアリーの名前を、そのまま借りてきたのである。

「シェイクスピア後のフェアリーたち」とあえて呼ぶものは、こうしたものである。一五九四年から五年にかけての『夏の夜の夢』の上演と、一六〇〇年に二種類の本が出版されたという出来事は、たしかにイギリスの文学作品に、ある新しいなにものかをもたらした。また詩作品の主題にフェアリーランドがなり得ることや、あるいはその国に神秘的な神々がいることを人びとに示した。これまで見てきたように、この主題はひじょうに古くから存在するもので、実際に創作されたというものではなく、また一人ならず多くの作家たちが、これまでに手がけてきた主題であった。だがシェイクスピアがその発見者だったと言えよう。彼がまっさきにその隠れた宝を理解してこれを明るみに出し、だれにでも受け入れられるものにした。十七世紀初頭の二十年間に、イギリスの詩人の大部分、あるいはとくに劇作家たちが、もちろん自分自身の想像力に合うようにしてフェアリー伝承《ロア》を模倣したのは、主として『夏の夜の夢』からであった。だがそれらの人物像はみごとに描写されていたので、他の作家たちによって容易に歪められたり、変化させられたりはしなかった。健全な性格の持ち主たるフレッチャーやジョンソンでさえ、多少とも変更の筆は加えたにせよ、その主な特徴をそのまま写して、師のつくったフェアリーの型を模倣せざるを得なかったのである。シェイクスピア時代とシェイクスピア以後の時代のフェアリーたちは、ともに月夜の草原で踊るのがめっぽう好きである。彼らは人間に親しみ深い興味を示し、手助けをしてくれるか、時には怒って意地悪をする。彼らは美しいものを好み、真夜中の饗宴で〈ニンフ〉や〈サチュロス〉など、古典的な神話の生きものたちとも自由につきあう。ジョンソンやフレッチャーの劇のなかで彼らの姿を見た者たちは、その小さな身の丈をよく覚えていないが、その姿かたちは「普通の人間」とかなり異なっている。一言で言えば、フェアリーたちは、イギリスのルネッサンス時代の特性を持った特殊な幻想の世界に属するものと言えよう。そしてこのルネッサンス時代とは、人びとの生活は新しく輝かしいものであり、喜びに満ち溢れ、なんらの束縛もなく、かなり野性味をおびているが、人びとの心は神秘的でなにか表現しがたい、暗示的な遙か遠くの国へ向かっており、そこへの危険をはらんだ旅立ちを奔放に求めていた、そうした時代だったのである。

第六章

ドレイトンからヘリックへ

一六二〇年から一六五〇年までのあいだにイギリスで書かれたフェアリー詩には、明らかな変化が現われた。変化と衰退が生じはじめたとはいえ、その流行はまだ去ってはいなかった。シェイクスピアとその同時代人たちによって、フェアリーの描写はほぼ完璧の域にまで到達し、後に続く人びととしては、外面的な些細な記述に耽るほかにすべはなかった。シェイクスピアの若い頃にはまだ民間信仰《ポピュラ・クリード》の一つであったフェアリー信仰《ビリーフ》はいまや死滅しかけ、人工的な文学の小道具、月並な詩の材料というだけになってしまっていた。かつてあれほど大胆に演じられていた舞台の上から、フェアリーたちはより小さな文学形式のなかへ退き、そこで詩人たちが書こうとしたものは、人物の創造とか誰にでもわかりやすい感情を表現するといったことではなく、単に詩人自身の性格や、その楽しみを表現するだけにとどまってしまったのである。

十七世紀前半に作られた多量のフェアリー詩のなかから、ドレイトン、※W・ブラウン、※ミルトン、トマス・ランドルフ、※それにヘリックなどの代表的な作品を選び、一六二七年出版の『ニンフィディア』から一六四八年に出た『ヘスペリデス』※までを辿ってゆけば、イギリス・フェアリー詩の、緩慢ではあるが明らかな衰退の過程を、十分に考察できることと思う。

I

ドレイトンがフェアリーランドに魅せられて、実際にそこへ足を踏みいれたのは、その長い文学的経歴もほぼ終わりに近い頃になってからのことだった。シェイクスピアと同郷で、この偉大な劇作家と一年の差もなく生まれてはいるが、シェイクスピアとは全然違った道を彼は歩んだ。シェイクスピアが劇作の能力を速やかにのばし、比較的短い修業時代ののち、たちまちにして人智の頂点へ登っていったのに対して、ドレイトンのほうは半世紀以上のあいだ、恋愛抒情詩から田園詩へ、歴史詩へ、そして愛国詩へと、時々に流行する詩材を移り歩き、人生の終わり近くになって『大幸《おおさち》の国』の執筆というたいへんな重荷をついに降した時になって、それまでの彼にはまったく認められなかった、軽快で風変わりな陽気さを示し始めたのである。たゆまぬ努力によって同時代人の賞讃を勝ちとり、第一級の詩人と認められもしたが、実際のところ、彼は単なる追従者であり、また不屈の疲れを知らぬ勤勉家であったにすぎず、その主な才能は、その時代の雰囲気とか、時には流行しそうなものとかを素早く感知することにあり、他方では手間ひまかけた自分の詩に、気楽に、かつ優雅に書き流したかのごとき印象を与えるといったことの上にあった。

ドレイトンのフェアリー王国《ダム》は、彼の文学的経歴の最後の舞台を特色だてている。『ニンフィディア』なる詩を発表したのは、一六二七年、彼が六十四歳の時に出版した『アジンコートの戦い……』という一巻の書においてのことだった。この作品は明らかに諷刺笑劇《バーレスク》である。これは不貞な女王〈マブ〉が、フェアリーの騎士〈ピグウィギン〉に言い寄られて、彼と密会のために、夜キバナクリンソウの木陰へでかけてゆき、一方、夫〈オーベロン〉は女王のいないのに気づいて激しく嫉妬し憤る、という一件をこと細かに扱ったものである。王に忠実な妖精である〈パック〉は、「生死をいとわず」彼女を連れもどすように命令を受けて、すぐさま女王の後を追う。罪深い女王はあわてて愛人のもとを離れ、お付きのものたち全員とともにハシバミの実のなかに隠れるが、その実を、小さなフェアリー〈ニンフィディア〉は、なにか神秘な魔法によって、〈パック〉の「鋭くてなんでも見とおす視線」でさえ見ることができないようにうまく隠してしまう。そのあいだに〈ピグウィギン〉は、すでに〈オーベロン〉に挑戦していて、二人が一騎打ちの戦いをやっているところへ、〈マブ〉の友だちである〈プロセルピナ〉が割って入り、二人に「恐ろしいプルートの名において」忘却《レーテー》の河の水を飲むようにと命じる。一瞬の後――

オーベロン王はみずからの、
嫉妬にもえたはげしい狂気を、すっかり忘れた――
女王に対しても喜ばしい気持で、
彼らがなぜいっしょなのかと尋ねた――
ピグウィギンも同じこと、女王マブに、
会ったことはないと思う始末――
またいっしょにいるところを見つかって、
ひどく悩まされたことも忘れた。※

この貧しい題材の上に、ドレイトンは少なくとも八行八十七連というきわめて長い、高度に磨きあげた諷刺笑劇《バーレスク》を築き上げた。この詩人がフェアリーのことを語る時、単純で素朴な民間信仰《フォーク・ビリーフ》はほとんど消え去っているか、あるいは使い古された伝統という印象を与えるのがせいぜいである。たとえば――

彼らは人間の娘たちのだらしなさにたいして、
青あざになるほどつねって報いる、
家のなかを綺麗に掃いた娘の

靴のなかには、一ペニーを入れておく――
よく通る牧場や沼地のあたりを
自分の行動の範囲として、
これをフェアリーの土地と呼び慣わし、
いろいろ物をしまっておく。※

しかし一つだけまったく新しいものがある――詩篇全体に漂っている疑似英雄詩的《モック・ヒロイック》な雰囲気である。すなわち、不貞の女王が宮殿をぬけだしたと聞いた〈オーベロン〉王は、突如として怒り心頭に発する。彼はたまたま飛んでいたすずめ蜂を、両腕でだきしめる――

ピグウィギンだと思って、窒息するほどまでに、
すさまじく、すずめ蜂をかれは捉えた、※

彼は土ボタルを悪魔と間違えて、ひどくなぐりつける――

それも彼女が尾に火をたずさえていた故に――※

彼は蜜蜂の巣に走ってゆき、顔に蜜蠟をなすりつけ、ひげには蜂蜜をぬりたくり、蟻を一匹見つけてこれにうちまたがり――

これを駆ってどんどん進んだ――※
そしてモグラの塚にぶつかって、湖のなかにころがりこむが、しかし――
……樫の器《うつわ》に入って漂ったので、
あたかも小舟のなかのように安全だった。

人はよくドン・キホーテの珍しき、
冒険のさまを語り、武器をたずさえた
その旅できわめた変転のようすを語り、
サンチョ・パンサの旅を語る――
しかしこの狂えるフェアリー王の、
なしたすべてを語るなら、
そして数えられぬほどの事柄を語るなら、
それらは聞く人びとの頭を当惑させるだろう。※

時にはこの疑似英雄詩は、徹底したパロディの様相を呈する。『夏の夜の夢』からいくつかのヒントを得て、ドレイトンはそれらをなんとかユーモラスな調子に変えてしまおうと試みる。シェイクスピアの〈オーベロン〉は、強情な妻に対してユーモラスに、微笑を浮かべながら意地悪をしようとするにすぎない――『ニンフィディア』にあっては、彼はまるで「どんな野兎」にも負けないくらいに狂ってしまっている。同犯者は彼に向かって、いささか不遜にもこう呼びかける――

ホー、ホー、とホブは言う、主の恵みの陛下の上にあらんことを。
あなたをこんな哀れな目にあわせたのはいったいぜんたい誰ですか※?

他方〈パック〉自身も、有能な〈ニンフィディア〉の仕掛けた罠にひっぱりこまれる――

マブ女王に呪いあれ、と彼は言う。
侍女たちもみんないったい何処にいるのだろう。
こんなに怒りながら女王を探すなんて、
おれは悪魔に操られているんだ。
一片の木ぎれに蹴つまずいた彼は、
泥をたたえた溝へと落ちこんだ、
そしてまさに顎まで泥のなかへ浸って
息がつまり、死ぬかと思った※。

他のところでは、古い騎士物語《ロマンス》の語り手を茶化してこんな具合である。

藪《ブレイク》をぬけて、薔薇《ブライア》をぬけて、
堆肥《マック》をくぐって、泥沼《マイア》をくぐって、
水《ウォーター》をくぐって、火《ファイア》をくぐって……※
ホブゴブリンは怒り、ホブゴブリンは狂う……※
哀れパックは叫び、哀れパックはわめく……。※

これなどは騎士道のバラードに特有な語法である。※〈ティターニア〉がフェアリーの騎士〈ピグウィギン〉に唐突に惚れこんだりするところは、おそらくグイネヴィアとランスロットの不倫の恋の示唆を受けているのだろうし、また明らかに読者にそれを想起させる。

つまり、『ニンフィディア』は低級な想像の産物でしかない。全体にまつわる手のこんだ工夫は、多くの人に単なる努力の結果という印象しか残さないだろう。『夏の夜の夢』とは異なるが、そこから特色の一つを借り、すなわちフェアリーたちの形姿の小ささというものを借りてきて、それを極端にまで強調したのである。シェイクスピアにあっては単なる細部、あるいはせいぜいフェアリーたちの目立つ性格のいくつかにすぎなかったものを、もっとも本質的な要素にしている。『ニンフィディア』はたしかに「小人国風狂態劇《リリプシアン・エクストラヴァガンザ》」と呼ばれるしろものであり、主人公たちもここでは操り人形にすぎない。これは巧妙に連から連へとつらなって作られた一個の冗談であり、作者ドレイトンはここでは真の詩人というよりは、頓智家《ウィット》ないしは地口屋《パンスター》である——

ホップとモップとドロップは
とても透明、
ピップとトリップ、スキップたちは、
マブの女王にいつも親しく付きそう、
その乙女たちの特別の女王陛下に――
フィブとティブとピンクとピン、
ティックとクィック、イルとイン、
ティットにニット、ワップとウィン
彼女に従うお付きの面々。※

シェイクスピアのフェアリー劇にあった理想化された雰囲気の片鱗だに、ここには残っていない――この詩ではすべてがはっきりと定義され、明るい日の光をいっぱいうけて立っているか、さもなくば、およそ想像力とは無縁の暗闇に包まれている。『夏の夜の夢』の神秘的な含みのある表現と、『ニンフィディア』の生硬でうるおいのない正確な描写を比較するために、たとえば高貴な愛人のためには流血をも辞さず、というときの〈ピグウィギン〉の武装に関する記述を見てみよう――

その冑《かぶと》たるやかぶと虫の頭、
見るも恐ろしい戦慄の形、
一撃にて人を殺すに十分の強さだが、

これが彼にはよく似あう――
羽根かざりには馬の毛が付けられ、
風にゆらゆらとなびいていたが、
これを見ればどんな敵もふるえあがって、
　武器をかえすというありさま。

彼みずからは、はさみ虫にまたがる、
もっとも虫がやたらにはねまわり、
その背中に乗るのはなかなか
　容易なことではなかったが――
虫を回したり、停めたり、はねさせたり、
駆足やら、輪を描いて速足をさせるやら、
どんな場所にもじっとしていることはない、
　その身は活気にあふれていた※。

これらの欠陥にもかかわらず、『ニンフィディア』は、やはりひとつのきわめて興味深い文学作品である。文体はなかなかよく磨かれており、優雅な面ときびきびした面とが交互に現われているし、他方、韻律は一様に調子が滑らかで、全体としてはいささか手がこみすぎているが、それでも陽気で心地よく、軽快な調子である。これは明らかにフェアリーという主題を、職人芸的な奮励努力を披歴する口実としてしか用いていない、いわば優雅な小品である。

『ニンフィディア』は、ドレイトンがフェアリーを扱った最初の作品ではない。それ以前、まだスペンサーの呪縛のもとにあったころの作品のなかでも、彼は、『妖精の女王』への引喩《アリュージョン》をいくつか行なっている。たとえば、『田園詩《パストラルズ》』（一五九三年）の第三詩のなかで、パーキンはこう言う——

……学識豊かなコリンは、笛を担保にあずけ、
フェアリーのもとへ巡礼に旅立った——

また次の詩ではゴーボの笛が聞こえてくる——

……低級な連中のあいだで、
これら愚かな家畜の番人たちは、
わたしが月光のもとで
フェアリーたちを遊ばせるのを見て笑った。

フェアリーはドレイトンの大作『大幸《おおさち》の国』にも再び登場する。イギリスには〈オレアード〉、〈ドレアード〉、〈ナイアード〉などがたくさんいて、それらは川や丘に住むこの国の産んだ〈ゴブリン〉たちとも交誼を結び、他方において〈マーリン〉は第四歌のなかでこのように引喩される——

……マーリンは一人のエルフを愛し、
（すばらしい技倆があるにもかかわらず）
愛したフェイにあざむかれてしまう。
彼はフェイと歩いていたとき、
たまたま、いつも魔術を行なう
岩屋のところを通りかかった。
そのなかに入って魔術を見せると、
フェイは洞穴の入口を、魔法の石で
ふさいでしまった。
その悪賢い計りごとはマーリンを妨害し
驚かせ手足も出せぬままでいると、
かの女はマーリンを虜にして、
フェアリーの国へと連れ去った。

ドレイトンは最後の著書『近頃パルナッソスへの新道によりて発見されたるミューズの楽園、……』※（一六三〇年）でフェアリーの主題に戻ったが、この作品は彼の全作品の要約であると同時に、最高の作品であると考えられている。この書はいくつかの「ニンファルズ」に分けられており、なかでも第八ニンファルがおそらく最高であり、もっとも軽やかな、幸福そうな調子でフェアリーの婚礼の準備について書かれてあり、他に抜きんでている。マーティラ、クレイア、クロリスの三人が、来るべきニンフ、ティタと「小人のフェアリー・エルフ」の結婚について話している。この結婚相手は――

……巧みなすばらしいフェイリーだった。

三人は花嫁のために用意すべき飾りもののことを思い、また結婚式そのもののことを考える。マーティラは花嫁の耳を飾る優美な宝石を贈るつもりであり、クレイアは「ハエの形をした」みごとなカップを、フロリスは「髪飾り」である。それは、

まるで水滴のように黄金のかたまりが垂れ動き、
いただきには、いっぱいに開いた黄色い薔薇がめぐっている。

ティタの婚礼用ガウンは――

三色スミレとセキチクと
サクラソウの葉を、
もっとも巧みに袖につけて……
スカートの裾には美しく紡がれたばかりの
カイコの吐く糸が使われるだろう……

そして「宴」そのものは――

すべての鳥から選ばれたナイティンゲールが
声のかぎり精一杯の美声をきかせ、
ウタツグミ、クロドリ、コマドリ、
ヒバリにベニスズメ、ツグミなどが
それに呼応して、
あらゆる藪が合唱団になるだろう……

別れる前にいくつかの支度の打ち合わせをしてから、ニンフたちは結婚の前祝いの美しい歌を練習する。

これこそわれらの宴に
いよいよ雅致をそえるもの

このところから結末の部分を引用しておこう――

クレイア　夜になり、花嫁が
新床につくそのときに、わたしたちは
どうしようか、ニンフたちよ?

マーティラ　温いミルク酒を運び、
花婚の衣の結び目をとこう、
クロリス　仮面劇《マスク》と踊りと喜びで、
世にもすばらしい宴で一夜を過ごす——
それから部屋のなかを歩きまわり、
木の実を撒きちらし、まぜ合わせよう、
そして椅子や机を精一杯ひっくりかえす、
さわがしい音もかまいはせずに。
マーティラ
クレイア　}なにしろこの日はわたしらのティタが、
高貴なフェイと婚礼の日。

Ⅱ

ドレイトンのフェアリーの主題の扱い方が古雅で、おそらく手間ひまかけて作られた人工的なものであるのに対して、ウィリアム・ブラウンは、その『ブリタニアの田園詩《パストラル》』のなかで、同じ主題をまったく別の方法で展開してみせた。彼はまったく記述的な詩人であり、ひじょうに真面目で単純であって、その都度思いついた手法で、イギリスの風景の微細な特徴を描いている。三十歳を越えるか越えないうちにこの作品を完成しているが、スペンサーの熱烈な崇拝者だったブラウンは、またいつ終わるとも知れぬような描写に落ちこんだり、しばしば冗長で入り組んだ諷喩に踏みこんだりしており、他のところではひじょうに紋切り型で息の長い楽園主義《アルカディアニズム》から、いきなり実際に大気の香りのするような微妙な写実主義《リアリズム》へと一跳びしたりする。そして生地デヴォンシャーを描く時には、なにか素朴で飾らぬ繊細な感受性をそこに与える。

ブラウンのフェアリーの扱い方には、こうしたさまざまな傾向がすべて現われている。この主題を取り扱うにあたって、彼は散慢であると同時に写実的であり、優雅であると同時に華麗なのである。ここで第一書から例を引いてみよう——

この森近く心地よい牧草が生え広がり、
フェアリーたちはしばしば舞踏に耽り、
そのため牧草地には緑色の輪ができる、
まるで花輪の冠をかぶせたように、
それはまたわれわれが空に見つけるしるし、
知恵ある牧者が黄道十二宮と呼ぶ星の輪のよう。
この輪の一つの内側には丘があり、
フェアリー女王は黄昏どきここに坐り、

エルフたちにこう命ずる――

自分の棚をきれいにしない女中をつねるよう、
夜、家のなかへ水を運ぶことを、うっかり忘れた女中たちもつねるように、
あるいは女中たちが食卓を出し、パンの用意を怠るなら、
足から頭までつねるように、
すべてをきちんとやり遂げた女中には、
水桶に、指輪を入れてやるようにと。※

しかし、このように詩人がフェアリーの性格として挙げていることは、優雅に表現されてはいるが、ごく当たり前のことばかりである。彼らが舞踏を好むこと、清潔を喜ぶこと、だらしのない女中たちを青あざや黒あざのできるまでつねること、ちゃんと義務を果たした者にはみな褒美をやることなどは、われわれが今までに何度か見てきたように、ありきたりの主題にすぎない。同じことはほかの多くの箇所についても言えることであって、たとえば第一書には――

……フェアリーの群れは敏活に遊びまわり、
夏のひがな一日、泉のほとりで踊ってすごし、
小さな鳥に、巣の作り方を教えてやる……※

あるいは一六一六年に出た第二書には――

踊るフェアリーは遊び終わって帰るとき、
百合をひっぱって元に戻し、木の穴から
働きものの蜂の甘い蜜を盗んで帰る。※

ムーアマン氏によれば、一六二四年から一六二六年のあいだに書かれ、バレン氏によれば一六三五年ごろ書かれて、一八五二年になってはじめて印刷されたと言われる『ブリタニアの田園詩《パストラル》』の第三書にも、フェアリーは登場するが、ここではその性格にいささか変化が見られる。すなわち〈オーベロン〉に捧げられた酒宴が詳細に長ながと記述されるのだが、ここには一六二七年に公刊された『ニンフィディア』に似たところが少なからずある。酒宴についてのこと細かな描写と小人国《リリパット》的な細密さとは、ドレイトンの女王〈マブ〉の逢引きや、彼女が〈パック〉に追われるところや、王とその不忠の臣下である〈ピグウィギン〉との一騎打ちのことなどを思い出させる。ブラウンはまずフェアリーの宴会の部屋、「小さな宴会の間」を描く――

巧みな力で大きな岩から切り出された、
二枚のドアは真珠母《しんじゅも》から作られ、
蝶番《ちょうつがい》と釘は黄金だった。
やさしいフェアリー一族の
たくさんの娘たちが機《はた》で織った

みごとな布のとばりは、この部屋によく似合っていた。
そこにはフェアリーの偉大な王の恋、
その勝利、舞踏、狩、饗宴のさま、
また博識のスペンサーが、小さな丘の上で、
ペンを進める様子などが、巧みに
織り込まれているのだった……※

小さなキノコはテーブルクロスがわりに白薔薇の葉をかけられてテーブルとなり――
……乳白色のハシバミの実の仁がパンとして出され――
戸棚もまたほかのものと調和するように、
テーブルと同じ覆いがかけられていた。
水差しと手洗い鉢はいかにもふさわしく、
ニシ貝とトリ貝の殻でできていた。
海と婚約したヴェネチアのガラスよりも
薄く見える澄んだガラスのたぐいは氷で作られ、
二輪のキバナクリンソウの間で鋳造されたもので、
一夜の宴が終われば消え失せるものだった……※

綺麗な一人のエルフが、サクランボの種を割って作った壜を持ってくる――

その一つ一つには小粒真珠のねじ蓋がつき、
壜の多くには朝露がいっぱいついていた、
とくにみごとな壜は王のためのもので、
蜂蜜と忍冬《スイカズラ》の蜜が蓄えられていた。※

次には料理が登場する――

白いスープのなかに煮えているのは
肥らせたバッタ、
アリの丸焼きに、ザリガニの卵が五つ、
ネズミの乳房、クマンバチの足二本、
よく浸けたのはオリーヴならぬ鱗木《スロー》の実、
次にはコウモリのつま先が出され、
ソースをかけた三匹の蚤、塩漬のキリギリス、
そして最後にネムリネズミの美味なる顎。※

このような最初の料理のコースがつぎつぎに出され、フェアリーの貴族たちは、〈オーベロン〉を広

間へと導き入れる。彼は「まだらのアラセイトウの衣裳」を豪奢にまとい、その帽子は「百合でできていた。」

ひだ衿はヒナゲシ、
恰好よく刈りこまれたその形は、
まるでそのために育ったかのよう……
外套はベルベットのような花弁で作られ、
選びねいたコケモモの花で縁取りしてあった……※

いろいろな料理のあいだに、〈オーベロン〉はフェアリー一族の「鷹狩りの遊戯」を見物し、その耳は絶妙な合奏を楽しんでいた――

最高音部を受け持つのは、
上手な歌手に訓練された
三つの口を持つキリギリス――
五月に仔羊たちを踊らせる年老いた楽長は、
軽快な曲を奏していた、
やがて最高の歌手たちが歌うように求められ、
フェアリーたちは野原に輪を作った――

そこで野原のキリギリスは澄んだ声で、
甘く、やさしく、中音部の声で歌い始めた……
そしてこれらに合わせて、
脇腹がよく発達し、
嬰音と変音を心得たブヨが、
室内楽の低音にもっともふさわしい音域で
歌って、みなを喜ばせた。※

これだけ長く引用すれば、イギリスで一六三〇年頃に書かれていた新しいフェアリー詩の特質を、読者は推測することができるだろう。民間信仰《ポピュラ・ビリーフ》はすっかりなくなり、それに手のこんだ機知がとって代わった。『夏の夜の夢』から借りてきたいくつかの部分に、珍しい細かいものがつけ加えられたわけであるが、そのうちの主なねらいは、結局人の気を引くことにあった。優雅なものが奇妙なものと混り合わされた。空想《ファンシー》が果たしていた役割を、ごくとりとめのないものが務めるようになった。かつては素朴で恐ろしいものだった民間教義《フォーク・クリード》は、速やかに公認の文学的の主題となり下がった。すべては紋切り型になり果てたのである。

III

この主題があまりに広く流行したので、ついにはミルトンまでがこれに感染した。スペンサーとシェイクスピアの両方を崇拝していたミルトンは、若い頃の自分をひじょうに楽しませてくれた『夏の夜の夢』には、とくに関心を向けた。彼が『ラレグロ』のなかで次のように書いた時、彼はまさにこの戯曲のことを考えていたのかもしれない――

……もっとも甘美なシェイクスピアの
空想《ファンシー》の子が、自然な森の歌を精一杯歌いまくる。※

ミルトンは古典に関する幅の広い深い知識を持ち、昔の詩人たちの得た極意を完全に自分のものとして身につけており、それに自然や田園生活の単純な美しさに対する自分の趣味を結びつけたが、そのなかに当然フェアリー信仰《ビリーフ》は入ってきた。だから『ラレグロ』においてミルトンはホートンに住んでいた頃（一六三二―三八年）目のあたりにした無邪気なお祭り騒ぎを、生き生きと描いたばかりでなく、村人たちの語る〈マブ〉の女王とか、「雑役ゴブリン」こと〈ロビン・グッドフェロー〉の話も書き入れて、この民間の伝統をほんの少しシェイクスピアの残照で補ったのである。

フェアリー・マブがいかに美食をしているか、
また、つねられたり、ひっぱられたりするか、
そしてまた、ランソーン修道僧の導きで、
いかに雑役ゴブリンが汗を流して働き、
クリームの一鉢を手に入れるかを彼は語った、

ある晩のこと、夜明けの光が覗くまで、
ゴブリンのしなやかな殻竿《からざお》は、人が十日働いても終わらぬほどの
たくさんの穀物を脱穀したものだ。
それからこのラバー・フェンドは身を横たえる、
煙突にそって長ながと身体をのばし、
毛むくじゃらの身体を暖める、
それから朝の務め《マティン》を知らせる最初の鶏が鳴くまでに、
ぎっしりつまった穀物袋を戸口から投げ出す。※

これと同じようなフェアリーは、一六三四年にやはりホートンで書かれた『コーマス』※のなかにも登場する。このとき彼はケンブリッジをやめ、バッキンガムシャーにあった父の家で独学をしながら、将来の計画をねっていた。美と純潔が同一であるとの高邁な思想を入れた一連の祝祭用仮面劇《マスク》で、徳を讃えて歌われる長い科白《せりふ》のなかに、小さないたずら者であるエルフがちらりと姿を見せる——

湖や沼地のほとりに夜ともなると
霧にまぎれ、鬼火となってさ迷う物の怪《け》も、
青白くやせた魔女も、真夜中に
魔の鎖をたち切って迷いでる妄執の亡霊も、
ゴブリンも、地底の黒ずんだフェアリーも、

まことの純潔を犯す力は持たぬという……※

これはさきに引用したフレッチャーの『貞節な女羊飼い』のなかの純潔を讃える部分に忠実に従っており、むしろその模倣とも言える。後のほうでミルトンはもう一度、ニンフのサブリナの「穢れなさ」を語り、彼女が「乙女のやさしさ」をとどめていることを次のように言う。

……たそがれの牧場に家畜をしばしば訪れては、
アーチンが撒きちらし、いたずら好きの
性悪なエルフがしかける病毒を、
彼女は壜に入れた不思議な薬で治してやる。※

あるいはまたミルトンは、しばしば、ギリシア、ラテンの神々の名や異端の神々に属するものを、イギリスの神話やキリスト教と勝手に結びつけて用いている。彼のいささか比喩過剰ながらよく洗練された言葉の上に、彼は高遠で厳格な理想を、たぐい稀れな手法で刺繍し、これに（ヘンリー・ウォットン卿※の楽しい表現を借りるならば）「一種ドーリア風な繊細さ」を付与した。これによって『コーマス』のなかのイギリスのフェアリーたちには、古典文学のなかのニンフたちにも似た新鮮な美が、与えられることになった。

海も入江も魚の群れをすべて率いて、

いま月に合わせてモリス踊りを揺れおどり、
陽やけした砂原や岩棚の上では、
しなやかなフェアリー、すばしこいエルフが跳ねまわり、
えくぼをたたえた小川や泉のほとりには、
しゃれたひな菊を飾りにつけた森のニンフたちが、
寝もやらず、陽気にたわむれる。
夜は眠りと何のかかわりがあるというのか？※

ミルトンは若い頃に抱いていた理想を放棄せず、円熟して厳しさを増すようになってからも、しばしば「尊敬すべき劇詩人、W・シェイクスピア※」に、あの目ざましい傑作に示唆を与えたこの優雅なフェアリーの主題に、立ち戻っている。またミルトンは最初期の作品『大学休暇中の練習に』のなかで、フェアリーたちが好意のしるしとして炉の上で踊り、「誕生したばかりの」子供たちを祝福するという、シェイクスピア風な意想を扱っている――

お前には好運がつきまとうだろう、息子よ、なぜなら、
お前の誕生のときに、フェアリーの貴婦人たちが炉の上で踊ったからだ――
まどろんでいた乳母はお前の寝ていた部屋へ、
フェアリーたちが、たしかにやってきたと言っている、
そしてお前の寝床を取り巻いて優しく歌いながら、

眠っているお前の頭に、ありったけの祝福をそそぎかけたのだ……※

そして何十年か後になっても、彼は『夏の夜の夢』のフェアリーをよく覚えていて、作品中で〈パック〉がいつもやる悪戯のことを引いている。

……そして邪悪な精が、
ときおりかかげると人の言う、さ迷い動く火が、
ゆらゆら揺れて明るく輝く光を放ち、
驚く夜の旅人に道を誤まらせる……※

あるいはまた『失楽園』の別の部分でも、フェアリーが小さいということや、インドにあるというその住居のことや、またフェアリーたちの「真夜中の酒宴」のことなどを扱っている。

……そのインドの山の彼方に住む
ピグミーの一族、あるいはフェアリー・エルフが
真夜中の森陰や泉のそばで盛大に開く酒宴のこと、
帰宅の遅れた百姓がそれを見たと言うが、あるいは夢を見ていたのか……※

ミルトンが『夏の夜の夢』から大きな影響を受けたことを証明する例は、まだこの他に見つかるだろ

う。実際のところ、聖なるものと情熱的な愛の両方に捧げられた祝婚歌《エピサラミオン》とも頌歌《ヒム》とも言うべきシェイクスピアのフェアリー劇が、同じように『コーマス』のなかで処女の情愛のバラ色の輝きを賞め讃えたミルトンを喜ばせたのは、しごく当然のことである。また、偉大な清教徒である彼が、エリザベス朝のフェアリーの国に魅せられて、若いあいだはその国境をさ迷い歩き、年老いて孤独な暗い時期に入ってからも、その優雅な記憶を時おり楽しんだのだと考えることは心地よいことである。

Ⅳ

ミルトンとケンブリッジでほとんど同期だったトマス・ランドルフもまた、フェアリーの王国に分け入った。彼はまたベン・ジョンソンの崇拝者で、そのもっとも忠実な「息子たち」の一人でもある。一六三五年に三十歳になるやならずに死んだランドルフが後に残した多量の作品のなかに、『アミンタス、あるいは不可能な持参金』(一六三二年頃)という喜劇があって、このなかでフェアリー伝説は、小さからぬ役割を演じている。

これはイタリア風の田園劇《パストラル》である。材料の多くは、バティスタ・グァリーニ※の『パストール・フィド』をはじめとするいくつかのイタリアの田園劇《パストラル》から受け継がれてきている。主な筋はなかなか入り組んでいるのだが、要するに〈セレス〉の怒りであり、また謎めいた神託というのがあって、アミンタスはそれを解こうと試みるわけである。

一方ランドルフは、この芝居にも一つ、まったくイギリス的とも言える新鮮できびきびした第二の筋を導入し、これによって作品をありふれた田園劇とは違う、フレッチャーの『貞節な女羊飼い』やジョンソンの『悲しい羊飼い』とも並ぶべき高みにまでひき上げた。このようにして「無頼な少年ドリラス」は、「ファンタスティックな羊飼いにしてフェアリーの騎士」たるジョカスタスや田舎の若者たちの一隊を率いて、あらゆる人びとを騙してまわる。第一幕では「愚かな予言者」モプサスがテスティリスに惚れこんでいる。ジョカスタスはなんとかしてモプサスの気をそらし、もっと高級な相手に目を向けさせようと努める。

ジョカスタス　もっとましな相手を選べばよいのに、フェアリーの
貴婦人を愛しなさいよ！　高貴なオーベロンが君の味方になるだろうし、
美しいマブの女王が
名誉ある乙女を一人選んでくれよう。
モプサス　なんだって？　ジョカスタス、
人形と結婚？　光のなかの塵といっしょになれというのか？
くるみの殻のなかで妻を探すのか？　声しか聞こえぬ
ブヨに求婚しろというのか？　だめだ、ジョカスタス、
血も肉もある身体が、テスティリスが欲しいのだ。
フェアリーなんか勝手にしろだ！※

次の幕では、ジョカスタスとドリラスはまったくのいたずらっ気から、誇り高いテスティリスをたぶらかして、この馬鹿な男と結婚させようと企らむ――

テスティリス　でも貴方はどんな領地をお持ちですの？
ジョカスタス　王侯なみの領地があなたのものになりましょう、フェアリーランドが。
ドリラスがよく知っている……不思議な庭園とか。そのうえすっかり真珠母《しんじゅも》でできた家とか、象牙のテニス・コートとか。
ドリラス　ナツメッグの談話室。
ジョ　サファイアの搾乳室。
ドリ　金ピカのホール。
ジョ　瑪瑙の寝室。
ドリ　すっかり水晶の台所……
テス　……ではなかに入って書類に封印をしましょう。※

第三幕では、ドリラス一人で〈オーベロン〉王に化け、友人であるジョカスタスの果樹園からリンゴを全部盗んでしまおうとしている。この場面はたいそう面白いのだが、全部引用するには残念ながら長すぎる。

（ドリラス、フェアリーの群れとともに登場）
ぼくの優雅さが気に入ったかい？　ぼくの様子は、王様のように威厳があるだろう？

歩きかたも、ピグミーの若い王子のようだろう？　え？　騎士たちよ。
ポケットをいっぱいにしよう。ほら、あそこを見ろよ、エルフたち、
あのリンゴには、どんなに堅固な良心も誘惑を感じる。
ほかのどの果樹園よりも魅力があるだろう？　え？
フェアリーは、子供を連れたニンフのように
欲しいものを手に入れる。さあ、ぼくが教えた不思議な言葉で、
フェアリーの輪唱を歌ってくれ、そのあいだにぼくは自分で、
木に登るから。かくてオーベロン王は、
その王座に登位なさる。

エルフたち　わたしらは森の神《ファウヌス》の幸なる子孫、
わたしらにむずかしいことなどありはしない、
わたしらは月に住んでいるけれど、
時おり、庭には現われる。

秘密のうちにこそ、すべては美となり、
秘密のうちにこそ、乙女は優美になり、
秘密のうちにこそ、すべては立派になり、
秘密のうちにこそ、果物はより美味しくなる。

人間が寝床に横になってるとき、
その夜のうちにこそ、果物は気に入ったものになる。
だがそれも、秘密のうちになされないなら、
果物さえも、わたしらの気には入らぬ。
（ジョカスタスが下僕ブロミウスを連れて登場）

ジョ　あれはなんだ、不滅のハーモニーでこの耳を奪うあの高貴な歌声は？
ブロ　不滅のハーモニーはどうやら果樹園のほうを奪っておりますよ！

この幕の終わり近く、無骨な道化であるブロミウスに鞭打たれ、不滅の生命を奪われてもとの人間に戻った偽フェアリーたちは、なおも毅然たる様子を無理に装って退場する――

ドラリス　来れ、高貴なフェアリーの貴族たち、優雅なる王に仕える者よ。行きてこの果実を女王マブとともに分かちあおう、またほかのダリメイドたちとも。そしてこの問題については、ケーキとクリームを前にして、論じようではないか。

エルフたち　こんなにたくさん果物があるのだから、
さあ、楽しく勝利の歌をうたおう、

庭園にしばしば出没する森の神がたくさん
生まれたのだと信じよう。
家に行けオーベロンよ、わたしらを待つ
女たちのもとへと、
果物や牛乳やぶどう酒にかこまれて、
女たちの胸に口づけをするのだ。※

これはたしかによくできた喜劇である。ユーモアは、いささか下品かもしれないが、まぎれもなく本物である。会話はスピーディで張りがある。この点はイタリアの田園劇《パストラル》からの借り物ではない。もっとも重要ないくつかの場面を書く時に、ランドルフは『夏の夜の夢』を思い浮かべていたであろう。デイモンがローリンダに恋をし、アマリリスはデイモンに恋しているというところには、あのアセンズの恋人たちの痴話喧嘩にどこか似たものがある。けれど全体として見れば、『アミンタス』は『ウィンザーの陽気な女房たち』のほうによほど近い。たとえばフォルスタッフが偽のフェアリーたちにおどかされて、「一片のチーズに変えられてしまうのではないか」とおびえるような箇所である。ランドルフとともにフェアリーたちは、その昔持っていたロマンティックな魅力をすっかり失ってしまった。彼らはみな魅惑的な牧場娘にふさわしく、

……乳酒のように　甘い口づけをし
まさにオーベロンは楽しい生活を送る。※

というような「優雅な無頼の徒」になり下がってしまった。
いまやフェアリーたちは、機知に富んだ詩人の頭脳から生まれるいたずら好きで、すぐに恋をする若者たち、慎しみという重すぎる荷を背負っていない若者たちになってしまったのである。

V

最後に、ロバート・ヘリックに至って、フェアリーという主題はその精緻の極に達する。『ヘスペリデス』の作者は、この主題を扱った過去の文学作品によく通暁しており、『夏の夜の夢』におけるシェイクスピア、仮面劇《マスク》におけるジョンソン、疑似英雄詩《モック・ヒロイック》におけるドレイトンなどをすべて利用した上で、自分の作品を書いた。ヘリックのフェアリーの詩は彼の詩集のいたる所に散在しているが、『フェアリーの神殿、あるいはオーベロンの礼拝堂』（二二三行）、『オーベロンの酒宴』（二九四行）、『オーベロンの宮殿』（四四四行）、『フェアリーたち』（五五七行）乞食からマブへ、フェアリーの女王』（六三九行）は明らかに関連を持っている。これらの作品は長い変遷の産物とか、何度も繰り返し行なわれた試みの結果と見ることもできるし、あるいはゴス氏※の言うように「十七世紀の詩人たちがフェアリーについて空想したすべてのことの、いわゆる最終的な要約と見なすこともできる。※」

『ヘスペリデス』が刊行されたのは一六四八年のことだが、そのずっと以前の一六三五年に印刷された『フェアリーの王と女王に関する記述——彼らの習慣、食物、住居、栄華、国家』という珍しいパンフレットのなかに、『フェアリー王の食事の描写』という短い詩があるが、これは実は『ヘスペリデス』

Tempora cinxisset Foliorum densior umbra:
Debetur Genio laurea Sylva tuo.
Tempora et Illa Tibi mollis redimisset Oliva;
Scilicet excludis Versibus Arma tuis.
Admisces Antiqua Novis, Jucunda Severis:
Hinc Juvenis discat, Fœmina, Virgo, Senex.
Ut solo minor es Phœbo, sic major es Unus
Omnibus, Ingenio, Mente, Lepore, Stylo.
W. Marshall Fecit.
scripsit I.H.C.W.M.

ロバート・ヘリック『ヘスペリデス』の扉絵（1648年）

のなかの『オーベロンの酒宴』（二九四行）と呼ばれている詩の不完全な形にほかならない。なぜヘリックの詩がこの小冊子にあるのか、その理由をわれわれは知らない。この小冊子については、その編纂者の頭文字、すなわちR・Sしか分かっていない。この頭文字だけは最初のページに手書きで書かれてあり、これは読者向けのはしがきの終わりにも印刷してある。じつはヘリックの作品がここに収められたことを詩人自身はおそらく知らなかったであろうし、あるいは編纂者のほうもこれが誰の手になる詩か知らず、十七世紀に流行し普及していた本の一冊から写されたものかもしれないのである。この詩はオーベロンの酒宴を歌ってはいるが、『ヘスペリデス』中の最終のテキストの相当部分が五十四行あるのに対して、このほうは三十二行しかなく、内容も単なる粗描にすぎない。

この十二折り判の小さなパンフレットは二十二ページから成り、そのうち三ページが白紙のままで、四ページ分の粗けずりな木版画が入っている。ヘリックの詩の他にもフェアリー詩が何編か入っており、それらはこの種の空想的な詩が一六三五年に至るまでに、どのような段階を経て進化してきたかをはっきりと示している。たとえば作者不詳の次のような詩がある。『一六二六年の元旦の朝、フェアリー女王の侍女によって運ばれた王さまの衣裳の記述』、これは十七世紀を通じてもっとも広く知られていた七十六行からなるフェアリー詩のうちの、四十四行にほかならない。この詩の完全な形はたくさんの原稿のなかにいくつも見つかっており、そのほとんどを作った作者として、シメオン・スチュワードの名が挙げられている。彼はノーザンプトンシャーの紳士で、ケンブリッジのトリニティ・ホールで教育を受けていたから、ここでヘリックと面識があったことは確かであり、ヘリックのほうは一六二四年の一月に『新年の贈り物』（三二〇行）という題の短詩《エピローグ》を、彼に贈ったりしている。スチェワードの詩は優雅で古風なものであり、十七世紀フェアリー詩の一つの典型と見ることができる。ここでは大英博物館にある原稿によって、すでにふれたパンフレットでは脱落している冒頭の部分を引用しよう。

月ごとに浮気のため、とがった角の生える女王が、エンディミオンの腕から
起き上がるところを、星たちが見ていたので、女王は愛の壊れるのを恐れ、怒って霞の魔力を夜の
ふところに向かって投げつけ、物見高く覗きこむ星の光を翳らせた。すると小柄なフェアリー、エ
ルフたちは、
（まず自分の衣服を身にまとってから）
オーベロン王に着せるために、
酒宴用の軽いローブの準備にとりかかった……※

ヘリックの『オーベロンの酒宴』の後には、まずフェアリーの女王が小さなエルフたちに向かって歌うという体裁の『フェアリーたちのたわむれごと』という六行八連の長詩が続く。その次は『憂鬱な恋人たちの唄』という、フレッチャーの『良き勇士』のなかで歌われている有名な小唄である。

すべての無益な楽しみよ、去れ……

で始まっている。フランシス・ボーモント※とフレッチャーの完全な二つ折り判が出版される（一六四七年）十二年も前に出たこの小冊子に、この小唄が収められているということは、少なくともこの小冊子の持つ興味深い謎の一つである。

とくに読者の注意を惹くことの一つは、このなかのいくつかの詩篇が、ヘリックのフェアリー詩にいちじるしく類似しているという点である。のみならず、シメオン・スチュワードの『王さまの衣裳の記述』が、いかにもデヴォンシャーの牧師詩人《ヘリック》の手法に近いので、スチュワードの詩集の編者の一人であるW・C・ハズリット※は、あえて「スチュワードは単なる複写した人にすぎないのに、当時としてはよくあったことだが、その複写に自分の署名をつけたのではないか」という疑問を呈している。とすると、われわれとしては、なぜヘリックが一六四八年の最後の版を出す時に、この詩が自分のものだと主張しなかったのか、という新しい問題に直面せざるを得ない。なぜなら一六四〇年にケイリューの全詩集が出た時には、そのなかの二篇が、自分の作品であるとヘリックはたしかに言っているからである。それにヘリックの名を冠したこの詩の原稿は一つも見つかっていないのに対して、スチュワードの名のある『記述』の原稿はひじょうに多い。それはそれとしても、単なる偶然では説明できない類似が多すぎる。次の引用は、一六三五年のパンフレットにあるスチュワードの詩の一部である――

トラウト・フライの金の羽で作られた……豪奢なチョッキ
滑らかなカタツムリがゆっくりと織ったレース……
乙女のはじらいで紅に染められた
朝露のダイヤモンドの星々……
彼の首にかかる真珠の首飾りは、

あわれな娘の目からこぼれた涙……

濃い紫色で甘味をつけられ、集められた
清い若露の小粒の真珠……

これらはすべてヘリックの――

カタツムリの滑らかな喉ぶくろ

トラウト・フライの珍しい羽で飾られ……（二二四行）

の忠実な繰り返しにすぎず、さらに『ヘスペリデス』のなかの――

孔雀の尾の模様とトラウト・フライの珍しい羽で……

そして、手籠めにされた娘たちの目から落ちた
純粋な真珠が垂れて飾りとなり……（四四四行）

となると、これだけ美しい詩の書ける詩人が、ほかの作品をいっさい残さなかったということはとうて

い考えられぬばかりか、またこれらの表現に似通う部分が、ヘリックの残りの作品のなかには豊富にあるのだから、スチュワードは才能ある友人を模倣していたにすぎないのだという結論が導かれる。同じことが別の無記名のバラードについても言える。『フェアリーたちのたわむれごと』の第五連に――

キノコの傘の上に、
テーブルクロスが広げられ、
いちばん細かな小麦の粒が、
われわれにふさわしい食べ物――
ドングリの殻の縁まで注がれた、
真珠の露がわれわれの飲物……

とあるのは実にヘリック風であって――

小さなキノコのテーブルが広げられ、
短い祈りのあとで、彼らはパンを並べる、
日光で焼いたまじり気のない小麦の粒を、
輝く燕麦とともに食べるのだ……（二九四行）

に通ずる。

ヘリックの『オーベロンの酒宴』の、『ヘスペリデス』に載った最後の形を、たとえばW・ブラウンの『田園詩《パストラル》』のなかのオーベロンの宴会の描写と比較してみると、今度はヘリックの独創性にたいする疑問が、前のものよりも一応疑わしいものになってくる。ここでもまた両者のあいだには、驚くべき類似が見うけられる。ブラウンのなかで――

小さなキノコが……
テーブルの役をつとめる……

小粒の真珠がねじのカップの役をつとめて、
その多くは朝露で満たされている……

ボーイ・ソプラノは三つの口を持つキリギリス……
そのあとで澄んだ声を持つコオロギが、
甘く自然にやさしく歌い……
大きな立派な胸を持つアブがそれに唱和し……※

とある部分は、ヘリックの『ヘスペリデス』の

小さなキノコのテーブルが広げられ……

オーベロンの渇きを癒すためにエルフたちは
若露の涙を満たした小粒の真珠をさし出す……
彼の憂愁をかきみだすものがもしもない場合は、
キリギリスや陽気なコオロギ、ブンブン鳴くハエ、
笛をふくアブなどの音楽隊が……（二九四行）

に呼応する。最初にこの類似に気づいたムーアマン氏も、またカーソープ氏も、ブラウンのほうが原作だと断じている。『ヘスペリデス』の出版がブラウンの田園詩《パストラル》の第三番の出版よりも後だったことは疑う余地はない」と前者は書いている。※後者もまた「『ブリタニアの田園詩《パストラル》』第三書は、ヘリックのフェアリー詩が一六三五年に公けにされた後から出版されたものではあるが、『田園詩《パストラル》』に含まれるフェアリーの酒宴の記述が書かれたのは、おそらくそれ以前のことであり、ヘリックが原稿の形でこれを読んでいたかもしれない※」としている。これらはすべて臆測にすぎない。ブラウンの『田園詩《パストラル》』の第三番が一八五二年に至るまで出版されなかったことは周知の事実であり、ムーアマン氏自身が「ブラウンの生涯に関して現在までにわかったところによれば、第三書の執筆を一六二七年のドレイトンの『ニンフィディア』出版より、以前であるとも以後であるともすることはできない※」と言っている。なおこの同じ批評家は、ほかのところではヘリックのフェアリー詩、少なくともそのうちの『オーベロンの酒宴』が一六二六年ないし、その前後に書かれたとしているのだから※、はじめに作品を世に出したのは『ヘスペリデス』の作者のほうだったということになるだろう。当時ロンドンにいたブラウンは、たぶん『オーベロンの酒宴』の最初の草稿のことを聞いて、それが適当な主題であることを知り、そのヘリックの箇

潔な八韻脚の詩型を変えて、彼自身のものとして長ながと延ばし、優雅ながら、うねるように続く散漫な詩型に変えようと思いたったのではあるまいか。ここでまたわれわれは、実際にヘリックの作品が原稿の形で、当時どのくらい流布していたかを考えるとき、原稿の形でブラウンの詩を見るということは、そうした詩稿がソールズベリー大聖堂の図書館で発見され、出版の日時も現在から半世紀以上は遡っていないし、知る限りわずか一篇しか存在していないためありえず、かえってブラウンが見る可能性のほうが、あると考えられてくるのである。

しかし、これらにもまさる論拠として、『ブリタニアの田園詩《パストラル》』のなかでは、フェアリーの宴会はほかの部分とはほとんど関連のないエピソードにすぎぬのに対し、ヘリックのフェアリー詩のほうは『ヘスペリデス』のなかでこそ各所に散在してはいても、それぞれの最初の行によって明らかに連結されていて、一つの完全なシリーズをなしており、作者が、一時は〈オーベロン〉の栄光を描く一篇の叙事詩を企画していたのではないかと思わせるふしがある。ヘリックのフェアリー詩の文学的性格を長ながと論じた書物はたくさんあり、彼の詩はあまりに広く知られているし、あるいは少なくとも容易に手に入るので、とくにここで引用する必要はない。ジュリアやアンセアの陽気な愛好者は、それらの小さな生きものがいかに美しく、優雅で、高尚であるかとか、作者ののんびりした時の「珍しい」夢を喜ぶ趣味とか、手のこんだ技術、措辞の妙、そしてもっとも明断で単純な言葉を用いて、もっとも隠微で洗練の極に達していることなどを、はっきりとここ以外では見せていないのである。好色な〈オーベロン〉、「ひよこのように優しい」情熱的な愛すべき女王〈マブ〉などは、『夏の夜の夢』のなかの「影の王」やエルフの持つ情熱と豪奢の遠い親類であろう。〈オーベロン〉と〈マブ〉女王の宮殿にさしこむおぼろな黄昏の光は、まさにアセンズの恋人たちの森を照らす薄明りと同じものであるかもしれない。しかし全体としてみれば、ヘリックのフェアリー世界は、シェイクスピアのそれとは根本的に異なったものである。シェイクスピアの光景は、よく晴れた夏の日の夕方、沈みゆく太陽の最後の光線で田園全体が輝いている時刻に喩えられる。ヘリックのほうは、自然の風景に似せて描かれた舞台にくり展げられる情景のように、それは人工的な夏の夜にすぎない。ヘリックのフェアリーはきびきびとして面白い操り人形であり、彼らの演じる芝居もひじょうに手のこんだのぞきからくりである。これらは実人生からの直接の産物というよりは、偉大な芸術家の辛抱づよい努力の賜なのである。

＊　＊　＊

十七世紀の中葉には、フェアリーがイギリスの詩から姿を消してしまったことがはっきりうかがえるが、ゴス氏はヘリックを、まさに「フェアリーランドを扱った最後の桂冠詩人」と呼んでいる。もちろんこのテーマで、当時いくつかの作品が書かれていたことは確かであり、たとえばパーシーによって印刷され、確実な根拠はないがジョンソンの筆になるものと言われ、この時代に書かれたとみられる『ロビン・グッドフェローの馬鹿げた陽気ないたずら』とか、またジョンソンの書記だったサミュエル・シェパード※の手になる『愛と名誉を具えたフェアリー王』などが存在する。後者は『妖精の女王』の文体の流れを汲み、六巻で成り、各巻は八行連の六つの部分から構成される息の長い英雄詩である。この原稿はオックスフォード大学のボドリアン図書館に保存されているが、まだ誰も編集の手をつけていない。大雑把に言って、もうこうした主題を扱うのは、ニューカッスル公爵夫人のように、一風変わった詩人だけになってしまった。彼女をひじょうに気に入っていたラムは、「限りなく高貴で貞淑で徳が高く、一方、空想的で独創の才豊かな、心の広いマーガレット・ニューカッスル※」と呼んでいる。無味乾燥で流れのないその文章をあげてみるならば――

精霊を信じているくせに、なぜフェアリーという言葉を聞くと、笑ったり馬鹿げたものと思う人がいるのだろうか。また魔女は信じるのに、フェアリーなどあり得ないとして、そういう話を笑うものがなぜいるのだろうか。フェアリーはわれわれの感覚が捉え得ぬほど小さな身体を持っているが、われわれの理性はそれを捉え得る。なぜなら、自然は大きな身体の生物を作る一方、小さな生物も作り、肥った者に対しては痩せたものも生み出すのだから……したがって、自然界にフェアリーは存在するばかりか、われわれと同じような恩恵を神から授かっている、というのが自然の理屈であろうから……※

かくして公爵夫人は詩の連作を書いて、ドレイトン、ブラウン、ヘリック、などのフェアリー詩を拡大し、それらの目立つ特徴を盗みとった上で、趣がなくつまらない、時としては馬鹿げた詩行のなかへそれらを嵌めこんで作り上げていったのだが、それがどんなものかは次の例からも明らかであろう――

フェアリー女王《クイーン》は、生まれおちるや、
地球の環の中心の、大いなる王国を継いだ。
そこには多くの泉が湧き、小川は流れ、
さざ波は女王《クイーン》の眩い光できらめく……
山々はみな、まじり気なしの純金、

石は見るも全きダイアモンド、
ルビーやサファイアの石切場がそこここにたくさん、
水晶やアメジストも数多く……※

その次には、「地球の中心なるフェアリーの国におけるフェアリー女王《クイーン》の気ばらしと娯楽」の長ながとした記述があり――

……東屋《あずまや》で、
女王《クイーン》が明るい月の光りを避け、
花かげに腰を下ろすと、
ブヨたちは、あるいは高く、また低く、
ある者はテナーの調子で単調な和音を奏でつつ、
女王を喜ばせようと歌いつづける……※

女王はまた宴会の用意ができるあいだ、「露にぬれた葉の上で浴《ゆあ》みをする」――

……そしてキノコの上には、美しい
蜘蛛の巣のおおいが広げられる。

まさにヘリックとブラウンである。この空想的な女詩人が独創に走ったところで、必らず竜頭蛇尾に終わってしまう。たとえば「フェアリーの街」の記述はこんなふうである。

その街の名は脳髄《ブレイン》（硬膜《デュラ・マーテル》と柔膜《ピア・マーテル》）、二重の城壁に取り巻かれ……
詩や散文をわれわれが書くその空想は、
すべてフェアリーたちの描く絵、刻む形……
われわれの脳髄から、愛の想いが溢れるとき、
街では花嫁と花婿の婚礼が行なわれる。※

十七世紀の後半になって、フェアリーという主題の質が、いかに救いがたく低下し、馬鹿げた疑似形而上学的な譫言《たわごと》に堕してしまったかは、こうした例によってはっきりとわかるであろう。

イギリスのフェアリー詩の衰退には、もう一つの理由が考えられるが、それは清教徒《ピューリタン》たちの敵意に満ちた態度である。彼らはフェアリーを弾劾した。フェアリーの宗教的な行事や、遊び好きなフェアリー王の宮廷を、一種の冒涜的な迷信と見なしたのである。フェアリーを悪魔の手先と呼び、魔女に対すると同じような激しい憎悪の目でこれを見た。彼らはフェアリーランドを広大な悪魔の王国の一地方であり、教皇派の作りだしたもっともいまわしいものの一つとみなした。ジョンソンの陽気な友人、リチャード・コーベット※の表現に凝ったバラードの二、三連を見れば、そのあたりの事情がよくわかろう――

フェアリーの別離の言葉。あるいは、神が慈悲の心を持たれんことを。

古い修道院よ、嘆きに嘆け、
フェアリーが力を失ったのだ、
フェアリーは子供を取り換えているうちに、
あるものは土地まで換えてしまった、
そこで育ったお前らの子供は、
今では清教徒《ピューリタン》になってしまった、
お前たちの領地に行きたいために、奴らはずっとこれまで
取り換え子《チェンジリング》のままで暮らしてる……

……フェアリーはすたれた商売になってしまった、
かつて歌は「アヴェ・マリア」、
踊りはまるで聖体行列、そんな時もあったのに、
いまや憐れ！　歌も踊りも絶え果てた。
あるいは海の彼方へ去ってった、
あるいはそれよりもっと遥か、宗教求めて去ってった、
あるいはいい気な気ままな暮らしを求めて。

仲間のうちで昔ばなしをやる者を、奴らは決して許さない、
楽しみの秘密を洩らすやつらはみな、
誰であれ、ちゃんと罰を受けるのさ、
青く黒いあざになるまでつねられる、
これこそキリスト教徒にふさわしき正義、
イギリス共和国が必要としているのも、
他ならぬこの種の正義さ※！

洒脱であっても、どこか垢抜けていない王制復古期の人びとの気位に、この小さな空想上の生きものは、あまり適した存在ではなかった。シェイクスピアのフェアリー劇に対して述べられたサミュエル・ピープス※の次のような判断は、当時の一般的な意見からさして遠いものではない。

キングズ・シアターに『夏の夜の夢』を観に行く。こうしたものはこれまで観たことがなかったし、もう二度と観ることもあるまい。これほど馬鹿げた愚劣な劇は、かつていままで見たことがない※。

そしてまた、常識を崇拝し、感情を押さえ、想像力を制限し、知識をふりまわし、理性を王座に据えることを誇りとするアン女王時代の文学者たち※は、田園生活にほとんど興味を示さず、土着の、あるいは人びとのあいだに広く伝わっていた迷信のたぐいは、そのなかにたまたまありきたりの寓意でも読みとるのでない限り、手に取ろうともしなかった。「バースの女房の話」を書き改めながらジョン・ドラ

イデン※が――

これも今は昔の話、今では羊飼いが、
夜遅く森のなかを戻っても、何にも出会わない、
また妖精の夜の行列に会うといった期待もない、
搾乳器をハッカで飾っても無駄であり、
乳搾りの乙女たちは、フェアリーのお客が、
鉢のミルクの上ずみを掬ってしまうとも思っていない、
ご馳走を返したそのあとで……

と大きな声で言う時、彼はチョーサーの詩を書き変えているばかりでなく、ごく当たり前のことを述べているにすぎない。ティッケル※は一七二二年に出版した『ケンジントン・ガーデンズ』のなかで、チュートンのエルフとローマ神話の神々を混ぜて登場させているが、これは当時としてはほとんど馬鹿げたことだと思われていた。この詩のなかで、彼は王家の血をひく若いイギリスの貴公子が、永遠のフェアリー乙女《メイドン》に恋をする話を語っている。〈オーベロン〉がこの結婚に同意しないので、「海の偉大な父」〈ネプチューン〉はこの小さな王の誇りを打ち砕くため、フェアリー国《ネイション》を一撃の下に破壊し、「アルビオンの精霊」を慰める。このイギリス・フェアリー詩の運命を、いささか独断的ながら正確な判断力によって決めたのは、他ならぬジョンソンであった。『夏の夜の夢』について彼はこう断言する、「この芝居は奔放で空想的であるが、さまざまな姿のもとに登場する人物は、みなよく描かれており、作者が意図し

た通りの楽しさをわれわれに与えてくれる。シェイクスピアの時代にはフェアリーは盛んに流行しており、広くゆき亘った伝説を通して、人びとには馴染みぶかい存在であり、またスペンサーの詩が、これらのフェアリーを偉大なものにした。※」

結論

イギリスにおけるフェアリー詩の時代的な変遷は、次のように要約できよう。民間信仰と純粋なチュートン神話とフランス宮廷のさまざまな主題の入りまじった複雑な迷信とにその起源を持つが、中世時代ではまだこれら夜の「小さい人びと」は恐れられており、その名前を呼ぶことさえ賢明でないとされていたので、文学作品に彼らが登場することはほとんどなかった。ルネッサンスになると、下層階級の人びとはまだフェアリーの存在を信じていたが、詩人たちはその段階をぬけてこの根深い信仰の神秘的な魅力に気づき、お気に入りの題材の一つとした。スペンサーはロマンティックな叙事詩を書くのにフェアリー伝説の枠組を借用する。シェイクスピアはじつに正確な演劇的才能によって、イギリスのフェアリーのもっとも本質的な二つの性質をしっかり把握し、溶かし合わせた。その性質とは第一に、神話的な起源や人間にはよくわからない恐ろしい力、自然との交渉、善意であれ悪意からであれ、「人間たち」への働きかけといったものである。第二はロマンティックで純粋に文学的な社会構成、彼らの王とか女王とか宮廷など、またひじょうに古雅な封建制度の模型や、身体の小ささ、それに時として彼らをとりまく環境が、現実の人間をとりまくそれの微細なパロディであることなどである。シェイクスピアのフェアリー王国は目覚しい人気を呼び、フレッチャーに始まって、ジョンソン、ミルトン、それにドレイトンやブラウン、ヘリックといった十七世紀の大詩人たちが、みなその模倣につとめた。しかし一目でわかることだが、そこには無視できない違いがあった。『夏の夜の夢』の作者は二本の糸をみごとに紡ぎ合わせたのに、後継者たちはそのうちの一本しか保持していなかった。〈パック〉や〈エアリエル〉は彼らが駈けまわっている夜の空気そのものと同じくらい非実在的なものでありフェアリーとは本質的にそういうものだったはずである。実際彼らを舞台にのせるということは、シェイクスピアのごとき天才詩人にしてはじめて可能だったのに、後継者たちはそうしたことに気づかなかった。逆に十七世紀の詩人たちは、〈オーベロン〉や〈ティターニア〉やフェアリーの宮廷にばかり注意を向けた。そして〈マブ〉をフェアリーの女王と呼ぶのだが、そう呼ばれた彼女は身体が小さいということ以外、もうマキューシオのヒロインとは何の関係もない。彼女もその取り巻き連も、もはや精霊《スピリット》という印象を全然与えない。嫉妬深い夫と口喧嘩をするところなどひどく人間くさいし、優雅な気まぐれを見せても、それも普通の女や男のそれとちっとも変わりがなくなっている。主題の一部分だけしか取りあげなかったジェームズ朝とチャールズ朝の作家たちは、そのごくわずかな部分を、知恵の限りをつくして乏しいテーマに手のこんだ趣向をこらし、疑似重力についての些細な問題とか、ごく小さな部分の巧緻な描出に耽ったのである。

こうして十七世紀のフェアリーは、いかなる意味においても人間の生活とかかわりのない、自分たちだけの小世界に暮らす存在になってしまった。彼らの営為は単なる文学的な細工物にしかすぎないものになりさがり、彼らに興味を示すのは「奇妙でもの珍しい」ものにのみ過度の嗜好を持つヘリックのような、言葉の美術家だけになってしまった。実際のところ、イギリスのフェアリー詩は、一六五〇年に至って消滅したと言うことができよう。後にロマン主義思潮の勃興と初期の文学と原始的な伝説の影響が再び現われたこと、ロマンスの新たな流行、そういったものが昔通りのフェアリーを再びよみがえらせた。たとえばウォルター・スコット卿が出版した『スコットランド辺境地方の吟唱詩歌集』、またキーツ※の、

見捨てられたフェアリーの国の、危険な泡立つ海に向かって開かれた魔法の窓※

とか、「無情の美姫」のなかの

湖に繁った菅《すげ》もみな枯れ果て
鳥の声も聞こえない※

ところの薄暗い地方、などによって古代の響きが、そのままに再現されたのである。けれどもフェアリー詩の本当の精神、ひとりでに生まれでた単純で純真な信仰は、もはや永遠に失われ、そこにあるのは、なかば古代風で、ある意味では象徴的な文学作品にとって代わり、陽気だった〈オーベロン〉の領国も

大陽にも星にもわずらわされぬ不思議に静かな国を
ランスロットは鎧を鳴らし霞のなかを進む

と表現が強められてゆく。比較的最近の作家たち、トマス・フッド※、ジョージ・ダーリー※、ウィリアム・アリンガム※、それに「フィオナ・マクラウド※」などの作者は、死滅したもののなかからフェアリーたちを呼び起こし、失われた王国のうちにフェアリーたちをもう一度おいてみようとしたが、その結果は、だいたいにおいて楽しいものには違いないにしても、磨きあげた形容詞《エピテット》や、手間をかけて金箔を張った成句《フレイズ》の域を出るものではついになかったのである。

リチャード・ドイル原画、エドマンド・エヴァンス版画《蝶の馬車で空を飛ぶ妖精の女王》(1870年)

英国妖精流離譚

井村君江

花ひらく英国の伝統

一九五〇年代前後のイギリスで童話文学として広い読者を得ている作品は、C・S・ルイスの『ナルニア国物語』（The Chronicles of Narnia、七巻、一九五一－一九五五）、J・R・R・トールキンの『指輪物語』（The Lord of the Rings　六巻、一九三七－一九五五）とメアリ・ノートンの『借り暮らしの小人たち』（The Borrowers　一九五二－一九八二　邦訳『床下の小人たち』全5巻（岩波書店））であろう。これらは皆、何巻にもわたる長篇作品であり、童話は子供のためのやさしい読物、などという考えを遥かに逸脱した規模の雄大な作品ばかりである。神学者でケンブリッジの中世英語・英文学の教授であったルイスは、聖書はもちろんのことギリシャや北欧の神話や伝説、探検譚等を基に、アスランという救世主たるライオンの支配する［ナルニア国］を創造した。半人半馬や牧神、一角獣《ユニコーン》や木や水の精《ニンフ》たちの住む架空の国ナルニアと現実界の子供たちとの交渉を通し、カスピアン王、チリアン王在世から悪との戦いを通してその国の崩壊までを描いた劇的な物語である。トールキンもやはりオックスフォードの中世英語の重鎮であり、古代叙事文学や民話、伝説に詳しく、北欧のサガやケルトの神話を素材に、中つ国《ミドル・アース》に住む「ホビット族」という独得の小人《リトル・ピープル》一族を創造し、そのフロドという主人公が父ビルボから受け継いだ不思議な指輪を得て、彫像の素材が出たモルドールの火山に、その指輪を投げ込むまでのさまざまな冒険の旅の物語を創りあげた。巻末に創造の日から第三紀までのホビット一族の王、および統治者たちの年代記や詳細な家系表、ホビット暦まで附した一大国家の歴史を描いたスケールの大きな物語である。一方ノートンは「ボロワーズ」という、これも小人《リトル・ピープル》の一種で、人間の家の床下に住んでいて人間から生活の必需品を借りて暮らしているポッド一族を創り出した。好奇心に富む娘アリエッティが人間の少年と仲よくなり、そのことから借り暮らし一族が人間に「見られる」ことが起こり、野に逃れ、川を下り、軽気球に乗って脱出し、平和な暮らしを求めて流浪と苦難の旅をつづけて、結局ボロワーズの末裔は人間界と絶縁すべきことを宣言して、独立の生活を求めてゆく物語になっている。

これらの作品は、子供ばかりでなく成人向きのファンタジー長篇叙事物語として今日でも盛んに読まれ、特にトールキンの『指輪物語』は異常なブームを続けており、数年前ロンドンの各書店の特設書棚にさまざまな版の豪華な合本が並び、その前に学生たちが群がっていたのを目のあたりにしたし、またアメリカでも「指輪クラブ」が生まれ、ホビットのすぐれた魔法使いであるガンダルフを大統領にせよ、というバッジをつけた学生たちがデモをおこなっていたということである。現代の社会や政治に不信感を抱き、心の支えを見失っている若者たちは、ホビットの作っている原野の理想的社会や自由に人間性（ホビット性）を発揮して、この一族に共感と羨望を覚えたのであろう。これら三つの物語は、それぞれ現代イギリスを代表する童話文学であるが、いずれも想像によって構築された架空の国を舞台に、超自然的な生きものたちが活躍する物語であり、空想的なものであっても、子供だましのいわゆるナンセンスな話に堕することなく、構想の規模において、また作風において緻密で手堅く、人間の心の世界の神学・哲学・倫理におよぶ深い問題を追求して見せてくれている。いわば雄大な観念の遊びともいえるこうした空想の別宇宙を、最高の頭脳が十数年かけて構築するという営為は、他国の追随を許さぬイギリス独自の領域であると思う。

童話文学は本来、想像力を自在に駆使したところから生まれてくるものであろうが、それも現実生活の出来事をリアルに物語る写実的な作品よりも、こうしたファンタジーの物語のほうが現代でもイギリスでは盛んであり、他の国に見られぬ傑作がこの分野でつぎつぎと創られているという特色は、イギリス古来の伝承文学の伝統の上に置いて見なければわからぬことであろう。更には純文学、とくに歌謡《バラード》から現代へ連綿とつづく英詩との連関において考える必要があると思う。そのときこれらを繋ぎ活躍するフェアリーという超自然的生きものの存在が重要なものとなる。その淵源に遡り変遷を見ることは、そのままホビット一族やボロワーズ一家の背景と祖先を探ることになろう。このフェアリーやエルフたちがじつにさまざまな種類に分かれ、姿、性質、能力も千差万別に、イギリスの民間伝承《フォークロア》の話や歌謡《バラード》・物語《ロマン》に古くから息づいているのである。

アングロ・サクソン民族の持つ奔放な空想力、大地からつねに飛翔し、時・空を越えて自在に拡がろうとするファンタジーの力が、それらの生きものをさまざまに創り出していったのであろう。それらを「妖精」や「精霊」といった日本語で一括して捉えようとしても、その粗い網の目からはすり抜けてしまう。ましてやわれわれの固有の映像の中から掘り起こし、あるいは『今昔物語』や『元亨釈書』を基に、自在に空を飛び神通力や魔法を持った超自然的生きものとして、仙女・山姥・天狗・鬼・人魂・河童等、魑魅魍魎のたぐいを並べてみても、フェアリーの映像とほど遠いことは自明であり、またこのうちの大半がシナ渡りでさえある。とにかくフェアリーたちが、イギリスにおいては伝説・神話の伝承文学から中世の時代を経て現代の文学にまで生きつづけているということ、言い換えれば形や性格やその持つ能力にさまざまな変化があるにせよ、脈々と今日まで息づいており、それをごく自然に生かし続けているところにイギリス民族の独自性があり、童話に限らずこの国の文学を独得のものにしていると思うのである。

自分をとり巻く自然環境を擬人化し、森羅万象の中に象徴を汲み取ろうとする人間本来の欲求はどの民族も共通のものであろうし、太陽、風、木々に霊の存在を感じ、日蝕や月の満ち欠けや嵐の力に魔力を感じて恐れ敬うのは、科学的因果関係を作りあげる能力を持っていなかった古代人にとっては、ごく自然のことであったろう。だがこうした原始人の心に発生し、国家形成以前の村落共同体を単位とする農工狩猟生活の中に生きつづけ、民間伝承の形で中世まで伝わってきた超自然的生きものが、本来なら文明の到来とともに迷信として影が薄くなるはずであるのに、イギリスでは非常に異なった運命を辿った。中世末期キリスト教と都市生活の隆盛と、それに伴う合理主義が人びとの心の中からフェアリーたちを駆逐しようとしたとき、一群のきわめて才能に恵まれた詩人たちが、フェアリーを自分たちの想像の庭に連れ込んで、そこに棲息しうる一つの保護区域を作ったのである。いわばそれまでの長い年月のあいだ、数知れぬ無名の人びとによって歌謡《バラード》やロマンスや民話《フォーク・ストーリーズ》の中で少しずつ形づくられていったフェアリーの形態と性格を、今度は少数の有名な天才が詩的存在として積極的に作り直すことになったのである。これが今日のイギリスのフェアリーの持つ特殊性の源であり、この故にこそイギリスのフェアリーは、単に民俗学や原始宗教学や精神分析学のみでなく、文学のテーマになりえているのだと思うのである。

フェアリーの系統とその特色

フェアリーやエルフを文学的空想による人工的産物といい、想像力によって創り出され映像化された生きものとみなし、あるいは辞書により、極小で魔法の力を持ち大方は地下に住み森林に出没して人間に良いことや悪いことをする超自然的生きもの、と定義したところでその言葉の網では捉えがたい存在である。かといって知覚できぬ漠然としてただ捉えどころのない、曖昧模糊たる存在ではない。ブリテン島の各地方に伝わったフェアリーたちにはそれぞれ種類、系列が何十種にも明確に分かれており、それぞれが個性的である。天使《エンジェル》はもちろんのこと魔女《ウィッチ》やギリシア・ローマの女神《ニンフ》たちとはまるで異なることはわかろうが、フェアリーとエルフの間にもまた相違があるので、こうした超自然的生きものをその心に住まわせていない異国人たるわれわれは、どうしても一括して神秘的な霧のヴェールで包み込んでしまいがちであるが、まず知力を通して捉える必要があろう。ブリテン諸島に派生し、各大陸の影響下に生成をとげた伝承的なフェアリーの系統と特色を、フランスの英文学者フロリス・ドラットルは、イギリスには文学が始まる以前から、その根源や本質的なところでは同じものであっても、明確に異なった特色を持つ三種類の超自然的生きものが存在していたとして、（1）チュートン系のエルフ、（2）ケルト伝説のフェアリー、（3）フランス系および中世騎士物語《ロマンス》のフェイと明確に分けている。その三つをまとめてみれば、

（1）チュートン系のエルフとは、北欧神話や民間信仰の対象として現われ、ホブゴブリン、ブラウニー、コボルト、トロール、ケルピーといった名で現われてくる背丈数インチの小さな生きものである。これらのエルフは初期の段階では、はっきり二つの種類に分けられており、その一つは光のように「明るいエルフ」(light elf) で、もう一つは森や山の洞窟に住んでいる、瀝青のように「暗いエルフ」(dark elf) である。前者は軽やかで優雅で白く輝き、ある者はまばゆいほど美しく、月の光を浴びて金色の髪をくしけずっていたりする。後者のほうはそれと反対に、大きなゆがんだ頭とまるまった背中をした不恰好で醜い小人であり、光を嫌って地中に住み、地底の宝物を守ったり、黄金や銅や宝石で細工物をこしらえたりする。けれどもこの二つは性質はあまり違わず、善悪両面をともに持っていて、人間に対しては親切だが行動に裏表があって気まぐれである。とくにダーク・エルフの性質の中には、チュート

ン神話のペシミズムが一沫の尾をひいていて、醜いエルフたちは自分のおかれた低い位置に腹をたてているかのように、気むずかしい暗い表情、あるいは運命や宿命に対する諦念といったものを浮かべている。これら小さな人間の姿をした「小さな人たち《リトル・ピープル》」は概して楽天的で、真夜中の草原で楽しく歌ったり踊ったりすることを好む(その踊りの跡にできるのをfairy ringという)。夜通し糸を紡いだり、布を織ったりするが、その仕事の成果が夜明けの草原で露に濡れた草の葉末に光る蜘蛛の巣だと信じられていた(gossamerという)。人間に対しては、知恵をしぼっていたずらをしたり困らせたりすることが好きで、姿を隠して人家に入りこみ、バターを作っているわきでミルクの上皮をすくってしまったり、また眠っている人の髪の毛をこんがらかせたり(elf-lockという)、ときには不信心者の家から赤ん坊を盗み出し自分の醜い子ととり代えたりする(「取り換え子《changeling》」という)。しかし一般には農家の人びととの関係は友好的で、労働を、それも特に台所の家事労働を手伝ってくれたりする。そのお礼に女はミルク一鉢を窓辺においてやればよいが、それを忘れれば青あざになるほどつねられるか(fairy pinchingという)、もうそれっきり姿を見せぬかである。

(2) ケルト系のフェアリーは、種々の点でエルフに似ているが、これは一つにはケルトもチュートンも遡れば同じアーリア人であり、共通の神話を持っているからであろう。フェアリーもエルフも同じように地下に住み、緑の草地を好んで、真夜中の饗宴に熱中する。彼らはそれぞれ好みの場所を持ち、ウェールズでは湖が、アイルランドでは「小高い丘」が妖精たちの活躍の舞台となっている。どちらも人間に似た容姿をしていて、陽気であり、子供も生むが、それが醜い子だったりするとくよくよ悩んで、可愛い人間の子ととり代えてしまったりする。フェアリーも清潔好きだが、エルフのように台所でせっせと働いたりはしない。またたいへんに怒りっぽくて、思いのままにならないことがあるとすぐ農民や家畜に魔法をかける。概してチュートンのエルフは醜い小人で、農耕に親しみ実際的で働き者で、粗野で無骨な、一言で言えば農民的な性格を持つのに対して、ケルトのフェアリーたち（シーホーグという）は喜びや悲しみに敏感で情熱的であるがどこかに哀感を漂わせている。これはケルト民族の性格の反映であろう。万象に人間と同様の霊性の存在を感じ、霊魂の転生を信じて、それと人間との交流を生き生きと感じる感受性に恵まれ、霧深いヒースの高原に育まれたケルト気質が、幻想的で神秘的な超自然的生きものを数多く生んだと言えるかもしれない。ケルトの古代神話の女神ダヌーを母とする種族トゥハ・デ・ダナーンの神々が次第に小さくなったのがシーホーグだとケルトの人たちは信じた。このダナーン神話の系譜と、ミレシア族の王たちの歴史、それにコンホーバー時代のアルスター王国に関する英雄叙事詩群（代表はクハラン（クー・フーリン）、フィン武勲詩）がケルト文学の口碑伝説を形成してゆくわけだが、それらを通して妖精たちはさまざまに活躍を続けている。「赤枝の騎士団」のクハラン（クー・フーリン）はダナーン種族の太陽の神話的人物ルーの子とされ、魔女の美しい娘や妖精と恋をする。チュートンの『エッダ』や『ニーベルンゲンの歌』の中にしばしば見られる苛烈な闘争、流血の惨事の類は、ケルトのフェアリー世界では絶えてなく、そこにあるのは美と愛の統べるロマンティクともいえる世界である。このケルトのフェアリーは、次第にフランスのロマンスの世界に現われるフェイと結びついてゆく。十一世紀から十二世紀の頃、それ以前のラテン語にかわってロマンス語（初期フランス語）で語られた騎士物語はヨーロッパ全土にひろまり、イギリスにも伝播しもてはやされた。こうしたロマンスのなかでも「アーサー王伝説」は十二世紀から十三世紀にかけて非常に流行したが、これは源をケルトの地に持っていると言われ、フランスで大成されて再びイギリスに渡ってから、その地の要素を織り込まれて大きく発達してゆく。従ってここにケルトの伝説が混りあって、新しいフェアリー像ができあがってゆくわけである。「アーサー王と円卓の騎士たちの物語」は、そのままフェアリーの世界であり、そこでは王宮の広間もヒースの原も、また森や川や湖も、すべてが縹緲として捉えがたい霧に包まれているのである。

（3）フェイは多く超自然的な女性を象徴している。fay という語は古代フランス語の fae（mod. F. fee）faie の転訛であり、その源はラテン語 fata であって、運命を司る三人の女神を指す（ただ運命の女神の単数形は fatum であるのに複数の fata が単数扱いされて転訛していったらしい）。背丈も人間と同じく、しかも美しい女性の姿で現われ、騎士たちに勇気をさずけ、冒険の旅では手助けをし、立派に成長するとその魅力で若い騎士をフェイの夢のような国に誘って現世を忘れさせてしまう。アーサー王伝説の中でよく知られた力あるフェイは三人、モルガン・ル・フェイ、ラ・ダム・デュ・ラック、それにニーニアンである。第一のモルガン・ル・フェイはアーサー王の妹で、アーサー王伝説の中のフェアリー・クイーンである。戦いで傷ついた王を看護し、つねに危機より救うのはモルガン・ル・フェイであるし、一説にはフェアリー王〈オーベロン〉の母とも言われる。ラ・ダム・デュ・ラックは円卓の騎士の筆頭ランスロットをフェアリーランドで育てた騎士としている。ニーニアンは別名をヴィヴィアンと言い、アーサー王の保護者である魔術師マーリンから魔術を教わり、その術を使ってマーリンを空中の塔に閉じ込め永遠の眠りに陥れて捕えてしまうほどの魔術の使い手であった。この他にもアーサー王物語には何人かのフェイが登場するが、みなどれも並はずれた美しさを持ち、勇敢な英雄たちに愛を与え、またその魔力によって騎士たちを神秘的な国に招き寄せ、そこに永遠にとどまらせようとするところが類似している。以上の三つの要素に、チュートン系の elf とケルト系の fairy それにフランスのロマンスに由来する fay が次第に結び合わされて、それぞれの土地や風土の中でフェアリー信仰《ビリーフ》という形で、あるいは歌謡《バラード》に謳われ叙事詩《エピック》や中世騎士物語《ロマンス》の形で語りつがれてゆくうちに、次第に結び合わされてその属性が入り混じり、またそこにギリシャ・ローマ神話のニンフたちも流れ入り、イギリス特有のフェアリーが形成されてゆくわけである。

十五世紀になるまで、これら夜の生き物たちの安寧は乱さないことが賢明だと考えられ、フェアリー信仰《ビリーフ》の対象になって崇められていても、一方キリスト教の面からは下級の悪い精霊とか異教の神とされさげすまれがちであった。古くから生きていたこれら超自然の生きものが、騎士たちや宮廷のもつ雅びな雰囲気を付与されたり、入ってきたキリスト教から邪教の悪霊として貶められたりしながら、恐れにしろ親しみにしろ、とにかく人びとの心と密接な関係を保ったまま、中世末期の形になっていったのである。ルネッサンス期に入ってフェアリーに関する一つの牧歌的な神話ができあがり、それが一般の人びとの心の中に深く根を張るようになっても、これが文学作品の世界に入ってゆくのには相当長い時間がかかった。詩人たちがこの伝承の神秘的な魅力に気づき、これを格好の詩材として文学の中に導入し、盛んに用いるようになったのは、エリザベス朝になってからのことである。

民間伝承の段階では、一般に妖しい恐ろしいものだったフェアリーなど超自然の生きものたちに、〈パック〉や〈エアリエル〉を固有名詞に持つ縹緲とした魅力ある美しい姿と性格を与え、〈オーベロン〉と〈ティターニア〉のフェアリー王国を創りあげ、今日のフェアリー像を定めたのは、他ならぬシェイクスピアである。

シェイクスピア以前の文学にもフェアリーは現われなかったわけではない。それを重点的に見れば、まず最古の叙事詩『ベーオウルフ』にもフェアリーは出現する。このゲルマン民族の英雄叙事詩は、長い年月のあいだ口碑として伝承され、八世紀の前半になって文字に書き表わされたもので、超自然的なものや伝説的な要素は篩にかけて整理し、史実と思われるものだけを残したと言われるが、それでもこの世界にはまだ、エルフ巨人《ジャイアント》あるいはグレンデルという龍《ドラゴン》が棲息している。しかし、この叙事詩が編まれた時代はキリスト教の最初の伝道の後であり、この叙事詩が時の権力者の認めた正史の性格も持っているため、超自然的な生きものが、すべて神に抵抗《はむか》う悪鬼として一まとめにされているのも仕方がないかもしれぬ。

チョーサーは二十四篇からなる『カンタベリー物語』の中で、民間に伝わるフェアリー信仰を、さまざまな階級の人びとの口から語らせているが、そこに出てくるフェアリーたちは、『ベーオウルフ』の魑魅魍魎のたぐいとはまったく異なった、明るい生き生きとしたものになっている。

ここではローマの黄泉《ハーデス》の国の神〈プルート〉がフェアリーランドの王とされているし、〈プルート〉は女王〈プロセルピナ〉と大勢の侍女をひきつれて庭園を散歩しながら、ロムバルディの年老いた盲目の武士とその若い「フェアリーと思われるほど美しい」妻との仲について議論したり、自分の魔法の力で夫の目を急に見えるようにしてやり、夫婦のもつれた仲の決着をつけてしまったりして親しく人間界を遊歩し、干渉までしている。また「ソーバス卿」の物語の中では、フェアリーは fayerye, fairye と呼ばれていてフェイの系統をひくものとはっきり示されているし、他に elfqueen という語も特に区別なく用いられていて、これは騎士とフェアリーのロマンスで、明らかにアーサー王伝説を踏まえている。

「バースの女房の話」の中でバースの女房は、フェアリーがイギリスにいなくなったのは諸国行脚の修道僧たちが、森や町や村、要するにどこにもかしこにも出かけていって、お祈りで彼らを追い払ったからだと言って、ドーヴァー海峡を越えて入ってきたキリスト教の司教たちが、フェアリーを異教の神とし、あるいは悪の精霊として拒んだことが、フェアリーの存在を大きく変えたことを示しているわけであるが、当時の人びとの心の中でエホバとフェアリーとは、どの程度共存していたかは興味ある問題である。

こうして見ると、チョーサーは学者であり、宮廷詩人であったにもかかわらず、当時民間に伝わっていたこれらの迷信を、軽い皮肉というよりは、もう少し積極的な興味ある広い目で見ていたようである。しかも、自分では冗談半分にフェアリーなどは何世紀も前にいなくなったと言いながらも、彼の正確な筆づかいで風俗を写してゆけば、話の中にフェアリーが入ってこないわけにはいかなかったであろう。それにチョーサーにすれば、これほど一般読者の興味をひく世間好みの空想的なテーマを、たとえそれが少々俗っぽいとしても、使わずに済ますことができなかったのではなかろうか。『カンタベリー物語』のフェアリーは、そのまま当時の都市の市民階級の間に生きていたフェアリーの姿であったろう。

エドマンド・スペンサーの叙事詩『妖精の女王《フェアリー・クイーン》』になると、ロマンスのフェイの世界をそのまま長篇詩の中に再現させたものと言えよう。だが、この中に出てくるフェイたち、いわばフェアリー・クイーンはエリザベス女王であり、それをとりまく十二人の騎士はそれぞれ十二の徳を表わしているというように、みな寓意的《アレゴリカル》な意味を付与されている。騎士の遍歴の話ではあるが、アーサー王物語にくらべると装飾の多い人工的な世界で、フェイも一段と美しいが、その分だけ個性に乏しい人形的存在になってくる。スペンサーまでくると、民間伝承としてのフェアリーとロマンスのフェイとは完全に一体化する。そしてスペンサーのフェアリーランドはトマス・マロリーやロード・バーナーズのロマンスの世界を基にして、そこにギリシャ・ローマの神話に登場するニンフの性格を加味し、文学的に作り直したものになっている。このようにしてエルフとフェアリーの性格は中世騎士物語の影響をうけ、フェイの要素が次第に加わってゆく。十字軍の遠征の後では東洋のエキゾティックで豪奢な道具立てや雰囲気も浸透して、フェアリーの上に影を落としたとドラットルは述べている。フェアリーランドが次第に豪華になっていったことはウォルター・スコットの次の記述からも知られよう。

彼ら（妖精）の仮装行列《ペイジェント》や宮廷の宴会は、想像のおよぶ限り豪華で壮麗なものであった。行列では、人間界の普通の馬よりもずっと美しい馬がねり歩いた。彼らの狩りに使われる猟犬も鷹もみな一級の血統のものであった。日々の宴では、人間界の最も誇り高き王とて気をそそられざるをえないような見事な料理が供され、踊り子の広間には、世にも妙なる音楽が谺していた。

要するにスペンサーまでくるとフェアリーランドは、全体としてきわめて人工的なアレゴリカルなものになり、多分に人間界の投影であり、読者は常にロマンティックなシーンの背後に横たわる倫理的あるいは政治的な意味を想起させられる。そして作品全体が、騎士の冒険物語の登場人物と、その場その場に合った装飾を組み合わせた、いわば詩人にとって実に都合のよい仮装舞踊会という印象まで与えている。農民たちの空想力が生んだフェアリーは、山野を自在に走りまわり、人びとの生活と密接につながった親しい存在であり、恐れられたと同時にやはり愛されてもいた。たとえばロビン・グッドフェローというような呼び方には明らかに親しみがあった。しかしながらそれが一たび民衆の手を離れ、貴族の城に入った時、フェアリーは変貌しはじめ、最後には身勝手な貴族の夢の装飾品や代用品にまでなりさがってしまう。さきに引用した記述によるフェアリーランドとは、退屈した貴族の物質的な欲望の具体化以外の何物でもなくなってしまう。あくまで空想力の所産であるはずのフェアリーが、その支えを失い、想像性の飢餓に出会ったとき、その魅力もまた、失われてゆくのは当然のことであろう。

黄金時代

エリザベス朝になる頃イギリスのフェアリーはその黄金時代を迎える。この時代に劇作家たちは民衆の中にいて、愛国的理想の高揚から卑俗な迷信に至るまでの、実にさまざまのものを題材にして実際の舞台にのせた。宗教的な規律の桎梏もなく、海外からの侵略の恐怖もなかったこの時代に、猥雑なまでに精力的であり、逸楽的だったイギリス国民の想像力は、スペンサーならずともエリザベス女王をフェアリー・クイーンとして逸楽の国を築き謡歌したごとき感がある。シェイクスピアの戯曲を考える時に、彼の劇場を経済的にささえていたのが貴族であるとともに町人であり、彼の作品を高く評価したのも町人たちの批評眼だったということ、これはやはりシェイクスピアを考える上で重要なことであろう。そしてシェイクスピアのフェアリーたちの性格にも、この事情は働きかけている。

シェイクスピアの最初の戯曲がフェアリーの活躍する『夏の夜の夢』であり、最後の戯曲も魔術師〈プロスペロ〉とその使魔〈エアリエル〉(シェイクスピアはスピリットと呼んでいる)の織りなす『嵐《テンペスト》』の世界であったことは意味深い。『夏の夜の夢』の〈オーベロン〉と〈ティターニア〉のフェアリー王国は、若さと楽しさにあふれたこの作者の若き日の夢の投影かもしれぬし、生涯の終わりになって彼はまた再び円環を閉じるように最初期の傑作の中心テーマに帰るのだが、その終幕で、いわば生涯をかけた劇作の仕事の筆を折ることを示すような象徴的な場面にいうのもまた、超自然界の生き物を呼ぶ台詞なのである。

シェイクスピアはさまざまな超自然的なものを舞台にのせ、登場人物と絡ませて劇展開の上に大きな役割を演じさせている。例えば死者の霊は『ハムレット』『リチャード二世』『ヘンリー六世』『ヘンリー八世』『ジュリアス・シーザー』等に登場するし、三人の魔女は『マクベス』の全構成に関係し、マブの女王は『ロメオとジュリエット』に、フェアリーは『シンベリン』や『ウィンザーの陽気な女房たち』にも現われる。『リア王』に出るのはケルト伝承の雨蛙やイモリを食べる〈マッド・トム〉だったり歩く鬼火だったりする。じつにさまざまな超自然界の生きものが登場し、人間と親しく言葉を交し劇を展開しているのだが、ここでは『夏の夜の夢』にのみ焦点をあてて、そのフェアリーの特色を少し見てみよう（詳しくは「イギリスのフェアリ、シェイクスピアを中心として」『比較文學研究』（東大比較文學會）で考察した）。

「ミッドサマー・デイ」は六月二十四日の夏至の日で聖ヨハネの誕生節であり、「ミッドサマー・ナイト」はその前夜で、この日が地母神の祭りとも重なっているところから、晩になるとフェアリーたちが森や水のほとりや丘に現われて饗宴をはるという言い伝えがイギリスにはある。シェイクスピアは幼時をウォーリックシャーの田舎で過ごしたから、この戯曲のフェアリーを書くにあたって、一番頭の底にあったのは、幼い頃田舎で耳にした民間信仰の類であろうが、たとえばこの作品の舞台がアセンズの森、すなわちギリシャのアテネということになっていることからもわかるとおり、シェイクスピアは実にさまざまの要素を混ぜあわせてこの夢幻劇を織りあげている。この作品におけるフェアリーを知るにはまず、このさまざまの要素を一つ一つ明らかにしなければならないだろう。

登場人物は階級によって二つのグループに分かれる。人間たちと、それにフェアリーたちである。人間の第一のグループは上流階級で、領主シーシュース（ギリシャ風に言えばテーセウス）とアマゾンの女王ヒポリタはギリシャ系の名を与えられているが、貴族の子女たちハーミアとライサンダー、へレンとデミートリアスなどは当時の華やかでロマンティックな、そのくせ諍いばかりしているイギリスの代表的な恋人たちである。第二のグループは領主シーシュースの婚礼の祝賀会で演じようとしている茶番劇《ファース》、ギリシャ劇「ピラマスとシスビ」を演じようと練習に励んでいる明らかにエリザベス朝の町人風俗そのままの職人たち。この二つの人間の群れの間に、フェアリーたちが介在し、なかば狂言まわしの役をつとめて、ここに現実と夢の奇妙にいり混った、夏の一夜のコミカルで華やかな夢幻的な喜劇が展開されるわけである。

このフェアリーたちは妖精王〈オーベロン〉と女王〈ティターニア〉に率いられるフェアリー王国という形で現われ、この二人と、それに仕える〈パック〉といういたずら好きのフェアリーとが主要なメンバーである。このフェアリーたちの性格も遡ってみればさまざまで、たとえばフェアリーの王〈オーベロン〉はゲルマン系の小人《リトル・ピープル》〈アルベルヒ〉が基だし、〈ティターニア〉にはローマ神話のダイアナの血が流れている。〈パック〉はケルト系のエルフである〈ロビン・グッドフェロー〉の性格が多分に入っている。この点を一人一人についてもう少し詳細に見てみよう。

まず〈オーベロン〉であるが、ルネッサンス初期のイギリスではAuberon（Oberyeom, Oberion）といった名前は一般によく知れわたっていた。これは魔術師が呼び出した悪魔や魔術師の名前に使われていたのである。オーベロンがフェアリーの王として現われるのは、十五世紀のロマンス、『ユオン・ド・ボルドー』においてである。この英訳は、シェイクスピアとも識り合いだったとされているバーナーズ卿の手によって行なわれており、おそらくシェイクスピアはこれを読んでいたと推定される。カロリンガ朝の風潮を帯びた典型的物語詩の中に登場するフェアリー王〈オーベロン〉は、じつに詩人の気をそそる魅力に富んだ人物となっている。スペンサーもこの物語を自在に利用し、長詩『妖精の女王』の中で歌うことにより、〈オーベロン〉名をイギリスに広めるのに一役買っている。

一方、ヨーロッパで〈オーベロン〉が誕生した事情はもっと複雑である。彼が生まれるのはチュートンの伝説の中であって、『ニーベルンゲンの歌』の中ではジークフリートがニーベルンゲン一族から勝ちとった財宝を護る。語源はAlberich（Alb=elf〔エルフ〕+rich=roi, King〔王〕）に由来している。このAlberichがフランスを通ってAuberich→Auberon→Oberonと変化していったといわれる。〈オーベロン〉の身体つきについての、「彼の背丈は三フィートしかなく、肩は曲がっている」という記述は、チュートン系のエルフに関するものとよく一致する。チュートンの伝説の中から彼に関する言及をひろってみると、彼はアジアの専制君主のような豪華な堂々たる生活をおくっている。彼の容貌自体がきわめて美しく、彼の見事な宮殿は黄金の屋根とダイヤモンドの尖塔を持ち、カリフの豪奢な邸にも比肩しうる。そして宮廷の人びとは一人残らず美しいガウンをまとい、そのまばゆきが太陽にも匹敵するような宝石で身を飾っていたとある。種々雑多なキリスト教的要素も〈オーベロン〉の性格には入っている。彼はジュリアス・シーザーの子であるが、S・リーによればシーザーとアレグザンダーは「中世の伝説の中では教皇のローマと皇帝のローマ、すなわちキリスト教圏と西ローマ帝国を象徴する」のであって、ここにはキリスト教的な伝承の〈オーベロン〉の、非公式ながら重要な位置というものもうかがえる。彼の力はイエスに由来し、最後にはフェアリーとしての楽しい暮らしを棄てて、天国の座のほうを選ぶことになっている。

そしてもう一つ、〈オーベロン〉はアーサー王伝説からもその資質の多くを借りている。彼は「死者の霊との交流による予言にきわめて秀でていた」モルガン・ル・フェイの息子であり、彼の超自然的能力は生誕の折にフェイたちから与えられたのだとされ、彼がモムーアの東部で死の床についていた時、彼の育成者で保護者たる魔法使いマーリンがアーサー王とともに彼を見舞ったとも言われている。他のいくつかの点では彼はまたケルトの伝承とも結びついている。たとえば彼の「天使のごとき面貌」とか、正直な人間の手が持てば中のワインは飲めども尽きないという魔法の金杯とか、あるいは一吹きでどんな願いも即座にかなえ、吹く者のもとに一瞬のうちに救援の手をもたらすという象牙の角笛などは多分にケルト的であるし、ユオンが、あるフェアリーから「もし一言でも彼に話しかければ、汝は永遠に失われてしまう」と言われるこの言葉を容れること自体、ケルトの伝説によっている。

シェイクスピアはこうした伝説の〈オーベロン〉をそのまま自分の芝居の中に生かしたのではない。彼が〈オーベロン〉に付与した性質のうちでも特に目立つのは「怒りっぽさ」ではないだろうか。インドから盗んできた可愛い「取り換え子」を女王と争って月夜に出会うたびに口喧嘩をし、あげくの果てには女王に仕返しをしようと〈パック〉に命じて、彼女の目に惚れ薬を塗らせたりする。怒りっぽさは嫉妬と結びついて、「嫉妬家《やっかみや》さん」と呼ばれ、「怖ろしく機嫌が悪くて気が短い」などと言われる。女王が人間にした高位を一つ一つあげつらうかと思うと、自分もフェアリー王の地位からぬけ出して、コリンという羊飼いに化け、麦笛で恋歌を吹きながら、フィリダという色っぽい人間の娘を口説いたりする。この芝居はアセンズの領主シーシュースとアマゾンの女王ヒポリタの婚礼の宴をめぐる話であり、ヒポリタは〈オーベロン〉の想いもの、シーシュースは女王〈ティターニア〉がよくいっしょに遊びまわった仲の良い友である。フェアリー王夫妻は普段は一人一人勝手に暮らしているのだが、シーシュースとヒポリタの婚礼を祝いに戻ってきて、アセンズの森でばったり出会ったわけある。〈オーベロン〉は自在に魔術を使い、他のものに化けたり姿をかくしたりもできるのだが、けっして全知全能といった性格の、たとえばアーサー王伝説のマーリンのような魔法使いではなく、非常に身勝手でわがままな、人間らしいというよりは、人間の資質のいくつかをわざと拡大して戯画化したようなフェアリーであり、どことなく子供っぽい印象を与えるのもそのためである。この点からすれば、芯から喜劇の舞台にふさわしい人物、いわばフォルスタッフのフェアリー版といった性格と言うことができよう。子供っぽさはこの作品のフェアリーたちを当時子役が演じたのではないかという推定にもつながる。とすればそれもまた、人間の世界とは別のフェアリー界の夢幻性を強調するシェイクスピアの技術であったのかもしれぬ。ともあれ、この当時まで口から口へと伝えられ、親しいながらも神秘的ヴェールの彼方にあったフェアリーというものを、シェイクスピアは人間の世界へ積極的に連れこみ、一つの非常に具体的な肉づけをしたうえで、人間とからみ合わせて舞台にのせたわけである。

オーベロンの妃〈ティターニア〉の素性は、古典世界のきらびやかな神話大系に属する。〈ティターニア〉という名はオウィディウスの『転身物語《メタモルフォーゼス》』の中でダイアナに与えられているいくつかの異名の一つであって、ダイアナは太陽神ソルの姉妹であり、ソルがタイタン族の出であるところから、ダイアナにもタイタンの生まれを意味するタイテニアという名がつけられた。そしてフェアリーの女主が〈ティターニア〉と呼ばれるにはおそらく以下のような推定が可能である。

すなわち当時のイギリスでは、ギリシャ神話に数多く登場する木や水の精のニンフやナイアドを自分たちの頭にあるフェアリーと同じものと考えていた。たとえばオウィディウスの『転身物語』はこの時代にアーサー・ゴールディングによって英訳され、シェイクスピアが読んだのもこの訳だとドラットルは指摘しているが、その中でこの「ニンフ」ないし「ナイアド」はみな「フェアリー」とか fairie-elf あるいは water-fayrie とおきかえられている。そのためフェアリー＝ニンフ、そしてフェアリーの女王はニンフを多く率きつれている月の女神ダイアナと同一視されたというのが混合の経過である。シェイクスピアの喜劇に登場する女王にもこのギリシャの女神の俤《おもかげ》は濃厚に残っているが、乙女であることと純潔の守護神としての資質は失われている。彼女には夫があるし、「月夜に出会うとは運が悪いな、高慢ちきのティターニア」と夫オーベロンから言われて、「何ですって、やきもち焼きのオーベロン、あちらへお行き、フェアリーたち、こんな人とは共寝はおろか、遊んでもやらないと決めたんだから」ときり返すところなどなかなか活発で、女としてのコケティッシュも感じられる。魔法のかかった薬草のせいとはいえロバの頭をかぶったボトムに熱をあげるところや、わがままで高慢で、強情で自分の過失をなかなか認めない点など、まったくシェイクスピアの喜劇の中の人間一般の女性と変わりないが、それでも女神ダイアナの性質はいくつか残されていて、「月が、ほら、泣いているみたい。月が泣くと小さな花も一輪残らず泪を流す、きっとどこかで乙女が穢されたのよ」などというのは月の女神として当然だろうし、露のおりた夜、空飛ぶ獲物を追い求める不思議な女狩人になるのもダイアナの資質を受けている。〈ティターニア〉も侍女たちも夜に属していて、明け方がくるとどこかへ去ってしまうし、〈オーベロン〉もオヴィディウスの言う「影の王」と同類である。柄が極端に小さく、昆虫や花に囲まれて暮らしており、侍女たちもそれに応じて「からしだね」とか「くもの巣」と呼ばれ微小で繊細である。〈ティターニア〉の寝所の場面は、小蛇の光る皮を脱いで彼女のベッドにし、蜘蛛の糸のふとんをかけたり、蝙蝠の翼で侍女の服を作ったり、蝙蝶の羽で扇をこしらえたり、蜂の足を蝋燭がわりにしてそれを螢の火でともしたりする。『ロメオとジュリエット』の中の〈マブ〉女王が「役人の指で光る瑪瑙ほどの大きさ」しかなく、榛《はしばみ》の実の殻《から》の馬車に乗り、芥子粒ほどの小人にそれをひかせ、その車輪の輻は蜘蛛の足、幌は蝗の羽、索き綱は青白い日の光であるというような姿や道具と似通っているが、〈ティターニア〉も〈マブ〉もともに身体が小さく華奢で繊細で美しいフェアリー・クイーンにシェイクスピアは創り上げた。薔薇の花や桜草の花の中にもぐり込んだり、どんぐりの殻にかくれたり蝙蝠と戦ったりするほど昆虫のように小さなフェアリー、優しい自然の中で楽しく踊り歌い飛びはねる、陽気で明るく可愛らしいフェアリー像を定着させたのは、やはり詩人としてのシェイクスピアの卓越した才能だった、と言えるだろう。

〈パック〉は宮廷の従者であるが、王や女王にくらべるとずっと野育ちであって、ギリシャやフランスの中世騎士物語《ロマンス》などよりも、民間伝承にその性質の多くを依存している。本来〈パック〉はある特定のフェアリーをさす固有名詞ではなく、エルフ一般を指した語であった。Pack または Pouke はほぼ悪霊を意味し、ウィリアム・ラングランドによる長詩『農夫ピアスの幻想』の中にも Poukes という語で出てくる。この一族は非常に広い範囲にひろがっていて、アイスランドの Puki オランダ北部のフリーズランドやチュートンの農民から Puk と呼ばれて親しまれたのも同じものである。イギリスで例をひろえば、デヴォンシャーで Pisky と呼ばれ、コーンウォールでは pixey とされている。ハンプシャーには Colt-pixey がおり、アイルランドには有名な Puca, Pooka がいるし、ウェールズにも Pwcca の話が伝わっている。これらさまざまの似通った言葉の源に pouke, puck があり、スコットランドで、はりねずみのような恰好の生きものと思われている Pawkey といういたずら者も同じ語源を持っている。この一群のフェアリーたちの名の下で Pixy が、今もイングランド西部に親しいものとして残っている。

Hob は Robert とか Robin の愛称であり、Hobgoblin は Goblin の Robin の意味であって Robin Goodfellow などとの近親性がわかる。〈パック〉はまた Lob という異名を持っていて、ミルトンの lubberfiend もこれと同じものである。この長い名前のフェアリーは、長い尻尾のある毛のはえた生きもので、農場で働き、夜になると火のそばで休んだりする。また民家に現われて台所の作業、たとえばミルクをまぜたりもするがBrownieにも類似している。

『夏の夢』の中ではLob of spiritsという語でフェアリーたちを呼ぶこともあるが、〈ティターニア〉の侍女のフェアリーが〈パック〉についていう台詞は、この〈パック〉の性格の特徴をよく表わしているものであろう。「その体つきといい、すばしこくていたずら好きなところといい、あなたはきっとエルフのロビン・グッドフェローなんでしょう。ミルクの上に浮いたクリームをすくっちゃったり、ひき臼をこっそり回したりして村の娘をおどかす、どこかのおかみさんが一生懸命作ってるバターや、醸途中のお酒を駄目にする。夜道で人を迷わせたり、人の困るのを見て喜んだり、そのくせホブゴブリンとか、かわいいパックとか言われれば仕事は代わってやるし、幸福はさずけてやるし、あれはみんなあなたのことでしょう？」彼は〈オーベロン〉に命令されれば、たちどころに「四十分で地球に帯をかけてごらんにいれます」という言葉でもわかるとおりの超能力ぶりを発揮し、葉隠れの術など神通力のほうもなかなかだが、その実、「韃靼人《ダッタン》の矢よりも速く」命令を遂行したら、これが彼の聞き違いだった、などというところは要するにおっちょこちょいなのだし、失敗を〈オーベロン〉に叱られると、「ここから先は、運命に手綱を渡しましょうよ。誠実な恋人なんか百万人に一人、約束の空手形が飛びかってどうなることか」と茶化してしまう。このあたりは民衆に愛されてきたフェアリーやエルフのイメージを、シェイクスピアが巧みに利用したと言えるだろう。

『夏の夜の夢』に登場するこれら三人のフェアリーたちが共通に持っている重要な特徴がある。それはこの三人の性格がやや喜劇的《コミカル》なものになっているという点であって、一見すれば外的な事情とみえるものが、この後のイギリスのフェアリーの性格を決めるのに少なからざる影響を与えたと思われるのである。シェイクスピアはフェアリーを舞台にのせるのに、当時としては比較的広い範囲から材料を集め、これを自由自在に駆使しているが、それにしても彼はあくまで劇作家であって、フェアリーの登場もまた観客の喜びのための一つの趣向であった。そしてこの戯曲が喜劇であり、フェアリーたちが脇役として軽い扱いを受けるのではない以上、彼らもまた喜劇的にならざるをえなかったとも言えるだろう。したがって截然と区別することはできないにしても、フェアリー本来の性格と同時に喜劇の登場人物（先に彼を「魔法を使うフォルスタッフ」と述べたことを思い出していただきたい）としての性格も持ちあわせているのが〈オーベロン〉であり、〈ティターニア〉であり、〈パック〉であった。またこのことが戯曲の成功もあって、これ以後のイギリスのフェアリーの性格を大きく定めたということができるだろう。

シェイクスピアは民間に流布していたかずかずのフェアリーやエルフの話を、幼い日のウォーリックシャーの田舎の炉端での冬の夜ばなしに、あるいは寝物語に聞いていたであろう。当時のもっとも完備した民間伝承の研究書であるR・スコットの『魔術の発見』も読んでいたであろうし、オヴィディウスの翻訳書からギリシャ神話の要素を摂り入れ、さらにまた友人であったドウランドというリュート弾きから、アイルランドのプーカの伝承物語（パックとなる）や、女神メイヴ（マブ女王となる）の話を聴いていたであろう。そして彼は、あくまでも戯曲作者の立場から、村人たちと親しく交わり、人びとの心の中で息づいていた踊り好きの、あの月夜に浮かれ出すフェアリーたち、人間によいことをしてくれる愛すべきエルフたちを生み出し、舞台に乗せていった。それと同時に、フランス系のロマンスから異国的なフェアリー像を抽出し利用した。その結果、〈オーベロン〉はフェアリーの主であって〈パック〉を従者に持ち、女王〈ティターニア〉は侍女たちにかしずかれ、二人の口喧嘩の原因である「取り換え子」は王の行列の騎士にされかかるというように、騎士道の風俗や宮廷の雰囲気がこのフェアリーランドの性格をある程度決めた。

総じて言えば、シェイクスピアは実に正確な演劇本能とも言うべき感覚によって、イギリスのフェアリーが持つ二つの本質的な性格――第一にフェアリーの神話的な起源とか、人間にはわからない恐ろしい能力といったフェアリーの民俗的、超自然的な性格と、第二には文学に由来する浪漫的なフェアリーの世界、王と女王と宮廷といった上流社会のパロディとしてのフェアリーランド――を、一つのるつぼの中で巧みに溶け合わせたのである。『夏の夜の夢』や『ウィンザーの陽気な女房たち』の成功は、あくまでもフェアリーと民衆とのつながり、すなわち理解のための共通の背景というものに依存しているとも言えよう。そのためにこそ、〈パック〉は夜の空気の中を自由自在に飛びまわることができたのだし、ペイジの女房たちがフェアリーを使ってフォルスタッフをこらしめようと提案した時、観客は息をひそめて真面目に事のなりゆきを見守ったのである。

衰退の時代

このシェイクスピアの成功がきっかけで、十七世紀にフェアリー王国は詩人たちの間で大流行する。さまざまの人びとがフェアリーの宮廷をより精緻に描き出し、より手の込んだ細工を施していった。しかしながら、微に入り細にわたって描き出されているうちに、フェアリーたちは次第に生気を失って蒼ざめ、人間との心の通った交わりを絶って、文学の小さな額縁の中へ入っていってしまった。フェアリーが野原から町の中へ、そして城や宮廷の中へと移転していった時、その本来の精神である、のびのびとした素朴さ単純さは失われてしまった。一鉢のミルクのためにせっせと働いてくれた農民の友達のフェアリーは、実在感を失って形骸化され、その衣裳ばかりが美しくなり、フェアリーランドという遠いミクロコスモスの中へ納まってしまった。フェアリーたちは人間から好奇の目で見られるばかりで、彼らが人間を見ることはもはやないし、人間にいたずらをしかけることも絶えてない。その本当の姿を言葉だけでは言いつくせない、また人間に向かってどんなことをするかわからない、そういう事に由来していたフェアリーの神秘性はヴェールをはぎとられてしまった。

これが十七世紀における詩材としてのフェアリーの大流行の実態であり、シェイクスピア以後、ベン・ジョンソン、ミルトン、ドレイトン、ヘリックなどに姿を見せるフェアリーたちの辿った道である。「イギリスのフェアリー詩は事実上一六五〇年に到って消滅したと言ってもさしつかえない」とドラットルは言っている。再びフェアリーたちが原始的な生気を取り戻したのは、ウォルター・スコットを介在にして十九世紀の浪曼主義の時代になってである。しかしこれにしても一度消えてしまったフェアリー信仰にあらためて火をともしたわけでなく、原始的な伝承の世界を回復しようとした詩人たちの努力も、フェアリーを詩的象徴と化すか、あるいは詩的空間の飾り物にしてしまうかであった。ヘリックの妖精たちにしても、月の光の中や曙のほのかな光の中で輪になって踊ったり、火の玉となって飛んだり、こがね虫の背に乗って空を旅したりするが、過去のフェアリーが持っていたような、風のように捕えがたく、それでいて道ばたでいきなりに話しかけるような親しみぶかい、人なつこい生きものではなくなった。彼らは人間と同じように愛憎の感情を持ち、歓楽を求め、要するに別世界に住む小さな人間以外の何ものでもなくなってしまったのである。

それにしても、シェリーはフェアリーの女王「クイーン・マブ」を長篇詩に描き、キーツの「レイミア」や「エンディミオン」、コールリッジの「クリスタベル」にも超自然的な生きものは息づいている。クリスティナ・ロゼッティは「ゴブリン・マーケット」でエルフたちを謳い、兄のD・G・ロゼッティやウィリアム・モリス、J・E・ミレイ、W・ヒューズ、バーン＝ジョーンズらP・R・Bの画家たちは、豊かな想像力を駆使してみずからの脳裡に飛び交うフェアリーを視覚化したし、モリスやテニソンはアーサー王の騎士たちと、湖の精《フェ》の物語を綴り、ド・ラ・メアは月夜の妖精のかすかな息づかいを謳ったというように、イギリスの詩人たちはフェアリーの世界と密接な関係を持ちつづけており、これを深く探ってゆけば、根本に横たわる詩人の心象世界や想像力の問題ともまた重なってくるであろう。

児童文学への新たな蘇生

ロマンティシズムの詩篇の中にすら安住の地を見出せなかったフェアリーたちは、フォークロアの中にいた頃と同様の魅力を失わずに生きられる国を見つけたが、それは児童文学の世界であった。子供の心は中世以前の素朴な農民の心と似通うなにかをもって、フェアリー、エルフ、ゴブリン、ドワーフらの「小さな人たち《リトル・ピープル》」を愛し信じた。彼らは信じる人の心を呼吸して生きるものなのかもしれぬ。シェイクスピアによって美しい鋳型を得たフェアリー像は、さらに多様な個性を作者たちに与えられこの領域に甦ってきている。ケンジントン公園のサーペンタイン池にあるネバー・ネバー・ランドに住み、花の精たちと踊る永遠に生後七日の「ピーター・パン」は現代の〈パック〉であろうし、蝶のように可憐で自在に飛びまわり超能力を具えた「ティンカー・ベル」は、空気の精から出たエアリエルの子孫かもしれぬ。ネズビットの子供たちの前に砂の中から現われた、全身毛むくじゃらのクモのようで、耳はコウモリ、目はカタツムリ、サルに似た手を振りまわして魔法を使う「サミアッド」は、チュートンのダーク・エルフの仲間で、はりねずみと思われていたプーカの系統をひくものであろう。ティンカー・ベルのように翼もなく小さくもないが、空を飛んでやってくる美しい乳母の「メアリー・ポピンズ」は、おしゃれで恋もする若い女性で人間と変わらぬ姿であり、バンクス家の子供たちに献身的に尽すところなど、ロマンスの中の美しいフェイの俤が感じられる。そして現代の「小さな人たち《リトル・ピープル》」の一大王国を築いたのが、初めに掲げたトールキンのホビット族であろうと思う。

「何年も前から形を取り始めていた古代の神話や伝説を完成し整理したいと思った。なかでもこの作品を私に書かせようとしたのは、主として言語学的な関心であり、エルフの言語に〈歴史〉的な背景を与えるために始めたのである」と執筆の動機についてトールキンは書いているが、中世英語の専門家である彼はその語源に遡り、そこに拡がるゲルマンや北欧の伝説、ケルト神話、それに『ベーオウルフ』や『ニーベルンゲンの歌』などの古代サガの中に生きていたエルフ、ゴブリン、ドワーフ、トロル、ドラゴンたちを現代に甦らせた。もちろん英文学に詳しいトールキンは、『ベーオウルフ』やチョーサーやスペンサー、シェイクスピアらの文学上のフェアリーについての知識も豊かであったことは確かである。そうした知識を基に、hobbit という文字から連想できるように rabbit（兎）の映像を重ねて、独自の種族を創ったらしいことは、エドマンド・ウィルソンの指摘を待つまでもない。すなわち、ホビットの身体には茶色の毛が頭から足まで生えていることや、あっという間に人の頭の上を飛び越える跳力を持っていることや、耳ざとく目がよく利き素早く機敏で、草原をかけぬけ姿を消す忍びの術を心得ていること、やや臆病で平和を好み、緑の丘に住んで大地を愛する種族であること等々を読みとれば、兎の持つ性質に似通うところが多いことに思い当ろう。また holbytla という語をトールキンは造語しているが、この語源的意味は holedweller（穴の住人）であり、地下に掘ったトンネルのようなホビット穴は、これまた兎の穴と似ている。ホビットたちの背丈は二尺から四尺でドワーフよりも小さく、明るい色どり、特に黄色と緑の服を着てはだしというのも、自然の保護色をした小動物を連想させる。性質として「陽気であり、心ゆくまで笑って、食べて、飲み、いつも軽い冗談が好き」でパーティ好きというのは、草原の饗宴を好んだ伝承物語のエルフの性質をそのまま受けついでいよう。「習わない手仕事は靴作りぐらい」で、あとは長い器用な指で役に立つ物や小ぎれいな物を作りあげるというのも、小まめで働きもののエルフそのままである。本来靴作りはケルト系のエルフ「レプラホーン」の一手販売で、踊り好きのエルフたちのすり減らした靴の踵を修理する鬚長老人の専門家であるが、ホビットは習わぬと断わっていても、この時の作者の脳裡にはレプラホーンの映像があったわけで、一方ノートンの「ボロワーズ」のポッドの仕事も靴作りとなっていることが思い合わされ、やはり今日のエルフの特色は伝承の妖精が持っていた属性から借りてきていることが覗える。

この「中つ国《ミドル・アース》」にはホビットの他に「自由な人たち《フリー・ピープル》」、すなわち「エルフ」「ドワーフ」「ゴブリン」「人間」たちが住んでいること、そしてこれらの種族からそれぞれ代表者が選ばれて、物語の主題たる指輪放棄の旅に主人公フロドに同行してともに活躍する。「ドワーフ族」はホビット族の中でいちばん数多い代表的なハーフフット族と付き合いが深いとされ、「ドワーフ小人は白雪姫に出てくる七人の小人たちの仲間で、ドワーフにはひげが生えているが、ホビットにはない」とその系統を明らかにしているように、前に触れた北欧神話中のダーク・エルフである。白雪姫の中ではつるはしやシャベルをかついで金鉱に行く姿で表わされているように、地底の宝物を守ったり黄金や銅や宝石で細工をするエルフと言われて、「金と貴金属に対する飽くことのない欲望」を持っているので、物語では指輪の所有者を憎みそれを奪い取ろうと欲するが、それも血のなせるわざと言われている。「ゴブリン族」はドワーフよりももっと「残酷で腹黒くて悪い奴」になっており、何でも憎み「正しい者やりっぱに栄えている者を見ると胸がむかつく」性質で、悪を代表させられている。一方「エルフ族」はそれと対照的な存在として「美しい方々」とホビットたちに憧れられ、「とても歳とっていて若く、とても陽気で悲しげで」彼らが歩くと月の光が射すようにあたりが明るくなるとされているが、彼らはチュートン系のライト・エルフそのままで、善と美の側に立っている。ホビットも「美しいものを愛する気持が身体の中にたぎっている」ところは、このエルフの血統を引いているようである。

物語の主題の不思議な支配力ある指輪は、伝承物語の「ニーベルンゲンの指輪」の話が連想され、その中で世界を支配しうる黄金の指輪を、ラインの川底から奪うアルベリッヒの姿もフロドには重なってくる。この指輪を持つ者には隠身の力が生まれ、ガンダルフは魔術を使うが、「ホビット族には魔法の力はない」とあるように、素早く身を隠すのも、もはや魔法によるのではなく、遺伝と修練を重ね大地への親交の結果、人間の眼に瞬間的には魔法と見える域にまで仕上げた術に他ならなくなっている。

いずれにせよ、これらホビット族も、ピーター・パンやメアリー・ポピンズも、もはや人間とかけはなれた魔法の使い手などではなく、じつに人間に近い感情を持ち、しかも人間に親しみ深い存在になってきている。ホビットたちが活躍するのは第三紀のフェアリー・エルフ時代から人間の時代に移行する過渡期の時代ということであり、これから第四紀の「ベーオウルフ」や「シーグルード」の物語を経て、人間時代になるのがトールキンの構想であった。ホビットたちはこのフェアリー時代と人間時代のあわいに広がる「中つ国《ミドル・アース》」の住人である。ピーター・パンは存在と非存在のあわいに住んでおり、「半ばもの」(Betwix-and-Between)である。このあわいは夢と現実、あるいは信じると信じないの微妙なはざまであろう。フェアリーたちに実在感を与える道は一つしかない。彼らは信ずる人間の心を呼吸して生きるものなのである。

アーサー・ラッカム
《夏の夜の夢》(1908年)

『妖精の世界』あとがき

本書の原題は Floris Delattre, *English Fairy Poetry, from the Origins to the Seventeenth Century* (London, Henry Frowde, 1912) で、そのまま訳せば「イギリス妖精詩——起源より十七世紀まで」となろう。イギリスに古代から存在したと想像されていたさまざまな種類の妖精を、その発生から十七世紀で、主として「チュートン神話のエルフ」「ケルト伝説のフェアリー」「アーサー王伝説のフェイ」の三点に集約しつつ、口碑や信仰の形で、あるいは歌謡《バラード》や物語など伝承の形で民間に伝わるものと、純文学作品のなかに摂り入れられたものとを、時代思潮のなかに浮かしつつその変遷を辿ったもので、これはいわばイギリスにおける妖精の誕生とその運命の研究と見られよう。だが、主として取り扱われている『ベーオウルフ』やチョーサー、ミルトン、スペンサーやシェイクスピア、ドレイトン、ヘリックなど、イギリスの主だった詩人たちの作品を「妖精詩《フェアリー・ポエトリー》」という名称で包括して呼ぶことはわが国ではまだ不慣れである。さらに各妖精についてできるだけ解説をするなど紹介にも努めたので、本書を総括的に『妖精の世界』と名づけた。

妖精《フェアリー》という名から、あるいは児童文学作品の登場やその歴史を期待されたかもしれない。たしかにイギリスではこの方面に現在でも、さまざまな妖精たちが息づき活躍を続けている。そのためもあってか、わが国では妖精《フェアリー》というと児童文学だけに関係づけ、幼稚なもの、曖昧模糊たる存在として不当に退けられてはいないだろうか。さらに本書のなかで取り扱われているのが、イギリス文学の代表的な作家たちばかりであり、またその作品がほとんど妖精《フェアリー》と関係を持っていることを知って意外に思われたかもしれない。イギリスの国にキリスト教が入り、その布教が盛んになるに比例して、妖精《フェアリー》たちは堕天使や悪魔・悪霊という名の下に邪悪なものと見られ、異教《ペイガン》の神々として次第に追い払われるようになってしまった。キリスト教を正面に据えた英文学史では、妖精《フェアリー》たちが重きを置かれていないのは至極当然のことであろう。だがドラットルのとった観点に立ち、そのサイドライトを当て、異なった角度から再び英文学史を見渡してみると、今までこうした超自然的生きものが豊かに息づき歌われ、題材として数多く取り扱われていたのに、なぜそれらをないがしろにして英文学を語っていたかがむしろ不思議にさえ思えてくるのである。

妖精《フェアリー》を無視して果たしてシェイクスピアが正しく理解できるだろうか、チョーサーの『カンタベリー物語』は十分に語れまいし、マーローやミドルトン、ベン・ジョンソンらのエリザベス朝演劇の理解も半端になろう。スペンサーの『妖精の女王《フェアリー・クイーン》』はもちろんのこと、ミルトンの『ラレグロ』や『イル・ペンセロソ』、そしてポープの『髪盗人』もよく理解できないのではなかろうか。ドラットルは一応、十七世紀で妖精詩は終焉を迎えると言っている。しかし思うに、ウォルター・スコットを再び分水嶺とし、彼の小説『湖上の美人《レディ・オヴ・ザ・レイク》』等は言うまでもなく、スコットランド、アイルランド、ウェールズの各地方の歌謡《バラード》を蒐集し、そこに現われている妖精《フェアリー》たちを解説した『スコットランド辺境地方の吟唱詩歌集』や、アーサー王の口碑伝承を編纂考証した『サー・トリストラム』、これにマロリーの『アーサー王の死』やマクファーソンの『オシアン』の伝承文学も重なった鉱脈から、コールリッジやサウジー、キーツ、シェリー、バイロン、シモンズ、スウィンバーン、テニソンらの浪曼派詩人等が豊かな題材を得、マブ女王やゴブリンやアーサー王のフェイたちが再び生かされていることを、それらの詩人たちの作品の中に認めぬわけにはいかないのである。またP・R・Bの詩人たちもそうであり、たとえばロゼッティの詩「ブレセット・ダムゼル」にも「シスター・ヘレン」にも、絵画「シャーロット姫」や「ベアタ・ベアトリクス」にさえ、この世ならぬ中世のフェイの俤が漂っているし、モリスのヴルスング族のジグールドが憧憬する国も、そのままケルト妖精国の楽土「ティル・ナ・ノーグ」に通じるであろう。もちろん、ブレイクの神秘的な詩篇のかずかずに、イェイツやグレゴリー夫人、フィオナ・マクラウド、そしてジョージ・マクドナルドらケルト系の作家たちの書くものの中に、シーホーグたちは生き生きと息づいているし、ロバート・グレイヴズや、ド・ラ・メアの詩篇にもエルフやドワーフはいまでも縹緲と姿を見せている。異教《ペイガン》の神々として一方では退けられながらも、イギリス人の心の奥底の根深いところに、妖精《フェアリー》たちはさまざまな姿をとって古代から連綿として生きているのであり、このように十九世紀を経て現代に至るまで、詩人たちの想像の世界につねに息づいているのを否定するわけにはいかないのである。

　わが国においても、『古事記』の「瀬織津比咩《せおりつひめ》」や「速開都比咩《はやあきつひめ》」「速佐須良比《はやさすらひ》咩《め》」という海や河や根の国の女神（いわば水や土の妖精）たちが、婚礼や地鎮祭の「のりと」などに現われてくるし、柳田國男の『遠野物語』にも見られるように、地方の祭や儀式や習慣のなかにもさまざまな神や霊（竜神・犬神・狐・河童・鬼等）が、四季それぞれの生活に登場してくることを思い、また『古事記』や『日本霊異記』、『今昔物語』の伝え話が、現代作家の手で再び新しく生かされていることを思えば、イギリスにおけるこうした現象も容易に納得できるように思う。こうした観点から、もう一度イギリス文学作品を見直す必要とその重要さとを、本書の訳筆を執りつつ痛感した。

　妖精《フェアリー》は有ると思えばあり無いと思えばなく、たしかに縹渺として捉えがたいものである。だからといって曖昧なまま神秘のヴェールで一括して包み、知性の理解の埒外に投げ出したままでよいものであろうか。その伝統をみずからの血の中に持っていない異国の者であればなおのこと、知性を通しその一つ一つを明確に理解し把握する必要があると思う。イギリスやヨーロッパでは「妖精・民話《フェアリー・フォークロア》辞典」「魔術《ウィッチクラフト》辞典」「悪魔《デモノロジー》辞典」「幻獣辞典」「象徴・映像《シンボル・イマジェリー》辞典」と、この方面の特殊辞典類は豊富であり、「宗教・倫理百科辞典」等においても妖精の項目は十分な解説がなされているのに、わが国では現在、皆無といってもよい状態である。したがってドラットルが扱った各種の妖精《フェアリー》たちを訳注から独立させ、一応「妖精小辞典」を試みに作成し付録として便宜上収めた。ドラットルの扱っていない妖精《フェアリー》もまだ多く存在するし、イギリスを主としたが、これをさらに広くヨーロッパ各国のものとの連関において扱うこともできよう。いまだ不備不足の点が多々あるが、それらは後日補ってゆきたい。妖精《フェアリー》を一つ一つ語源的なところにまで遡り、またその伝播を調べてゆくと、イギリス民族の伝承文学が、いかにヨーロッパ各国の神話や伝説・伝承・民話と分かちがたく結びついているかを実感せぬわけにはいかない。それまで恐れられ漠然としていた妖精の映像を今日見るような形姿や性質に定着させたのはシェイクスピアであるが、イギリス劇壇のこの最高作家の文学や考え方の中にも、いかにヨーロッパ各国の要素が混在し、ギリシャ・ローマ神話やケルトやゲルマン神話にその作品がつよく根ざしているかということを、この方面からも再認識せざるをえなかった。

ドラットルのこの本の存在は、恩師、比較文学者島田謹二教授の御教示による。訳者がいまだ東京大学大学院在学中、月に一度、波多野完治・勤子先生のお宅に集まり、島田先生を中心に各国の児童文学研究会を約三年ほど続けていただいた。その成果は『世界の児童文学』(国土社、昭和四二年)、『物語・世界めぐり』シリーズ(九巻、研学社、昭和四四年)等に結実しているが、比較文学の各々の専攻者たちが、英・米・独・仏・伊・露等、各民族の特性をよく理解できるのは、その国民の伝承文学に根をおく児童文学であるという観点から、代表作品を読みあい話しあう会であった。その際に、優れた各国の研究書としてあがったアザールの本（Paul Hazard, Les Livres, *Les Enfants et Les Hommes*）、マックス・リュティの本（Mx Lüthi, *Märchen*）、フレーザーの本（James Frazer, *The Golden Bough*）、ラングの本（Andrew Lang, *Myth, Ritual and Religion*, etc.）等の中の、これは一冊であった。歳月が経ち、この方面に他の研究書が数多く出て、それらにも目を通す機会はあったが、このドラットルの本が、民俗学や神話学に片寄らず、英文学作品への深い理解のもとに時代順に妖精《フェアリー》を跡づけているため（イギリス児童文学は特に純文学と密接である）、また訳者自身コールリッジやキーツ、シェリーの浪曼派の詩人たち、P・R・Bの作家たち、またブレイク、イェイツ、ワイルドなどケルト文学の系列にある作家たちを専攻においていたためもあって、いつかそれら文学作品の基を説いている本書を精読したいと思っていたのが、訳出の筆を執った動機である。

本書の存在をお教えいただき、また今回その著者ドラットルについて長文の序論を、この訳書のために新たにお書きくださった島田謹二教授に、まず感謝申しあげたい。訳者自身の解説は必要ないのであるが、本書の内容のまとめともなり、かつ児童文学との連関にも筆が及んでいるので、以前に書いた小論「英国妖精流離譚」（『牧神』二号、昭和五〇年）を加筆、再録した。ドラットルはフランス人であり、その英語論文であることもあって、日本語に移す際、難解な箇所にいく度か出会った。それらの難所を全般に亘って越える手助けをしてくださったロンドン大学博士課程在籍中のマロリー・フロム氏（現在、東大大学院比較文学留学中）、文中のギリシア語をお教えいただいた早稲田大学美術史学科の高橋栄一教授、中世フランス語、ラテン語のお教えを賜った早稲田大学仏文科の鷲田哲夫教授、その他浄写の労をとってくださった小林やよい、堀松淑子、森泉和子の諸嬢に心から感謝申しあげたい。本書の訳筆は約四年前に執られたが、一度半ばで筆を置かざるをえなかった。それは『日夏耿之介全集』全八巻の編集の仕事に従事することになったためである。全集は来夏完成までに漕ぎつけることができたが、その中断の空白を待って、再度訳筆を執ることを勇気づけてくださり、面倒な編集の労をとってくださった出版部の伊藤康司氏に心から感謝申しあげる。

一九七六年十月一日　東京都民の日
天上に星を地上に虫の声を聴きつつ記す

井村君江

※本書は一九七七年に発行された『妖精の世界』（研究社）の再編集版です。
本あとがきは、研究社版に掲載されたものを収録しました。
なお本書では島田謹二教授の序論は割愛し、「妖精小辞典」は単独の書籍として刊行予定です。

新版あとがき

この本の作者フローリス・ドラットル（Floris Delattre, 1880-1950）は、フランスのノール県ダルマンティエルの町出身なので、フランドル生まれと言ってもよいであろう。父親は教職者であった。ノール地方がイギリスに似ているのか、英文学に惹かれリール大学英文科に入学し、シェイクスピア研究で知られるオーギュスト・アンジェリエの許で研鑽を重ねた。

学位論文として提出されたのが「ロバート・ヘリック、十七世紀イギリス抒情詩の研究の貢献」（Robert Herrick : contribution à l'etude de la poésie lyrique en Angleterre au dix-septième siècle）であり、副論文が、この著書であった。英文で書かれており、題目は English fairy poetry, from the origins to the seventeenth century.（「イギリス妖精詩　起源から十七世紀まで」）である。イギリスの妖精詩の歴史を、原初から現代迄たどったものであるが、神話、伝説、昔話の形で伝えられてきた妖精譚が、芸術作品として完成するのは約一六五〇年頃のこととみている。妖精詩が、演劇、小説、児童文学、そこから更に現代の問題へと続いていくわけである。論文審査はソルボンヌ講堂で行われ、高得点で合格し、母校のリール大学は勿論のこと、ソルボンヌ大学でも英文学の教鞭を取り、英文学研究の租と言われるルイ・カザミアン教授の後を継ぐこととなり、多くの英文学の知識を広く伝え、教授職のまま六十四歳でこの世を去っている。

この本の存在をお教え下すったのは、東京大学大学院比較文学科の恩師、島田謹二先生であり、その恩恵に深く感謝する。フランス人がイギリス文学を見る、日本人がイギリス文学を研究する、いわば外国人が英文学を検討するので、かえって客観的となり、その特色がよく把握できるのであろうか、イギリスの大家たちが、作品の中に絶えず妖精たちを出没させているのを感じている。ミルトンしかりスペンサーしかり、チョーサー、シェイクスピア、ブレイク、ワーズワース、シェリー、キーツ、イエイツ、デ・ラ・メア……「妖精詩こそ、作家たちのそこはかとない感動、憧啓、夢想を伝える存在はない」と島田先生はいわれている．ケルト的といわれるものの趣が、其処には浮かんでくるのである。

ここで不思議と思う話をしておきたい。此の本は、約五十年前の出版であった。此の本に私は「英国妖精流離譚」という論文を掲載した。此の中に、美しく形骸化した妖精を生きらせる方法として、いわば文学化して額縁の中で死にかけている妖精に息を吹きこむ方法として、J・R・R・トールキン的やり方があると思い書いてみた。今は亡きローラーに会う前のことである。其れがローラーを知り結婚して聞いてみると、トールキン教授はローラーが、オックスフォード大学で、親しく教えを受けた恩師であると聞いて驚くとともに，今ならトールキンに聞きたい事が山ほどあるのにと思い、過ぎた昔が悔やまれたのである。ローラーは『ナルニア国物語』のC・S・ルイスとトールキンの勉強会「インクリングズ」の仲間であり、二人の特色を著書『C・S・ルイス、思い出と考察』（1998, Spence PC Dallace, 献辞は井村君江）で二人を比較して書いており、「インクリングズ」のオックスフォードの会場パブ「鷲と子供」（The Eagle and Child）にも、私はよく連れて行ってもらったものである。トールキンによると、「アイルランドはレプラコーン、ドイツはノーム、スカンジナヴィアはトロール」、ではイギリスは、というとすぐにはでない。これに悔いてイギリスのために「ホビット」族を体系化しようと試みたのだとトールキンは言う。だが前に述べたように、イギリス文学には超自然の要素が他の文学より多いと思うが、なぜこういう説を述べたのだろうか。

妖精詩の変遷を見てみると、ドラットルはまず、エルフはゲルマン系統であることを述べその特色を説き、次にケルト系のフェアリーを述べている。そしてフランスから入ったフェイを『アーサー王物語』（トマス・マロリー著、全五巻二〇〇四〜〇七年　筑摩書房　井村訳）伝説の「湖の精」（Dame du Lac, Morgan le Fay）からきていると説明する。そして妖精詩を完成させたのはシェイクスピアで、かれの作品『夏の夜の夢』（二〇一二年　レベル　井村訳）、『テンペスト』（二〇一六年　レベル　井村訳）によって大衆化も起こり広く分布したという。妖精詩を、中世、エリザベス朝時代、シェイクスピア以降の三期に区分しているわけであるが、三期以降にはまだ多くの問題が残ると言う。ここに私は、トールキンの「ホビット」の問題を持ってきたのであった。絵画や彫刻、音楽等、ジャンル別の問題も考慮すべきであろうと思う。

この本は五十年前、私が「妖精学」の研究を始めようと決意したときに、初めて出した本である。書店からも本は消えて何年もの間、目に触れなかったところ、「アトリエサード」の岩田恵女史が出版を引き受けてくださった。研究の輪が見え、反省すべき点が判り嬉しく、感謝あるのみである。今日まで、こうして私が自由に研究できているのは、日本全国のフェアリー協会の組織に加入くださっている会員や組織、運営にかかわっている役員方のおかげと感謝している。特に副会長の吉田孝一氏が一年に二回のフェアリー協会の会報「妖精の輪」の編集に携わってくれていることと、現実感覚の希薄な私に、いつも叱咤激励してくれていることに心から感謝を申し上げたい。

この本が世にでるにあたり、再度妖精研究の課題を見渡してみた。ドラットル、イエイツ、ブリッグズ、の重要な三者の研究にもまだまだ未解決の問題として、妖精の文学的運命と妖精への信仰のこと等が多く残されている。私も残された時間で、その問題の解決を続けていくつもりだが、この後の研究をどなたでも良いので、継続してくださるよう望むこと切である。

引用文出典および訳注

（本文中（※）印）

〈まえがき〉

p.8 ロバート・ヘリック（Robert Herrick, 1591-1674）
ベン・ジョンソンに師事した王党派詩人。国教会牧師として独身の生涯をデヴォンシャーの片田舎の牧師館で終えたが、代表作「ヘスペリデス」（*Hesperides*, 1648）には多くのフェアリー詩が含まれている。「ジュウリアへ贈る夜曲」、「オーベロン讃歌」、「乞食からマブへ」、「フェアリーの女王」、「オーベロンの酒宴」など、妖精国を精緻を極めた筆致で描き、妖精たちを歓楽を好み愛情を具えた人間に近い存在として歌っている。

〈第一章 エルフ、フェアリー、フェイ〉

p.13 チュートン神話（Teutonic mythology） スカンディナヴィア半島に紀元前三世紀頃に住んでいたゲルマン民族の一派であるチュートン族は、五世紀にイギリスに侵入してアングロ・サクソン族を形成し、一方ドイツ民族となったが、彼らは北方的で異教的な万神廟（パンテオン）の神々やさまざまな巨人、小人、デーモン、エルフへの信仰を持っていた。生きもののなかの最初の巨人の父イミールからオーディン（ウォータン）、ヴィーリー、ヴェーの三神が生まれ、ヴァルハラ（天空の広間）には超自然、の女神ヴァルキューレたちがいる。人間は植物界から直接生まれ、神々の住居と人間界にはビーフロスト（虹）という大きな橋があるとされていた。オーディンが寵愛したヴォルスング族の一人にジークフリートがあり、ワーグナーはこの英雄伝説を「楽劇四部作」に作曲した。

ケルトの伝統（Celtic tradition） ケルト（セルト）民族はアーリア民族系の西部ヨーロッパにおける一民族。青銅器時代末期以前に夢幻的神秘的な独自のケルト文化を作った万象に霊性を見る霊魂崇拝思想（アニミズム）を持っており、すべては「父なる神」（デイス・パーテル）より生まれ、神は地上に住むと妖精となり、ティル・ナ・ノーグ（常春の国）に住むと信じていた。さまざまな神話・伝説を口承していったのはゴール人のドゥルイド（druid=wiseman 予言者、祭司、詩人、神宮）やバード（弾誦詩人）である。クー・フーリン（クハラン）（Cuchulain）、フィン・マク・クール（Finn mac Cumhail）、オシアン（オシーン）（Ossian）の物語が有名であるが、ウェールズの「マビノギオン」（Mabinogion）、「アーサー王伝説」にもケルト伝説がさまざまに入り組んでいる。

アーサー王騎士物語（ロマンス）（Arthurian Romance）
アーサー王とその臣下の騎士たちの英雄的な物語。十世紀後半の作とされる「クルフックとオルウェン」物語が最古のもので、この中のアーサー王は妖精の王となっている。上代史家は、アーサー王の生地をコーンウォールのティンタジェルとしている。この伝説が流布したのは一一五〇年頃からで、上代ケノレト民族の一派（Armorican Bretons）たちによりヨーロッパ各地で歌物語として吟唱され、フランスで十三世紀の中頃散文物語に編まれた。クレチアン・ド・トロアの宮廷風騎士物語（ロマン・クルトワ）はアーサー王伝説に基づいたものであり「マビノギオン」の中の物語と類似したものが多い。イギリスでは十二世紀に修道士モンマスのジェフリがラテン語で『ブリテン列王史』（*Historia Regum Britanniae*）を著わしたのが、この伝説をまとめた最初である。聖杯伝説がのちに結びつき、イギリスでは十五世紀にトマス・マロリーが『アーサー王の死』でこの伝説を集大成した。

p.18 マシュー・アーノルド（Matthew Arnold, 1822-88） 英国の詩人、批評家、教育家。1857-67年にはオックスフォードの詩学教授を勤めた。評論集（*Essays in Criticism*,1865）で文芸批評の領域を拡げ、『文化と無秩序』（*Culture and Anarchy*, 1869）によって政治・社会生活への批評を行なった。『ケルト文学研究』（*The Study of Celtic Literature*, 1867）においてケノレト民族の特性を説く。アーサー王伝説に関する詩作品には「トリストラムとイシュールト」（'Tristram and Iseult', 1852）がある。 著者引用の一文は*The Study of Celtic Literature*, pp.100-102。

p.19 ゲーリック神話（Gaelic mythology） ゲーリック語を用いた古代ケルト人たちの神々の母はダヌー（ドヌー、〔英〕ドーン）といわれ、ケルトの子孫はすべてトゥハ・デ・ダナーン（女神ダヌーの種族）と呼ばれていた。これと血族と考えられたドゥルイドたち（〔ウェールズ〕deruydon,〔アイルランド〕druid=oak 槲の木の意）がゲールの神話を伝承していた。「英雄は初め神であり、地上に下りて人間として再生したのであり、神は人間を生み、妖精や動物、昆虫に変化する。人間は不滅で、神の世界や妖精の楽土に住むことができる」という思想が彼らにあり、神・人間・妖精がさまざまに織りなす神話が形成されている。ダナーン神話系譜とミレシア族の物語の他にコンホーバー時代のアルスター王（クハラン（クー・フーリン）武勲詩）の物語、フェニアン・サガ（オシーン詩）の英雄詩群がある。

マビノギオン（Mabinogion）　単数は「マビノジャイ」Mabenogi（物語）。ウェールズ語で書かれたケルトの中世騎士物語の集大成。グェスト（Lady Charlotte Guest）が英語版を一八三七〜四九年に公けにした。アーサー王、妖術師グィディオン、妖術師マス、オウエンの三百の大鴉、武将ペレダーに仕える九人の魔法使い、美しいリアノン、水の怪物アヴァンク、妖精王ナッド、その子グィン、魔法の力をもつアラウンなど、超自然力を備えた人物や動物が織りなす物語である。その中の「ジェレイント」「オウエン」「ペルデュウル」が、フランスの中世ロマンス『クレティアン・ド・トロワ物語』（*Chrétien de Troies*）の「エレック」「イヴァン」「ペルスヴァル」と類似していることからその影響ありとされている。

エリジアム（Elysium）　ギリシャ古代信仰の仙郷。ゼウスの特別な好遇をうけた英雄がこの世の生活を終わってから移されて安楽な不死の生活を送る所。世界の西の果て、オケアノスのほとりにあるとされる。文献に現われた最初は『オデュッセイア』の第四巻で、ヘシオドスはこの楽土を「至福者の島」と呼んだ。

p.20『エッダ』（*Edda*）　古代アイスランド語で書かれた神話および英雄伝説の集大成。「エッダ」の名の由来は地名「オッデイ」の所有格で「オッデイの書」の意味。二種類あり「詩のエッダ」〔古エッダ Poetic (elder) Edda〕と「散文のエッダ」〔Prose (younger) Edda〕がある。後者は、僧職にあった歴史家スノッリ・ストゥルソン（Snori Sturluson, 1178-1241）によって書かれたとされ、後に発見されたものも入れて四十編あまりがあり、成立は九世紀から十二世紀といわれる。

『ニーベルンゲンの歌』（*Niebelungenlied*）　一一九〇〜一二〇四年頃に成立したドイツ文学の中世紀におけるすぐれた英雄叙事詩。作者不明で吟遊詩人か騎士詩人の手になったものと推定される。書かれた場所はオーストリアのパッサウといわれる。ドワーフのアルベリッヒの財宝を得たニーデルランドの王子ジークフリートとブルグントのグンター王の妹クリームヒルトの恋物語。ハーケンによってジークフリートは殺され、クリームヒルトはグンター一族を滅ぼし失の仇を討つ。古代ゲルマンの異教思想、英雄精神、悲劇的宿命観が現われている。ワーグナーの楽劇『ニーベルングの指輪』は代表的なこの物語の翻案である。

『クーフーリンとファーディアドの物語』（*The Story of Cuchulain and Ferdiad*）　アイルランドのアルスター英雄伝説を代表する勇者クー・フーリン（クハラン）の物語。クハラン（クー・フーリン）とは'Culain's Hound'（クランの猛犬）の意で、恐ろしい番犬を殺し、代わってその家を護ったところから来ている。彼はアルスター王国が、コノオトのメイヴ女王に侵略された時、祖国のために戦った。ファーディアドは幼友達であったが、敵の策略によって挑戦してきたため、やむなくこれを殺す。エマア（エヴァア）はクハラン（クー・フーリン）の愛した金髪の妻である。後にグレゴリー夫人はこの伝説を*Cuchulain*（[kuː'xolin] Ir.）*of Muirthemne*（1902）に詳述している。

p.22　シャルルマーニュ大帝とその十二勇士たち（Charlemagne and of his Paladins）　シャルルマーニュはカール大帝（Karl der Grosse, 742-814）のこと。フランク王、および西ローマ帝国皇帝。フランク王ピピンの長子として生まれ、フランスでシャルルマーニュと呼ばれる。強健な肉体と戦闘精神に、古典に対する知識欲をあわせ持ち、西ヨーロッパのキリスト教世界の守護者として帝権を確立した。大帝はChansons de Geste（武勲詩）の中心人物であり、殊に『ローランの歌』（*Chanson de Roland*）などに登場する勇士の主君として知られている。

p.23　……定着していた　*Roman van Lancelot*, ed. by Jonckbloet, 1849, p.x.

p.24　ジュリアス・シーザー（Gaius Julius Caesar, 100-44 B.C.）　ローマ最大の武人、政治家。西洋史上最も大きな影響を残した一人。前五五年、五四年の二度ブリテン島に渡海遠征を行なった。シーザーはガリア（今日のフランス、ベルギー、オランダ、ドイツ、スイス、これらの地方とブリタニアにはその頃ケルト人が住んでいた）を征服した遠征の記録を『ガリア戦記』八巻（*Caesaris Commentarii de Bello Gallico*）として残している。また、伝説ではフェアリー王、オーベロンの父とされている。

……母であった…… *Huon de Bordeaux*, vv. 6-17.

p.27 ユオン・ド・ボルドー（Huon de Bordeaux） 十三世紀のフランスの武勲詩『ユオン・ド・ボルドー』の主人公。一五三四年バーナーズ卿によって英訳された。シャルルマーニュの息子を殺し、大帝に追放された騎士ユオンを、森の妖精王オーベロンが援助する。オーベロンが物語に登場するのはこの詩が最初である。ユオンはオーベロン王に愛され、ついに術を授けられ妖精国を譲渡される。グルックがオペラ『オーベロン』でこの主題を作曲した。

〈第二章 初期のフェアリー詩〉

p.30 ティルベリーのジャーバス（Gervase of Tilbury） 十三世紀に散文『オティア・イムペリアリア』（*Otia Imperialia*）を著わし、当時の Cags Lamiae Dracoe（water-spirit）などイギリスの地方に伝わる珍しいフェアリーについて詳述している。

p.31「若きタムレイン」（'The Young Tamlane'） ウォルター・スコット編『スコットランド辺境地方の吟唱詩歌集』（*Minstrelsy of the Scottish Border*, 1802）に収録されたバラードで、若者タムレインがエルフ女王に連れ去られる物語。スコットランド地方、とくにEttrick Forestでは、Thom of Lynnという踊りとともに歌われる。Thomalimという変形した物語も伝わっている。スコットが詳しい解説を書いている（*cf. Minstrelsy*, 1931, 'Introduction to the Tale of Tamlane', pp.288-327）。

p.32 ……仲間なのだ Child's *Ballads*, p.26.

万聖節（オール・ハロウ・イブ All-Hallow's Even） 縮小の形はHallowe'en。「万聖節の宵」古いケルト暦で十月の最後の夜。十一月一日が元旦であった。魔女たちの宵であったが、キリスト教が諸聖人を祭る日に変えたのでAll-Saint's Eveともいわれる。

……おいただろうに Walter Scott, *Minstrelsy of the Scottish Border*, 1931, (Part II, 'Romantic Ballads') p.333.

p.33 ……クリスチャンの国へ Child's *Ballads*, p.40.

……にやって来た *Ibid.*, p.2.

p.35 ……にすむのだ *Minstrelsy*, p.331. *cf.* 原文 "But

as it fell out on last Hallow-even,/When the *seely court* was ridin' by." Scott の text は "The night it is good Hallowe'en./When *fairy folk* will ride..."

p.36 ……は忘れて　Child's *Ballads*, p.42.

歌謡のなかで描かれているフェアリー　*Minstrelsy* の序文でスコットは詳細にバラードに描かれているスコットランド、アイルランド等各地方のフェアリーについて記述している。またQuiller - Couch 編 *The Oxford Book of Ballads*（Oxford, 1910), pp.1-142も参考となる。

吟遊詩人（Minstrel）　中世ヨーロッパの旅の楽士で、文芸の伝搬者・物語作者・歌い手・語り手として重要である。中世には大きく分けて三種あり、（1）minstrel 楽士で短いきまった歌をうたう者、（2）bard 詩人で叙事詩を唱する人、（3）chronicler 散文で昔の出来事を語る人である。フランスでは総じてJongleurs であるが、南フランスではTroubadours、北フランスはTrouvères と呼ばれた。「元来ジョングルールは娯楽の供給者として九世紀頃からその存在の証跡を残し始め、十三世紀の終わり頃まで、上は宮廷・公廷から下は町人・庶民に至るまで、その人たちの生活圏内にあって欠かすことのできない存在であった。……トゥルバドールは詩人または作者の意味であるが……十三世紀いっぱいがその全盛を謳われた時代である。彼らは優雅な抒情詩を作り、それにみずから曲節をつけ楽器にあわせてその詩を吟行したのである。」（佐藤輝夫『ローランの歌と平家物語』中央公論社）

p.37『ベーオウルフ』（*Beowulf*）　古代イギリス文学最大の叙事詩で、中世初期ゲルマン民族の英雄詩として唯一完全に保存されたもの。古期英語の頭韻詩形で三一八二行、二部からなり、七世紀から八世紀の間の作とされるが作者不明。スカンディナヴィア伝説を素材としており、スウェーデンの勇士ベーオウルフの、怪物 Grendel とその母、魔女および火竜退治の冒険と五十年後の彼の運命を描く。異教伝説の怪物、妖精等はすべてキリスト教の悪の力を象徴させられている。

p.38 ……反対もせず　W.P.Ker の 'The Craven Angels'（*cf. The Modern Language Review*, vol. 6, Jan. 1911）

カイン（Cain）　旧約聖書中の人物。ヘブライ原語は鍛治（かじ）の意であるといわれるアダムの長子で弟アベルと共に農耕を業としていたが、神がアベルの捧げものを受けて彼の捧げものを顧みないのをうらみ、弟を殺し地上に追放された。新約聖書では罪人の代表者とされた。

……払われたのだ　*Beowulf*, II, *ll.* 111-14. (trans. by Thomas Arnold)

ラヤモンの『ブリュート』(Layamon, 1200頃)　サクソン人。フランスの詩人ワースの作を基に、ブリュート王、アーサー王伝説等ウェールズ地方の古代伝説を英語頭韻詩に翻訳、三万行以上に及ぶ長詩『ブリュート』(*Bruit*, 1205頃)をつくりあげた。これは Brutus 渡来の時代からブリトン人最後の王 Cadwalader (?-664) に至る英国史でもあり、年代記からロマンスへの推移を示すものであり、英詩韻律法の基礎を定めた点でも重要であるとされる。

p.39 ……遊び戯れる　Layamon, *Brut*, IX, *ll.* 21, 740-49. (trans. bv Sir F.Madden)

p.41 ……育っていった　*Ibid.*, A. IX, *ll.* 19253-69.

……作られたもの　*Ibid.*, Otnoc. XIII, *ll.* 21130-41.

p.42 ……楽しさのうちで　*Ibid.*, A. IX, *ll.* 28610-21.

p.43 ウィリアム・ラングランド (William Langland, 1332-1400頃)　十四世紀のロンドンの下級聖職者と推定されるが、伝記不詳。著書『農夫ピアスに関するウィリアムの幻想』(*The Vision of William Concerning Piers the Plowman*) は、詩人が Malvern Hill 山中で見た夢で、Lady Holy Church (聖なる教会)、Reason (理性)、Love (愛)、Conscience (良心) 等象徴的な人物が登場する。労働尊重論、人間生活の明暗、信仰の必要が説かれている。

『薔薇物語』(*Roman de la Rose*)　フランス中世の韻文物語。十三世紀に栄えた寓意による教化文学の代表作。前半四〇五八行をギョーム・ド・ロリスが、後半一七七二二行をジャン・ド・マンが書いた。詩人が夢の中で春の野の愛の庭園に出て「愛の神」の矢に射られて「薔薇」を恋し、さまざまな試練を経て乙女(薔薇)を手に入れる物語。恋愛心理と結婚制度の批判もあり、十六世紀まで知識人の必読の書であった。

フェアリー　この引用の原文の「フェアリー」は *ferly* および *feyrie*.

……ときだった　Langland, *The Vision...*, A. 'Prologue', *ll.* 5-8.

p.44 ……勢いをました　*Ibid.*, C.Passus 16, *ll.* 164-65.

……はキリスト　*Ibid.*, C.Passus 19, *ll.* 281-84.

……聖霊であり……　*Ibid.*, C.Passus 19, *ll.* 50-51.

p.45　トマス・チェスター（Thomas Chestre, 1330頃）　イギリスの文学者。アーサー王伝説を英語で書いた。『ローンファル卿』（*The Noble Knight Syr Launfal*）は一八二〇年に出版された。マリー・ド・フランスの原典から借用した事実の上にケルト風な性格を与えて、フェアリーランドを創造した。

マリー・ド・フランス（Marie de France, 十二世紀後半）　フランスの女流詩人。渡英してヘンリー二世の宮廷で詩作をする。吟遊詩人たちの歌に題材をとった「短詩（レイ）」（1167?）十二篇は、ケルト的な夢幻にみちた恋物語である。その中に「ローンファル卿」がある。ドイツの詩人リルケの翻訳がある。

p.66　……フェアリーの王　Ancient zEnglish Metrical Romances, ed. by Goldsmid, 1884, *ll.* 278-82.

……雪のように白い　*Ibid.*, *ll.* 292-93.

……貴方だけ　*Ibid.*, *ll.* 303-06.

p.47　……愛を失うだろう　*Ibid.*, *ll.* 362-66.

……愛しつづけている　*Ibid.*, *ll.* 695-97.

p.48　……懇願された　*Ibid.*, *ll.* 716-18.

……刑に処そう　*Ibid.*, *l.* 804.

……楽しげに　*Ibid.*, *l.* 932.

p.49　……ままとなる　*Ibid.*, *ll.* 1023-37.

『オルフェオ卿』（*Sir Orfeo*, 1320頃）　十四世紀の中世騎士物語。原典はフランスのものでエルフに奪い去られた王妃ユーロディスを求めて楽人に身をやつし放浪したオルフェオ王の物語。古典の Orpheus と Eurydice の物語がケルトの物語に翻案されたもの。W・スコットは *Minstrelsy* の解説で、ギリシャ神話がゴシック神話に接木されてできた美しいフェアリー・ロマンス（A beautiful romantic tale of Faëry）といい、チョーサーにも影響があることを指摘している。

p.50　……にやってきた　*Sir Orfeo*, ed. by Breslau, Zielke, 188? *ll.* 280-82.

p.51　……国を治めた　*Ibid.*, *ll.* 575-94.

オルフェウスとエウディケ（Orpheus and Eurydice）　オルフェウスはギリシャ神話最古の楽人、詩人といわれるアポロンとカリオペの子。アポロンから竪琴を学び、神のような音楽の才能の持主となった。妻エウディケの死を悲しむあまり冥府王ハーデスの心を動かして冥府から妻を連れ戻そうとするが、途中で禁を破ったため不成功に終わる。トラキアの処女たちの怒りにふれて殺される。六世紀頃、彼の作になる詩が流行し、オルフェイズムという神秘的宗教思想が生まれた。

……子孫であった　*Ballads, l.* 215.

p.52　詩人（ライマー）トマス（Thomas the Rhymer, 1220?-97?, Thomas of Arceldoune)　十四世紀に詩人および予言者として知られた伝説的人物。歌謡と中世騎士物語の両方に登場する。フェアリー女王に伴われてエルフの国に行き七年間の滞在ののち帰還したという。詩人としてはトリストラム物語を取り扱ったものがある。

p.53　……ければなりません　*Minstrelsy,* (Part III, 'Imitations of the Ancient Ballad') 'Thomas the Rhymer', Part I.

ユリシーズ（Ulysses）　ギリシャ名はオデュッセウス（Odysseus）。ギリシャの小島イタカの王で知謀弁舌にすぐれた勇者、前九世紀頃のギリシャ最古最大の叙事詩「イーリアス」『オデュッセイア』両英雄詩の主人公。トロイから帰国の途中海上をさ迷い不思議な国々を歴訪する。単眼巨人に苦しめられたり、魔法使いの女 Circe の許で暮らし、Sirens, Scylla に会いニンフの Calypso の所に七年滞在し、Phaecians 国を経て漂浪二十年の後本国に帰る。Circe との間にできた Telegonus に誤って殺される。

アエネーイス（Æneas）　ヴィルギリウスの叙事詩『アエネーイス』（*Aeneid*）十二巻の主人公。父アンキセス、母アフロディテの子、トロヤの英雄。アエネーイスが祖国滅亡後運命に導かれ、祖国の神々の像と父と子を伴って海陸に多くの苦難を味わった後、目的地イタリアに着き、戦いの後ローマ建設の礎を築くまでの物語。トロヤ落城の場、カルタゴの女王ディードとの悲恋の果てに自ら命を絶つなどの感銘深い場面がある。女予言者の案内で冥府に下り、さまざまの経験をするが、この冥府行はホメロスに発し、ヴィルギリウスを経てダンテにつながるものである。

デーン人オジア（Ogier the Dane）　シャルルマーニュ伝説の英雄。フランク族の勇者Autgaruisと同一と思われている。はじめシャルルマーニュの人質であったが、主のために戦って勝利をもたらし、イギリスの王女と結婚する。一説には百歳になった湖の妖精モルガン（Morgain la Fée）の力で若返り二百年間忘却の城に留まり、再びフランス宮廷に現われ女王と結婚しようとしたところをモルガンに連れ去られたという。シャルルマーニュ十二天王（Daledins of Charlemagne）の一人に数えられる

p.54 ……エルフランドへの道…… *Minstrelsy*, 'Thomas the Rhymer'.

p.55 チョーサー（Geoffrey Chaucer, 1340?-1400） イギリス中世後期の大詩人。宮廷に仕えながら『薔薇物語』などのフランスの詩やイタリアのダンテ、ボッカチオの影響の下に詩作を続け、名作『カンタベリー物語』（*Canterbury Tales*, 1387-1400）を書いた。イギリスの実社会を対象として創造的意欲を燃やしたこの作品は、時代相を的確に描いているため、イギリス民衆のフェアリー信仰をも活写している。初期の作『公爵夫人の書』をはじめ、『鳥の会議』『善女物語』などすべて夢の幻想様式で書かれたものである。なお騎士物語『トロイラスとクリセーテ』（*Troilus and Criseyde*, 1382-85）を書いている。

p.56 ……すべてのフェアリー Chaucer, 'The Marchantes Tale', *ll.* 794-95, 983.

p.57 ……そのお住い 'Sir Thopas', *ll.* 86-105.

p.58 ……ばかりですよ 'The Wyf of Bathe', *ll.* 857-81.

p.59 ……いといはしない 'Sir Thopas', *ll.* 76-86.

……王プルート 'The Marchantes Tale', *ll.* 983-85.

p.60 ……嫌がっております 'The Man of Lawe', *ll.* 754-56.

……追っ払ってくれるわ 'The Milleres Tale', *ll.* 291-93.

……美しく見えた 'The Marchantes Tale', *ll.* 498-99.

……は思った 'The Squieres Tale', *ll.* 189-201.

p.61 ……ということも 'Confessio Amantis', II, *ll.* 1018-23.

p.62 ……であろうのに 'The Tale of Narcissus', I, *ll.* 2315-19.

イアソンとメディア（Jason and Media） メディアはコルキス王とアイエーテースとイデュイアの娘、太陽神ヘーリオスの孫。彼女は魔法に通じその力で、アルゴナウテスとともに彼女の国に金毛の羊皮をとりに来たイアソンを助け成功させる。イアソンとともに逃れて父の追跡を逃れるため弟を八つ裂きにし、イアソンと結婚する。二人はコリントで暮らし二人の息子を生む。コリント王クレオーンが娘をイアソンの妻にしようとしたのでメディ

アは祝いとして毒を塗った衣裳を贈って殺し、コリント王の宮殿を焼き払い、自分の二人の子供も殺害する。有翼の戦車に乗ってアテーナ王の許に逃れ、アイゲウスと結婚。コルキスに帰り王国を回復。不死となってエーリュシオンの野でアキレウスとともに住むといわれる。

……やってのけたから　'Jason and Media,' V, *ll.* 4105-09.

p.63　リドゲイト（John Lydgate, 1370?-1451?）　イギリスの詩人。チョーサーの模倣詩人の一人。主な作品は長詩『トロイの本』（*Troy Book*, 1412-20）、『テーベ物語』（*The Story of Thebes*, 1420）、ボッカチオからの翻案『王侯の没落』（*The Falls of Princes*,1430-38）、フランス語からの翻訳『人生の遍歴』（*The Pilgrimage of the Life of Man*）、恋愛寓意詩『ガラスの寺院』（*The Temple of Glass*）などがある。

ボッカチオ（Giovanni Boccaccio, 1313-75）　十四世紀イタリアの小説家. フィレンツェに近いチェルタノレドに生まれ、一三二七年ナポリに商業見習いに行き三六年頃から筆をとり、五三年に百編の話から成る『デカメロン（十日物語）』（*Decameron*, 1348）を完成した。本文中引用されている『名士列伝』は「名婦列伝」と並行して五五年から七四年までかかった作品で、他に詩『フィエゾレの妖精』（1338?）、論文『異教の神々の系譜』（1360?）がある。

……再びたて直し　*The Falls of Princes*, Bk. VIII, Chap. 24.

〈第三章エリザベス朝のフェアリーたち〉

p.66　エドマンド・スペンサー（Edmund Spenser, 1552?-99）　イギリス・ルネッサンス期の代表的詩人。一五七九年に『牧人の暦』（*The Shepheardes Calender*）を出版した後、アイルランド総督の秘書としてアイルランドに赴任、大作『妖精の女王』（*The Faerie Queene*）六巻（未完）を著わした（1509-96出版）。Spenserian Stanza といわれる韻律美にみちたこの一大叙事詩は、エリザベス女王を妖精の女王として十二人の騎士の苦闘と勝利を謳い描き、イギリス国をフェアリーランドとして、そこに種々の寓意をフェアリー神話に包みこんで表現し、技巧的ではあるが宮廷風フェアリー世界の極致を描出した。ウォルター・ローリーのとりなしで宮廷人としての栄達を求めたが果たせず、最後はコーク長官としてロンドン政府に報告のため赴いた先で客死する。

ジョン・リリー (John Lyly, 1554?-1606)　イギリスの小説家、劇作家。十六世紀の大学才人のひとりで『ユーフィーズ』(*Euphues,or the Anatomy of Wit*, 1579) によってEuphuism と呼ばれる文体を創始した。また牧歌劇『ガラテア』(*Gallathea*, 1588) やLeicester 伯を諷刺した『エンディミオン』(*Endimion*, 1588) 等の寓意劇に多くの妖精を登場させ、イギリスで初めて散文劇を書いた。

ロバート・グリーン (Robert Greene, 1560-92)　イギリスの劇作家。十六世紀末大学才人の一派。エドワード一世の若き日の恋を織りこんで、中世の魔術師Roger Bacon を描いた『僧ベイコンと僧バンゲイ』(*Friar Bacon and Friar Bungay*, 1594) 等の戯曲を書いてイギリス喜劇の発達に貢献した。その小説『パンドストー』(*Pandosto*, 1588) はシェイクスピアの『冬の夜ばなし』の粉本となった。彼が登場させたオーベロンは、のちのシェイクスピアの『夏の夜の夢』の粗削りな原型であると見られる。

ユニヴァーシティ・ウィット (University Wits)　十六世紀末、シェイクスピア登場直前の十余年間に亘りイギリス新興劇壇の指導者となった一派をいう。オックスフォードあるいはケンブリッジ出身者であったことからこの名で呼ばれる。劇中に警句や機智を織りこみ、該博な知識を誇示した。オックスフォード出のジョン・リリー、ピール、ロッジ、ケンブリッジ出のロバート・グリーン、クリストファー・マーロウ、ナッシュ、商業学校出身のトマス・キッドらルネッサンス精神の一面を最もよく代表する劇作家たちである。

p.67 ウォルター・スコット (Sir Walter Scott, 1771-1832)　イギリスの詩人、小説家。父の後を継いで弁護士でもあった。スコットランド辺境地方に伝わり吟唱されていた古い伝説民謡を蒐集し、詳しい解題を施した大著『スコットランド辺境地方の吟唱詩歌集』(*Minstrelsy of the Scottish Border*, 1802-03, 3vols.) を出版。長篇物語詩『湖上の美人』(*The Lady of the Lake*, 1810) 六曲は騎士Fitz-James、追放された領主の娘カトリン湖上の美人 Ellen、豪族 Roderick の織りなす、典雅にして勇壮な恋の物語である『黒いドワーフ』(*The*

Black Dwarf, 1816）,『アイヴァンホー』（*Ivanhoe*, 1819,ロビン・フッドが登場する）、『ケニルワース』（*Kenilworth*, 1821）等三十一篇の歴史小説を十六年間に完成させた。堅実で義を愛する人生観に基づいた波瀾に富む物語が多い。悪魔学に関する覚え書き（'Letters on Demonology and Witchcraft', 1830）も書いている。

『スコットランド辺境地方の吟唱詩歌集』（*Minstrelsy of the Scottish Border*）　上記参照。初め二巻であったが、一八〇三年にはさらに一巻を加えた。（1）Historical Ballads（騎士物語等）、（2）Romantic Ballads（空想的な妖精物語）、（3）Modern Imitations（新しい歌）の三つの部に分けられている。この書は十九世紀の Romantic Revival の機運に大きな貢献をした。解説の中にアイルランド、スコットランド、ウェールズ、マン島等、各地方に伝わる妖精各種に関する記述が詳しい。

……鬼婆よ！　Peele, *The Battell of Alcazar*, 1594, Act IV, Sc. 2.

ジョージ・ピール（George Peele, 1558-97?）　イギリスの劇作家、抒情詩人。大学才人の一人『ダビデ王とベスサベの恋』（*The Love of King David and Fair Bethsabe*, 1599）や『老妻物語』（*The Old Wive's Tale*, 1592）などの劇作がある。戯曲『アルカザールの戦』（*The Battell of Alcazar*, 1594）に当時のフェアリーの姿が窺える。『パリスの糺問』（*Arraignment of Paris*, 1584）はギリシャ神話に材をとったもので、ダイアナが黄金のリンゴをエリザベスに捧げるように描かれている。

レジナルド・スコット（Reginald Scot, 1538-99）　十六世紀、ケントに生まれ、オックスフォード大学に学んだが学位を得なかった。一五八四年に『魔術の発見』（*Discoverie of Witchcraft*）を出版した。当時現実に行なわれていた魔女裁判を見てこの本を書こうと思い立ったといわれる。魔女、サバト、魔術に関する記録と研究の書。この書はジェームズ一世の命により焚書に処せらる。シェイクスピアは『マクベス』（*Macbeth*）を書く際に、ミドルトンは『魔女』（*The Witch*）執筆の際に、この書より多くの暗示を得ている。

p.68　……という具合である　*Discoverie of Witchcraft*, ed. by Nicholson, 1886, Bk. III, Chap. iv.

p.69　……もうしないぞ……　*Ibid.*, Bk. IV, Chap. x.

……脅えていたのである　*Ibid.*, Bk. VII , Chap. xv.

ジョージ・パットナム（George Puttenham, 1530?-90）『イギリス詩法』（*The Arte of English Poesie*, 1589）を著わし、またスコットランド女王メアリーの処刑に関しエリザベス女王を弁護する論、*Apologie* を書いた。

p.70 ……とお考えあれ　原題 *Tarlton's Newes out of Purgatorie... Published by an old companion of his Robin Goodfellow*, ed. the Shakespeare Society, p.55.

トマス・ナッシュ（Thomas Nash, 1567-1601）　エリザベス朝の劇作家、パンフレット作者。大学才人の一人で、グリーン、リリーと親交があった。劇作に『犬の島』（*The Isle of Dogs*, 1597, Ben Jonson と合作）があり、この作で弾圧を受けヤーマスに逃亡した。その他諷刺喜劇もあり『不運な旅人』（*The Unfortunate Traveller, or the Life of Jack Wilton*, 1594）で十八世紀イギリスに流行した悪漢小説（ピカレスク・ロマン）の先駆をなした。

……誤らせたりしたものだ　Nash, *Terrors of the Night or a Discourse of apparitions*, 1594（*T. Nash's Works*, ed. by Grosart III), p.223.

p.71 ……ロビンじゃない　*A Book of Roxburghe Ballads*, ed. by Collier, 1847, p.35.

トマス・コルイエート（Thomas Coryate, 1577?-1617）　イギリスの旅行家。徒歩によるヨーロッパ大陸旅行を行ない、インドのガンジス河上流のアグラまで行き、スーラの地で死ぬ。旅行記 *Coryate's Crudities*（1611）を公けにした。この中に親指トムのことが書かれている。

呼売り本（chap-books）　十八世紀イギリスにおいて行商人（chapman）によって売り歩かれていた小型本。一枚刷りの木版印刷の薄い小冊子で、絵と物語が書いてあり、二、三ペンスで戸口ごとに売られた。昔話や民謡（Ballads類やMother Goose 等）もこの形で普及した。

p.72『親指トム……一六三〇年』　原題 *Tom Thumbe, his Life alld Death: Wherein are declared Maruailous Acts of Manhood, full of Wonder, and Strange Merriments: which little Knight liued in King Arthur's time, and famous in the court of Great Britaine.* 引用はReprinted in *Romains of the Early Popular Poetry of England*, Collected and Edited by Hazlitt, London, 1866, Vol. II, pp.167-192. なお「親指トム」の物語はイギリス民

話の代表的なものであり、正直者の百姓夫婦に魔法使いマーリンが授けた親指ほど小さい Tom の数々の冒険話であるが、一六二一年のコルイエートの記述が最も古い。数々のバラッドに歌われており、一六二一年に出た *The History of Tom Thumb, the Little for his small statue sur-named, King Arthurs Dwarfe* という四十頁の小冊子は Richard Johnson（1573-1659?）がまとめたといわれ、これが現存する最古のまとまった本である一六三〇年の *Tom Thumbe, His Life and Death* になると King Arthur の小さな騎士として活躍する話がつけ加えられる（*cf.* Opie, *The Classic Fairy Tales*, 1974）。

p.74 ……を受け入れたので *Roxburghe Ballads, ll.* 311-19.

p.75 ……到達したのである Warton, *History of English Poetry from the Twelfth to the close of the Sixteenth Century*, 1871, Vol. IV, W.C.Hazllit p.359.

T・ウォートン（Thomas Warton, 1728-90） イギリスの批評家。ジョンソン博士の友人。『スペンサーの妖精の女王についての概観』（*Observations of the Faerie Queene of Spenser*, 1754）において想像の自由な詩を讃美する。一七五七年よりオックスフォード詩学教授を勤め、*The History of English Poetry*（1774-81）三巻を著わした。

ウィリアム・バード（William Byrd, 1543-1623） イギリスの作曲家。讃美歌、歌謡などの作曲集『悲哀と敬虔の歌、讃歌とソネット』（*Psalm, Sonnets, and Songs of Sadness and Pietie*, 1588-1611）を出版した。

……声でうたう **Bullen's** *Lyrics from the song-books of the Elizabethan age*, 1891, p.34. これと同じ詩句が一六〇〇年の *England's Helicon* の中にある。

トマス・チャーチヤード（Thomas Churchyard, 1520?-1604） イギリスの詩人。兵士としてヨーロッパを放浪、貴族の取巻きで終わる。『掌玉快詩集、ウッドストック御巡幸中の女王陛下に捧ぐ』（*A handeful of gladsome verses, given to the Queenes Majesty at Woodstocke this Prograce*, 1592）を著わし、他に物語詩がある（*Shore's Wife*, 1563, *Worthiness of Wales*, 1587, etc.）。

p.77 ……が御存じのはず Chambers が編纂した *A Midsummer-Night's Dream*（The Warwick

Shakespeare）の中で引用されている。

エドワード・ギルピン（Edward Guilpin）　十六世紀イギリスの詩人。諷刺詩『スキアレシア、警句と諷刺詩のなかの真実の影』（*Skialetheia, or a Shadowe of Truth in certaine Epigrams and Satyres*, 1598）の作者。

……の取り引き　Guilpin, *Satyra Sexta*.

アレグザンダー・モンゴメリー（Alexander Montgomerie, 1556?-1610?）　スコットランドの詩人。ジェームズ六世に仕え、一五七七年には宮廷詩人の筆頭であった。エディンバラ、一八二一年出版の詩集 *The Flying betwixt Montgomerie and Polwant* がある。

p.78　……出かけて行く　Barnes, *Poems*, ed. by Irving, 1821, pp.113-14.

バルナビ・バーンズ（Ba rnabe Barnes, 1569?-1609）　イギリスの詩人。『パルセノヒルとパルセノープ』（*Parthenophil and Parthenope*, 1593）と題するオードでフェアリーやニンフを謳った。悲劇『悪党の契約書』（*The Devil's Charter*）にはシェイクスピアの『テンペスト』や『シンベリン』と似通う章句がある。

p.79　……について見よう！　*Elizabethan Sonnets*, Vol. I, p.291.

ヴィルギリウス（Publius Vergilius Maro, 70-19 B.C.）　ヴァージル（Virgil）ともいう。アンデスに生まれたローマ最大の叙事詩人。三十四歳のとき、『詩選』（*Eclogae, Bucolica*）十篇を著わしてアウグストス帝の知遇を得、前三〇年の『農耕歌』（*Georgica*）四巻、また最後の十余年を費して『アェネーイス』（*Aeneid*）十二巻を完成した。『アェネーイス』には、ギリシャ・ローマの神々やニンフへの豊富な言及がある。

……も住んでいた　*Aeneid*, ll. 314-15.

p.80　オヴィディウス（Publius Ovidius Naso, 43B.C.-18?A.D.）　ローマ帝政初期の代表的抒情詩人。中部イタリアの騎士階級の旧家に生まれる。修辞学を学び詩作を始め、『恋愛の技術』（*Ars Amatoria*）三巻を出し人気を得た。中期の作『転身物語』（*Metamorphoses*）は太古の神話からカエサルが星に変わった話まで、人間がさまざまな動物や無生物に変わる不可思議な話、ギリシャ・ローマ神話集大成のごとき話二百より成る十五巻の物語で、神話伝説の宝庫として英訳され、フェアリー伝説の面でも、シェイクスピア以降近代文学への影響が大きい。

『転身物語（メタモルフォーゼス）』（*Metamorphoses*）　オヴィディウスの代表作。全十五巻一二九九五行から成る。紀元七世紀にほぼ完成。太初の混沌が秩序ある世界へ変形する天地創造からユリウス・カエサルの死までに至る神、人間、動物の転身、変形の物語であるが、全体はギリシャ・ローマ神話・伝説の宝庫の感があり、それを詩人の奔放な空想と的確な叙述によってまとめたものである。「アエネアスとディド」「ヌマとエゲリア」の伝説から「ピラマスとティスベ」の恋物語というバビロン伝説まで入っている。これはシェイクスピアが『夏の夜の夢』のボトムたちの間狂言に用いている。アーサー・ゴールディングの英訳がある。

p.81　……〈ディアナ〉と呼ばれた　R. Scot, *Discoverie of Witchcraft*, Bk. III, Chap. xvi に記述あり。

トマス・キャンピオン（Thomas Campion, 1567-1620）　イギリスの詩人、作曲家。エリザベス朝後期のリュート奏者。ケンブリッジで法律、医学を学び多芸多才、なかでもみずから作詞作曲した抒情歌集 *Books of Ayres*（1601-17?）四巻は、この時代の歌謡の典型となった。その他、仮面劇(Masque)の作もある。

p.82　……ゆるがすまい　Campion, 'All the ladies that do sleep'（*A Book of Ayres*）, St.2,3.

……のフェアリー　この箇所の「フェアリー」は *fayërye*。なお Ronsard の sonnets では *fere* とあるが、その Lodge の訳は *fairy* となっている（*The French Renaissance in England*, 1910, p.260）。フランス語 *fere* はここでは野生の動物（wild beast）の意で、ラテン語では *fera* であり、イギリスの *fairy* とは異質のものである。

p.83　トマス・マロリー卿（Sir Thomas Malory, ?-1471）　十五世紀イギリスの作家。伝記は明らかでないが、最近ではリチャード・ビーチャムに従ってフランスに転戦し、一四五一年以降後生監禁刑に処せられた人物と同一と見られている。イギリス最初の印刷機輸入者カクストンによって印刷された『アーサー主の死』（*Morte D' Arthur*, 1485）は、フランスに流布されていた尨大なアーサー王伝説を集大成し、聖杯探索伝説を付け加えてイギリス風に体系化したもので、後世の文人に影響を与えた。

……の材料である　Ascham, *The Scholemaster*,

1570, p.80.

ホリンシェッド（Raphael Holinshed, ?-1580?） イギリスの年代記作者。エドワード・ホール、ハリソン、ジェフリー、キャンピオンらの筆になるルネッサンス期の代表的歴史書『イングランド、スコットランドおよびアイルランドの年代記』（*Chronicles of England, Scotland, and Ireland*, 1577）の増補をした。彼自身の筆になる部分はイギリス史（History of England）だけであるが、この書はシェイクスピアその他の劇作家に材料を提供した。例えば『マクベス』はこれを典拠としており、『リア王』『シンベリン』の粉本の一つともいわれている。

p.84 ……愚かさは…… *Chronicles of England*, 1577, Bk. V, Chap. xiv.

武勲詩（Chanson de geste） 十一世紀から十三世紀の間に書かれたフランスの歴史詩。Geste は（歴代の王者の）事績いわば歴史の意。多くシャルルマーニュ（Charlemagne）大王に関するもので、殊に「ローランの歌」（*Chanson de Roland*）、「ガウェイン卿」（*Sir Gawain*）等が有名である。多く吟遊詩人の作になる歌で、広場や城中で演じられたものである。この名称は十九世紀にこの種の文学を総括したものにポーラン・パリスがつけたものである。

シドニー・リー（Sir Sidney Lee, 1859-1926） イギリスの伝記作者。標準的伝記と認められている『ウィリアム・シェイクスピアの生涯』（*A Life of William Shakespeare*, 1898）を出した。この他シェイクスピア、エリザベス朝作家の伝記を多く書いている（*cf. Shakespeare and the Italian Renaissance*, 1915; *A Life of Queen Victoria*, 1902）。バーナーズ卿訳の *Huon de Bordeaux*（一五三三年から四二年のものとされ、再版は一五七〇年、三版は一六〇一年といわれている）をリーが編纂した。

『フロワサールの年代記』（*Chronicles of Froissart*） フロワサール（Jean Froissart,1337-1404頃）は中世フランスの詩人で、年代記作者。イギリス王妃の保護の下にイギリス、スコットランド、フランスの各地を踏査して中世騎士の武勲を好んで描写した。年代記は「カレーの市民」などの佳話を含む四巻に亘る百年戦争の記録で戦争絵巻の典型とされている。一五二三〜二五年にバーナーズ卿による英訳が出る。シェイクスピアは『リチャード三世』の史実の多くをこの書に拠っている。

p.86 ……丸くなっている *Heldenbuch*, Chap. xxi, p.63.

……の上衣 *Ibid.*, xxii, p.65.

p.88『妖精の女王』(*The Faerie Queene*) エドマンド・スペンサーの叙事詩。大作の制作に二十年をかけたが未完成。一巻より三巻までを一五九〇年、四巻より六巻までを一五九六年に出版した。三六〇〇〇行に及ぶ。全篇の構想はウォルター・ローリー卿に宛てた書簡によれば、妖精の女王 Gloriana (Elizabeth 女王) が毎年十二日に大饗宴を催し、十二の徳を代表する十二人の騎士を一日一人ずつ武者修業に出し、騎士は悪を滅ぼし功績を立てる。一方、首位の徳 Magnificence を代表する Prince Arthur が Gloriana の幻を見て遍歴し十二騎士を助ける。この二つの主題が合わせられ、十二人の騎士をそれぞれ一巻に仕立ててある。中世のロマンス『アーサー王物語』が構成上の骨組となっており、これにエリザベス女王とその宮廷人たちが重ねられ、かつアリストテレスの十二の徳を描く意図があったというが、実際にはキリスト教的倫理道徳観が見られ、寓意的作品となっている。妖精の国はイギリス、妖精の女王はエリザベスだが、栄光あり徳高く美しいと讃えられ、Gloriana, Belphoebe と呼ばれている (フィービーもシンシアも共にダイアナの別名と書かれてある)。

p.89 サー・ウォルター・ローリー (Sir Walter Raleigh, 1552-1618頃) イギリスの探検家、著述家。エリザベス朝の軍人。デヴォンシャーの郷紳の家に生まれ、北西航路探検に参加、女王の愛顧をうけ宮廷に勢力を振った。北米に遠征隊を送ったり。黄金郷(エルドラード)(Manoa) 発見の南米探検をしたりした。エセックス伯と女王の寵を争ったが、情事のため晩年ロンドン塔に投獄され、獄中で『世界史』(*The History of the World*) を著わしたが、のち処刑された。彼の詩としては『シンシア』('Cynthia, the Lady of the Sea') の断片ほか約三十が伝わっている。

……になっている スペンサーのローリー郷宛ての手紙は、一五九〇年に最初の三巻が出たときに巻末に掲載された。

p.90 ミルトン (John Milton, 1608-74) イギリスのピューリタン時代の代表的詩人。ケンブリッジ卒業後、国教会の牧師となることを断念、ホートンの父の別荘で古典研究と詩作に耽る。『ラレグロ』（*L'Allegro*, 1632）、『イル・ペンセロソ』（*Il Penseroso*, 1632）は大学在学中の作であり、仮面劇『アルカディア』（*Arcadia*, 1633）および『コーマス』（*Comus*, 1637）は上演された。また盲目と失意のうちに執筆された晩年の傑作『失楽園』（*Paradise Lost*, 1667）はイギリス叙事詩の最高雄篇である。人類の始祖アダムを主人公にする意図であったが、かえって堕天使サタンが主要人物となっている。『復楽園』（*Paradise Regained*）と『闘士サムソン』（*Samson Agonistes*）は一六七一年に合本として出された。

p.90 メアリー・スチュアート（Mary Stuart, 1542-87）
スコットランド女王（在位1543-67）。フランス皇太子と婚約し、幼少よりフランス宮廷で育てられ、フランス王妃となったが夫の早死にあい帰国して、以来母国を親政した。再婚後、旧教支持の立場をとり新教の貴族を圧服し、のち追放されてイングランドに逃れエリザベスの保護を求めたが、十九年間の幽閉ののち処刑された。

……ほどであった *The Faerie Queene*, Bk. Ⅰ, Chap. viii, St.46.

p.91 ……その手によって…… *Ibid*., Bk. Ⅱ, Chap. i, St.6.

p.92 ……散らされている *Ibid*., Bk. Ⅵ, Intr., St.1.

……ことでありましょう *Ibid*., Bk. Ⅱ, Intr., St.4. このフェアリーは〈Faery〉

……女の怪獣 *Ibid*., Bk. Ⅰ, Chap. i, St.14.

……背の高い *Ibid*., Bk. Ⅰ, Chap. viii, St.8.

……をはずませ *Ibid*., Bk. Ⅲ, Chap. v, St.4.

p.93 ……でしまった *Ibid*., Bk. Ⅰ, Chap. ii, St.38.

……女魔術師 *Ibid*., Bk. Ⅲ, Chap. xii, St.31.

……様であった *Ibid*., Bk. Ⅱ, Chap. xii, St.55.

……放縦な快楽 *Ibid*., Bk. Ⅱ, Chap. xii, St.80.

p.94 ……のであるが *Ibid*., Bk. Ⅲ, Chap. iii, St.11.

……従わせるのだ *Ibid*., Bk. Ⅲ, Chap. iii. St.14.

……者である *Ibid*., Bk. Ⅲ, Chap. iii, St.26. ここのフェアリーは〈Fayeree〉および〈Fary〉

p.96 ……の騎士 *Ibid*., Bk. Ⅲ, Chap. Ⅰ, St.1. フェアリー騎士〈Faery knight〉

……の敵として *Ibid*., Bk. Ⅰ, Chap. ix, St.10.

……と言った *Ibid*., Bk. Ⅰ, Chap. ix, St.13-14. フェアリー女王〈Queene of Faeries〉

p.97 ……名誉としていた *Ibid*., Bk. V, Chap. i, St.4.

小妖精の騎士　*Ibid.*, Bk. Ⅱ, Chap. vii, St.19.〈Elfin knight〉

好戦的な小妖精　*Ibid.*, Bk. Ⅱ, Chap. viii, St.56.〈Warlike Elfe〉

妖精の騎士　*Ibid.*, Bk. Ⅲ, Chap. i, St.1.〈Faery knight〉

……に生ませた子　*Ibid.*, Bk. Ⅲ, Chap. iii, St.26. エルフ〈Elfe〉フェイ〈Fay〉

p.98 赤十字の騎士（Red Cross Knight）　スペンサーの『妖精の女王』第一巻に登場する「神聖」を代表する騎士。胸当てに主キリストの受難の尊い形見たる血の十字架が付いているためこう呼ばれる。女王グロリアーナより使命を受けて竜退治の冒険に出かけ、勇敢にも戦って勝ち、「真理」を代表する美しい処女ユーナ姫を得る。

……腰を下ろし　*F.Q.*, Bk. Ⅵ, Chap. x, St.7.

……夜を楽しむ　The Shepheardes Calender, June.

p.100 ……ことを願う　*F.Q.*, Bk. Ⅱ, Chap. x, St.70-76.

p.101 ……かすかな光　*Ibid.*, Bk. Ⅰ, Chap. i, St.14.

p.102 ……を書いた　T.Seccombe and J. Allen, *The Age of Shakespeare*, Vol. Ⅱ, p.21.

……はずはない　*The Complete Works of John Lyly*, ed. by Bond, Vol. Ⅱ, p.442.

エンディミオン（Endimion）　ギリシャ神話で月の女神に愛された美少年。アエトリオス（ゼウスの子）の子。女神が彼のために永遠の若さをゼウスに願うとゼウスはそのためには死か眠りのどちらかを選べと答えた。その結果彼は眠りを選び、今も月光のさすラトモス山の洞窟に永遠の眠りを眠っている。同題のジョン・リリー作の寓意劇のほかに、問題の四〇〇〇行に亘るキーツの詩がある。

p.104 ……（退場）　*The Complete Works of John Lyly*, Vol. Ⅲ, pp.59-60.

p.105 ……ためのこと　Hertford, *Progresses, at Elvetham in Hampshire*, 1591, Vol. Ⅰ, pp. 449-50.

……お命じなされた　*The Progresses and Public Processions of Queell Elizabeth*, Vol. Ⅲ, p.119.

p.106 フェアリー王……の歴史　登記録には一五九四年五月十四日に入っているが、一五九八年以前には文献として残っていない。

……を見せてあげよう　*Ibid.*, Ⅱ. 608-13.

……にすぎない　*Robert Greelle's Works*, ed. by Churton Collins, Vol. Ⅱ, p.84.

p.107『乙女たちの変身』(*The Maydes Metamorphosis*)

後にChildren of Poroles (or Paul's) によって上演され、一六〇〇年頃の作品でジョン・デイかジョン・ダニエルの作といわれる。

p.110 ……はねまわる *Ibid.*, Vol.Ⅲ, pp.359-61.

ジョン・マーストン (John Marston, 1576?-1634)

イギリスの詩人、劇作家。初め恋愛詩、諷刺詩を書いていたが、後、劇作家として多数作品を書き、恐怖劇『アントニオとメリダ』(*Antonio and Mellida*, 1599)、喜劇『東へ帆を張れ』(*Eastward Ho!*, 1605, ジョンソン、キャンピオンと合作) を作る。これによって筆禍を招いて投獄され、のち牧師となる。

p.111 ……買いにゆけ Marston, *Lectores prorsus indgnos.*

……を書きつける Marston, *Liber Secundus*, VI.

〈第四章『夏の夜の夢』〉

p.113『夏の夜の夢』(*A Midsummer-Night's Dream*)

シェイクスピア初期の傑作喜劇(一五九四～九五年に書かれたともいわれる—— Camp-bell 説)。四日前に迫ったアセンズの公爵シーシュースとヒポリタの婚礼を外枠に、若い四人の男女の恋のもつれ話と素人芝居の職人たち、ボトムと仲間という三つの人間のグループに、魔法の森のオーベロン王、ティターニア、パックの妖精たちが絡み、最後に一つにまとまって婚礼を祝う筋。『夏の日』(Midsummer Day) は聖ヨハネ生誕の祝日(六月二十四日)の前夜。原始宗教による民間信仰では地母神の祭りとされ、植物の精のさまざまな妖精が出現し、薬草は特効を発揮すると信じられていた神秘的な夜。恋する娘は土器に盛った土に紫べンケイ草を挿し、これを『夏の人』(midsummer man) と呼んで、翌朝その花が右か左に傾く有様で恋人の心の真偽を占ったという。また将来の夫の姿が夢枕に立つよう占いをしたり、この夜は眠る者の魂が肉体から離れ、思う人の所に行けるともいわれている。

p.114 シェイクスピア (William Shakespeare, 1564-1616) イギリス、エリザベス朝最大の劇作家、俳優、詩人。自筆の作品は一切残っていないが四月二十六日に受洗の記録はある。三十七篇の戯曲と六径の詩篇が彼の作品とされている。四月二十三日にホーリー・トリニティ教会に埋葬される。『夏の夜の夢』、『ウィンザーの陽気な女房たち』（*The Merry Wives of Windsor*）、『ハムレット』（*Hamlet*）、『マクベス』、『嵐』（*Tempest*）等、彼の代表作には、超自然的生きもの、フェアリー、魔女、亡霊等が重要な役割を果たしており、イギリスの民間信仰や伝承の妖精に加えて、オヴィディウス、R・スコットらの書物の知識を総合して独自の妖精像およびその世界を創造した。

……くれたらなあ……　*Hellry* IV, Act Ⅰ, Sc.i, *ll.* 86-88.

……下さいませ　*Cymbeline*, Act Ⅱ, Sc. ii, *ll.* 8-10.

p.115 ……しまうんだ　*Winter's Tale*, Act Ⅲ, Sc. iii.

……最初の作品であると言われている　*cf.* Seccombe and Allen, *The Age of Shakespeare*, Vol. Ⅱ, p.74.

p.116 インドの果ての大草原地方　*Midsumme*, Act Ⅱ, Sc. i, *l.* 69.

笑わせてくれる　*Ibid.*, Act Ⅱ, Sc. i, *ll.* 101-35.

p.117 姿を隠す力や不死　*cf. Ibid.*, Act Ⅱ, Sc. i, *l.* 186.

……矢よりも速く　*Ibid.*, Act Ⅲ, Sc. ii, *l.* 110.

慶びと栄え　*Ibid.*, Act Ⅱ, Sc.i, *l.* 73.

翼あるキューピッド　*Ibid.*, Act Ⅰ, Sc.i, *l.* 235. 〈wing'd Cupid〉

鏃　*Ibid.*, Act Ⅱ, Sc. i, *l.* 161. 〈fiery shaft〉

三つの額を持つヘカテの一連の馬　*Ibid.*, Act V, Sc. i, *l.* 391. 〈the triple Hecate's team〉

『転身物語』のなかの……の一つである　*cf. Metamorphoses*, Bk. Ⅲ, *l.* 173. 'Dumque ibi perluitur solita Titania lympha'.

p.118 あるときは霊妙な……へと出かけてゆく　*Midsummer*, Act Ⅱ, Sc. i, l.82.

……追いかけながら　*Ibid.*, Act V, Sc. i, *l.* 3923.

闇の王　*Ibid.*, Act Ⅲ, Sc. ii, *l.* 347. 〈King of shadows〉 Ovid は *umbrarum dominus* と言っている。

p.120 やさしいパック　*Ibid.*, Act Ⅱ, Sc. i, *l.* 40. 〈Sweet Puck〉

正直者パック　*Ibid.*, Act V, Sc. i, l.438. 〈an honest Puck〉

パック　*Ibid.*, Act V, Sc. i, *l.* 442. 〈the Puck〉

……キマエラの国　*Metamorphoses*, Bk. IX, *l.* 646. プーカは〈pouke〉とある。

……怖がらせるな　*Epithalamion*, *ll.* 340-43.

p.122 ……女王のしわざ　*Romeo and Juliet*, Act Ⅰ, Sc. iv, *ll.* 53-91

ロビン・グッドフェロー……精霊　*Midsummer*, Act Ⅱ, Sc.i, *ll*. 33-34. 〈shrewd and knavish sprite call'd Robin Goodfellow〉

ビールの醸造が……しまったりする　*Ibid*., Act Ⅱ, Sc. i, *l*. 38.

……言いだすやら……　*Ibid*., Act Ⅱ, Sc. i, ll.55-57.

p.124 ……尻餅をつく　*Ibid*., Act Ⅱ, Sc. i, ll.51-53.

剽軽やさん　*Ibid*., Act Ⅱ, Sc. i, l.16. 〈A lob of spirits〉

夜の陰……闇を追ってゆく　*Ibid*., Act V, Sc. i, l.393.

……お嫌いだから　*Merry Wives*, Act V, Sc. v, *ll*. 47-50.

露の球……月夜の宴　*Midsummer*, Act Ⅱ, Sc. i, *l*. 141.

p.125 休もうと……歌わせながら眠る　*Ibid*., Act Ⅱ, Sc. ii, ll.9-26.

p.128 ……追い払っておくれ　*Ibid*., Act Ⅱ, Sc. ii, *ll*. 2-6.

人間ども　*Ibid*., Act Ⅱ, Sc. i, *l*. 101. 〈poor human mortals〉

……幸運を授けようとさえしている　*Ibid*, Act Ⅲ, Sc. i, *l*. 41.

p.129 多くの要素……見せているのである　*cf*. Brighton, *Memoranda on the Midsummer-Night's Dream*, 1879, p.13. またハリウェルのノートの中にラムがシェイクスピアに関して言及しているところに "invented the fairies" とあると書いてある。

p.130 ……隠したりする　*Midsummer*, Act Ⅱ, Sc. i, *l*. 31.

蛇……包んだりする　*Ibid*., Act Ⅱ, Sc. i, *l*. 255.

……いらっしゃい　*Ibid*., Act Ⅲ, Sc. i, *ll*. 175-76.

空をゆく月よりも速く　*Ibid*., Act Ⅱ, Sc. i, *l*. 7.

……一周りいたします　*Ibid*., Act Ⅱ, Sc. i, *ll*. 175-76.

空霊の精　*Ibid*., Act Ⅲ, Sc. i, *l*. 164. 〈Airy spirits〉

影　*Ibid*.' Act V, Sc. i, *l*. 430. 〈Shadows〉

p.132 ……できるものだ　*Ibid*., Act V, Sc. i, *ll*. 4-6.

p.133 ……自分本位である　*cf*. Note by Verity in his edition of *Tempest*, p. XX.

優雅　*Tempest*, Act Ⅰ, Sc.ii, *ll*. 272, 441. "dainty", "delicate".

p.134 真実……嵐や　*cf*. Bacon, *Essays*, Ⅰ, 'of Truth'.

……沈めようと思う　*Tempest*, Act V, Sc.i, *ll*. 33-57.

〈第五章シェイクスピア後のフェアリーたち〉

p.137 王はロンドン……再版させたもの　*cf*.

Daemono-logie, in forme of a dialogue; Divided into three bookes; Written by the high and mightie by Prince James..., London, 1603.

悪霊　原文は〈diuells〉

……似てはいない　*Daemono-logie*, p.73.「フェイリイ」は〈Phairie〉、ヴィルギリウスの「極楽世界」は〈Campi Elisij〉

p.139 ……いるだろうか　*Ibid.*, pp.134-35. ここに引用されているさまざまな悪霊・悪魔・妖精に関しては、別途刊行予定の妖精小辞典を参照されたい。

……があるだろうか　*Ibid.*, p.137.

p.140 ……無知にはあらず　Bacon, *Advancement of Learning*, Bk. II, 1605.

ロバート・バートン（Rebert Burton, 1577-1640）　イギリスの牧師。『憂鬱の解剖』（*The Anatomy of Melancholy*, 1621）は奇書珍籍よりの博引傍証による本であるが、イギリス散文の傑作といわれる。ジョンソン、ラム、キーツらが愛読した。作中でみずからをDemocritus Junior と呼んでいる。

p.141 ……くれたものである　*cf. The Anatomy of Melancholy*, Part I, Sec. 2, Memb. 1, Subs.2.

トマス・ブラウン卿（Sir Thomas Browne, 1605-82）　イギリスの文人。博学多識の医師で多方面の著作があるが、代表的なものに信仰と理性との問題を取り扱った告白録ともいうべき『医師の宗教』（*Religio Medici*, 1643）があり、その中で、魔女の存在を信ずることを書いている。警抜な死生観を述べた『壺葬論』（*Hydriotaphia: or Urne-Buriall*, 1658）がある。

……えないのである　*cf.* Browne, *Religio Medici*.

こうした主題……現われていった　例として Delattre は次の作品を掲げている――George Gifford, *A Dialogue concerning Witches and Witchcrafts*, 1603; J. Cotta, *The Triall of Witch-craft, shewing the true*..., 1616; H.goodcole, *The wonderfull Discoverie of Elizabeth Sawyer, a Witch, late of Edmonton*,1621.

T・ヘイウッド（Thomas Heywood, 1575?-1650?）　イギリス、エリザベス朝の劇作家。およそ二百もの戯曲を書いたといわれる健筆家で、家庭悲劇（domestic tragedy）を得意とした。『親切づくめで殺された女』（*A Woman killed with Kíndness*,1603）、『西方の美女』（*The Fair Maid of the west*, 1631）、『王と忠臣』（*The Royal King* and the Loyal Subject, 1637）等がある。ラムは彼を「散文のシェイクスピア」と呼んでいる。

リチャード・ブローム（Richard Brome, ?-1652?） イギリスの劇作家。ベン・ジョンソンの従僕。T・ヘイウッドと合作でランカシャーの魔女裁判を戯曲化した（*The Late Lancashire Witches: a well received comedy*, 1621）。この他 *The City Witt*（1628）、*A Joviall Crew*（1641）等がある。

T・シャドウェル（Thomas Shadwell, 1642-92） イギリスの詩人、劇作家。一六八二年にドライデンと論争、そのため諷刺劇『マクフレックノウ』で揶揄された。ドライデンの後をついで桂冠詩人に挙げられた。『陰気な恋人たち』（*The Sullen Lovers*, 1668）などの戯曲に当時の人情風俗を描いた。また他には、シェイクスピアの『嵐』を改作した『魔法の島』（*The Enchanted Island*, 1673）があり、スコットが小説の材料を得た『アルサティナの郷士』（*The Squire of Alsatina*, 1688）がある。魔女裁判に関する作品としては、*The Lancashire Witches and Tegue o' Divelly the Irish Priest: a comedy*（1682）がある。

p.142 ……になりすます Heywood, *The Hierarchie of the blessed Angells, their names, orders and offices: The fall of Lucifer with his Angells*, 1635, pp.574-75.

p.143 サミュエル・ロウランズ（Samuel Rowlands, 1570?-1630?） イギリスのパンフレット作者。『ユーモアの鏡』（*Humor's Looking Glass*, 1608）、盗賊の習慣と言語を書いた『マーティン・マーク』（*Martin Mark-all*, 1610）、『憂鬱なる騎士』（*The Melancholic Knight*, 1615）がある。

……になり果てた *cf.* Rowlands, *On Ghosts and Goblins.*

p.144『ロビン……と陽気な冗談』 *cf. Robin Good-Fellow; his mad pranks and merry jests*, 1628（ed. by J.P. Collier, the Percy Society, 1841）．なお black-letter copy は一六〇〇年に出ている（printed by Thomas Cotes とある）。またこれは "Printed early in the 17th century as a chap-book" といわれる。

J・P・コーリア（John Payne Collier, 1789-1883） イギリスの学者。エリザベス朝文学に精通、主著は『イギリス詩の歴史』（*The History of English Dramatic Poetry*, 1831）、古バラッドやシェイク

スピア関係資料を偽造したこと、一八五六年にコールリッジのシェイクスピア講義を公刊したことで知られる。一六二八年にPercy Society のために『ロビン・グッドフェローの馬鹿げた陽気ないたずら』(*The Mad Merry Pranks of Robin Goodfellow*) を編纂し、black-letter copy として私家版を出した。

p.146 ヘンズロー(Philip Henslowe, ?-1616頃) イギリスの劇場所有者。ローズ座、フォーチュン座、ホープ座を所有、チャップマン、デッカー、ドレイトンの戯曲を上演した。一五九二年から一六〇三年まで書いた『日記』(*Henslowe's Diary*) はエリザベス演劇を知る上で貴重な文献である。一七九〇年ダリッジ・カレッジ図書館に死蔵されていたものをエドマンド・マロンが発見、一九〇二~〇八年にグレッグが編集出版した。

デッカー(Thom as Dekker, 1570-1632) イギリスの劇作家。座主ヘンズローが前借してくれたせいで多作であったが、ほとんど合作で、ミドルトンと作った『貞節な娼婦』(*The Honest Where*, Part Ⅰ, 1604, Part Ⅱ, 1630) があるが、筋が『ロメオとジュリエット』に似ている。『靴屋の祭日』(*The Shoe-Maker's Holiday*, 1600) は単独の作であるが、市井の快活で陽気な正直者の主人公、サイモン・アイレはフォルスタッフに匹敵する。

ホートン(William Haughton, 1575-1605頃) イギリスの劇作家。ジョン・デイとの合作で『スペインのムーア人の悲劇』(*TheTragedy of Spanish Moore*, 1600)、*Englishmen for My Money* (1598) がある。

デイ(John Day, 1574-1640頃) 十七世紀イギリスの劇作家。ホートンとの合作『スペインのムーア人の悲劇』にはオーベロンやフェアリーが登場する。*Humour out of Breath* (1608)、仮面劇 *The Parliament of Bees* (1641) がある。

『スペインのムーア人の悲劇』 上記参照。*cf.* Henslowe の日記、一六〇〇年二月、"Layd owt for the company the 13 of febrearye 1599 for a boocke called *the spaneshe mores tragedie* vnto thomas deckers wm. harton John daye in pte of payement the some of iij ll." (reprinted by W. W. Greg, 1904, p.118).

p.147 ……を隠したい *The Spaneshe Mores Tragedie*, Act Ⅲ, Sc. 2. この戯曲は一六五七年に出版。

……前貸しする Henslowe の日記、Greg 編、p.181.

『ナルシサス……を持っている　*cf.* Chamber's Edition の *Midsummer* のAppendix に「Narcissus の戯曲」についての言及がある（Shakespeare Press, 1824）。

ウィリアム・パーシー（William Percy, 1575-1648）　イギリスの詩人。*Sonnets*（1594）を公けにした。生前出版されなかった戯曲六篇がある。Sonnet の主なものに 'Coelia'、'The Faery Pastorall' あるいは 'Forrest of Elues' と題する田園詩がある。

p.148　……とどまってはならぬ……　ヘイウッドの作といわれる。原題は *A verie excellent and delectable Comedie, intituled "Philotus," whereÌn we may perceive the great inconveniences that fall out in the mariage betweene olde age and youth*, 1603, *ll.* 122-32 (reprinted, 1612)。

p.149　……遣わしたのだ！　*A Pleasant Comedie, called Wily Beguiled.*

p.150　……刺してしまった　Thomas Dekker, *The Whore of Babylon*, 1607, Bk.4.

……導かれていくだろう　ここでは Titania は King Oberon の娘となっている。さらにデッカーは England を Fairie Land に Titania を "The Fairie Queene, vnder whom is figured our late Queene Elizabeth" とした（スペンサーの Faerie Queene と類似したものがある）。

p.151　ジョン・フレッチャー（John Fletcher, 1579-1625）　イギリスの劇作家。一六〇六～一六年にわたり Beaumont と合作で十五の作品を作り、つねに Beaumont and Fletcher と併称される（*The Knight of the Burning Pestle*, 1613; *A King and No King*, 1619; *The Maid's Tragedy*, 1619, etc.）。伝奇劇は時代に投じ人気があった。単独の作品として牧歌劇『貞節な女羊飼い』（*The Faithful Shepherdess*, 1610）がある。シェイクスピア引退後は国立一座のために主要劇作家として単独あるいはマッシンジャーと合作をつづけた。シェイクスピアが未完で遺した『ヘンリ十八世』『二人の血縁の貴公子』に補筆し完成させた。

ベン・ジョンソン（Benjamin〔Ben〕Jonson, 1573?-1637）　イギリスの詩人、批評家、劇作家。一五九七年にヘンズローに雇われ俳優から劇作家に転じ台本作者として活躍した。最初の桂冠詩人の栄誉もかち得た。学才、識見ともに文壇の第一人者となり、気質喜劇（Comedy of Humours）の確立者と言われる『狐』(*Volpone, or the Fox*, 1607)、『十人十色』(*Every Man out of his Humour*, 1598)、『錬金術師』(*The Alchemist*, 1610) 等、市井生活の冷酷な写実と苛烈な諷刺の作品を書いた。一六〇五年より王室お抱え作者となり宮廷仮面劇や牧歌劇には魔術やフェアリー伝説の世界が豊富にとり入れられ、この方面でもシェイクスピアの衣鉢をついだといえる。『女王たちの仮面劇』(*Masque of Queens*) で魔術に関する知識と共感を示した。

p.152 ……ということを…… *The Faithful Shepherdess*, Act I, Sc.i.

p.153 ……そのために *Ibid.*, Act I, Sc.ii.

p.154 ……消え去るまで…… *Ibid.*, Act III, Sc.i.

……仮りにも…… *The Silellt Woman*, Act V, Sc.i. (*Works*, ed. by Cunningham), Vol. I, p.454

p.155 ……ご注意あれ *The Satyr*, Vol. II, pp.574-75.

……最高のもの *The Alchemist*, Act I, Sc.i. Vol. II, p.13.

……輪になって踊る *Every Man out of his Humour*, Vol. I, p.140.

p.156 ……踊らせるのがよい *A Tale of a Tub*, Act III, Sc.i, Vol. II, p.448.

p.157 ……おやりになる…… *The Satyr*, Vol. II, p.573.

p.159 ……生き生きとな…… *Ibid.*, Vol. III, pp.73-74.

p.160 ……わけじゃない *Ibid.*, Vol. III, p.75.

……と思われぬよう *Ibid.*, Vol. III, p.77.

p.161 ……を退ける *Ibid.*, Vol. III, p.77.

p.162 ……でございますよ *Love Restored*, Vol. III, p.84.

牧歌劇 (Pastorals) 羊飼いや田園の生活を主として人間と自然とを調和した形で描いた劇。イタリアのボッカチオの伝統が中心で、ジョヴァンニ・グワリーニの『忠実な羊飼い』(1585) が代表である。イギリスでは牧歌的な背景に神話劇が結びつき、牧神や木の精、水の精などが登場する。ジョージ・ピールの『パリスの糺問』(1584) やジョン・リリーの『月界の女王』(1587) から発展し、十七世紀には純粋な牧歌劇も現われ、代表作としてはジョン・フレッチャーの『貞節な女羊飼い』(1610)、ベン・ジョンソンの『悲しい羊飼い』(1641) がある。シェイクスピアも『ヴェローナの二紳士』、『冬の夜ばなし』などで牧歌的要素を用いているが『お気に召すまま』は文字通り牧歌的ロマンスである。

ロビン・フッド (Robin Hood)　一一六〇～一二四七年頃に生存していたといわれるイギリスの伝説的人物。最近の研究によれば本名は Robert Fitz-Ooh、ノッティンガムシャーの生まれ、ハッティングトン伯であったが国法にふれて追放となり、シャーウッドの森に本拠を構え、義賊となって活躍をつづけていたが、婦人修道士の背信により非業の最後を遂げたという。イギリスの国民的英雄として愛され、さまざまなバラッドや物語として歌い語りつがれてきた。現存する最古のものは大英博物館にあるヘンリ十六世時代の手書きの詩で七十スタンザから成っている。この他に、'Expleycyt Robin Hode', 'Robin Hood and Little John', 'A Lytell Geste of Robyn Hode' (1495) といったさまざまなバラッドが各時代に伝わっている。ラングランドの *Piers the Plowman* にすでに名前が現われ、Drayton, *Poly-Olbion* にも義賊ぶりが描かれ、スコットの *Ivanhoe* では重要な役割で活躍する。キーツにも Robin Hood をH・レイノルズの *Sonnets Robin Hood* への返事の形で、書いたものがある (*cf.* Wyntoun, *Chronicle of Scotland*, 1420; *True Tale of Robin Hood*, 1632)。

p.163 スウィンバーン (Algernon Charles Swinburne, 1837-1909)　イギリスの詩人。ロンドンに生まれ、オックスフォードに学び、ロゼッティ、モリスと相知り、特にロゼッティの影響をうけた。ギリシャ古典劇に倣った劇詩『カリドンのアタランタ』(*Atalanta in Calydon*, 1865) を出して世に知られ、さらに『詩と民謡』(*Poems and Ballads*, 1866, 1878, 1889) 第一集―第三集により、抒情詩人としての天分を発揮した。彼の作中最も完璧と考えられる浪漫詩 'Tristram of Lyonesse' は一八八二年に出された。フランスの文人たちと親交が篤く、ボードレールを弔った 'Ave atque Vale' (永別の辞) や「ヴィヨン」のバラードの翻訳、ユーゴー論(1886)がある。評論家としてもブレイク論、シェイクスピア論 (1880) があり、劇作家としても *The Sisters* (1892)、*Rosamund, Queen of the Lombards* (1899) があり、多才な作家であった。

……このわたくし奴……　*The Sad Shepherd*, Act II, Sc.2, Vol. II, p.507.

p.164 ……逃れるまではね……　*Ibid.*, Act III, Sc.2, Vol. II, p.509.

……ところで　*Ibid.*, Act III, Sc.2, Vol. II, p.509.

……**紡いだ羊毛**　*The Fox or Sejanus*, Prologue, p.486.

p.165　……シェイクスピア　*cf.* Ben Jonson, *Underwood*, Vol. Ⅲ, pp.287-89.

〈第六章ドレイトンからヘリックへ〉

p.168　ドレイトン（Michael Drayton, 1563-1631）
イギリス、エリザベス朝の詩人。イギリスの風土記ともいうべき長詩『大幸の国』（*Poly-Olbion*, 1612-22）のほか、ソネット集『理想の鏡』（*Idea's Mirror*, 1594）がある。戦争詩『アジンコートの戦い』（*Battaile of Agincourt*, 1627）中の「ニンフィディア」（'Nimphidia'）でスペンサーの伝統を継ぐロマンティックなフェアリーランドを描いた。『エンディミオンとフィービ』（*Endymion and Phoebe*, 1595）には『ヴィーナスとアドーニス』の影響がみられる。

W・ブラウン（William Browne, 1591-1643?）　イギリス、エリザベス朝の詩人。三巻におよぶ『ブリタニアの田園詩』（*Britannia's Pastorals*, 1613-1852）で素朴な用語のうちに自然への愛を歌ったが、スペンサーの崇拝者であったブラウンの詩に登場するフェアリーは本来の姿を離れ、機知と優雅を旨とするものであった。その甘美で流麗なカプレットはキーツの『エンディミオン』の手本となった。

トマス・ランドルフ（Thomas Randolph, 1605-35）
イギリスの詩人、劇作家。ベン・ジョンソンと交友があり、ケンブリッジで英語とラテン語の詩人として認められた。牧歌喜劇『アミンタス』（*Amyntas, or The Impossible Dowry*, 1638）、『詩神の鏡』（*The Muse's Looking-Glasse*, 1638）を書き、劇的対話として『アリスティプス』（*Apstippus, or the Jovial Philosopher*, 1630）がある。

『ヘスペリデス』（*Hesperides: or, the Works, both Humane and Divine*, **1648**）「聖俗両歌」という副題がついている。一六四八年に出たロバート・ヘリックの詩集で約一二〇〇の短詩からなり、二行程度のエピグラムも含まれている。題材は春の花々、鳥や木やメイ・ポール、花嫁、花むこ、女王マブの宮廷とオーベロンの他にアポロ、ミネルヴァ、ネプチューン、バッカス等、ギリシャの神々をうたい、ギリシャ異教の儀式とイギリス国教の習慣とを結合した観がある。

p.170 ……ことも忘れた *Nimphidia*, St. 85. ピグウィギンは〈Pigwiggen〉

p.171 ……をしまっておく *Ibid.*, St.9.「フェアリーの土地」は〈Fayrie Ground〉

……かれは捉えた *Ibid.*, St. 25.

……いた故に *Ibid.*, St. 27.

p.172 ……進んだ *Ibid.*, St. 30.

……させるだろう *Ibid.*, St. 33-34.

p.173 ……誰ですか? *Ibid.*, St. 35.

……と思った *Ibid.*, St. 57.

p.174 ……火をくぐって…… *Ibid.*, St. 38

……ホブゴブリンは狂う…… *Ibid.*, St. 56.

……パックはわめく…… *Ibid.*, St. 58.

……特有な語法である 古い騎士物語の語法をドレイトンは用いているわけであるが、この *Nimphidia*, St.58 の箇所は *Midsummer-Night's Dream* (Act Ⅱ, Sc.i ll.2-5) の明らかな模倣といえよう。"Over hill, over dale,/Thorough bush, thorough brier,/ Over park over pale,/ Thorough flood, thorough fire…".

p.175 ……お付きの面々 *Nimphidia*, St. 20.

p.176 ……にあふれていた *Ibid.*, St. 63-64.

p.178『近頃パルナッサスの……』 ドレイトンの最後の作品。原題 *The Muses Elizium, lately discovered by a new way over Parnassus*, 1630。この中で〈Nymph Tita〉と〈dwarfish fairy Elfe〉の結婚が描かれている。

p.183 ……やるようにと *Britannia's Pastorals*, Bk. Ⅰ, Song 2, *ll.* 389-404.

……を教えてやる…… *Ibid.*, Bk. Ⅰ, Song 4, *ll.* 283-85.

p.184 ……を盗んで帰る *Ibid.*, Bk. Ⅱ, Song 3, *ll.* 776-78.

p.185 ……いるのだった Bk. Ⅲ, Song 1, *ll.* 718-28.

……消え失せるものだった…… *Ibid.*, Bk. Ⅲ, *ll.* 755-64.

p.186 ……蓄えられていた *Ibid.*, Il. 775-78.

……美味なる顎 *Ibid.*, *ll.* 786-92.

p.187 ……してあった…… *Ibid.*, *ll.* 819-28.

p.188 ……を喜ばせた *Ibid.*, *ll.* 953-70

p.189 ……歌いまくる *L'Allegro*, *ll.* 133-34.

p.190 ……投げ出す *Ibid.*, *ll.* 102-14.

『コーマス』(*Comus*) ミルトンが作曲家 Henry Lawes の依託で書いた仮面劇。Bacchus と魔法の女神 Circe との間に生まれた邪教の神 Comus は、旅人を迷わせたり魔法の酒によって顔を獣に変えてしまう。二人の兄弟と森ではぐれた Bridgewater 伯の姫（The Lady）は羊飼いに化けた Comus に誘惑されるが力強くしりぞけ清貞の徳を説く。守護霊（Attendant Spirit）から急を告げられた兄弟はかけつけ、妖精 Sabrina の助けを借りて Comus を追い払い呪縛を解いて姫を助けるという物語。

p.191 ……持たぬという…… *Comus, ll.* 432-37.

……治してやる *Ibid., ll.* 843-47. ドレイトンは、ミルトンの *Comus* の編纂者 Verity の注から、*Comus* の Elf がシェイクスピアの *Midsummer* の Robin Goodfellow の影響を多く受けているという指摘を引いている。

ヘンリー・ウォットン卿（Sir Henry Wotton, 1568-1639） イギリス、エリザベス朝の詩人。外交官。のちイートンの校長となる。プロテスタント風な人生観に立って多忙な外交官生活の中に優れた教訓詩を書いた（*Reliquiae Wottonianae*, 1651）。

p.192 ……というのか？ *Comus, ll.* 115-22.

「尊敬すべき……シェイクスピア」 "The admirable dramaticke poet W. Shakespeare". この一句はミルトン自身が書き一六三二年の Second Folio に付けた。

p.193 ……そそぎかけたのだ *At a Vacation Exercise in the Colledge, ll.* 59-64. これと *Midsummer* の Act V, *ll.* 398-421 に類似がある。

……を誤まらせる…… *Paradise Lost*, Bk. IX, *ll.* 634-40.

……見ていたのか…… *Ibid.*, Bk. Ⅰ, *ll.* 780-85. *cf.* *Midsummer*, Act Ⅱ, Sc.i, *ll.* 29,84,141.

p.194 パティスタ・グァリーニ (Battista Guarini, 1538-1612) イタリアの劇作家。『パストール・フィド』（*Pastor Fido*, 1589）の作者。羊飼いと猟人とニンフたちのコーラスがある喜劇を多く作っている（*L'IdroPica; Trattato della pelitica Libertà*）。

p.195 …… 勝手にしろだ！ *Amyntas, or the Impossible Dowry*, Act Ⅱ, Sc.6.

p.196 ……をしましょう *Ibid.*, Act Ⅰ, Sc.3.

p.199 ……をするのだ *Ibid.*, Act Ⅲ, Sc.4.

……生活を送る *Ibid.*, Act Ⅳ, Sc.6.

p.200 ゴス (Sir Bdmund Gosse, 1849-1928) イギリスの批評家。大英博物館の司書、上院の司書官等で活躍、その広い教養と知識とで文学の普及に努めた。主著に『十七世紀研究』(*The Seventeenth Century Studies*, 1883)、『十八世紀文学史』(*A History of Eighteenth-Century Literature*, 1660-1780, 1889)がある。コングリーヴ、ダン、トマス・ブラウン、グレイ、スウィンバーンの評伝(主として Englishmen of Letters)を著わす。小説に『父と子』(*Father and Son*, 1907)がある。フランス文学通であり、ヨーロッパ文学にも詳しくイブセン、ビョルンソン論等がある。

……こともできる Gosse, *The Seventeenth Century Studies*, p.131.

p.203 ……にとりかかった…… Herrick, *A New Yeares Gift*. 大英博物館所蔵(Egerton Mss.)

フランシス・ボーモント(Francis Beaumont, 1584-1616) その作品のほとんどはジョン・フレッチャーとの合作である。その中で中世の騎士に憧れることの愚かさを諷刺した喜劇『燃える杵の騎士』(*The Knight of the Burning Pestle*)、『乙女の悲劇』(*The Maid's Tragedy*)が代表作といわれ、単独の作品は *The Woman-Hater*(1607)のみであるが、巧みな舞台効果によって当時の人気においてシェイクスピアの有力な敵であった。

p.203 W・C・ハズリット(William Hazlitt, 1778-1830) ラムと並び称せられるイギリスの随筆家、評論家。『円卓』(*Round Table*, 1817)、『卓上雑話』(*Table Talk*, 1821-22)等の随筆の他に『イギリス詩人講話』(*Lectures on the English Poets*, 1818)、『イギリス喜劇作家講話』(*Lectures on the English Comic Writers*, 1819)等で当代の文筆人を縦横に評論し劇評を書き、目覚ましい活躍をみせた。

p.207 ……に唱和し…… W.Browne, *Britannia's Pastorals*, Bk. Ⅲ, Song 1.

p.208 ……と前者は書いている *cf. Ibid.*, p.146.

……かもしれない *A History of English Poetry*, Vol. Ⅲ, 1903, p.261.

……はできない *Ibid.*, Vol. Ⅲ, p.146. この他ムーアマンは興味深い記述をしている。例えば「ブラウンの詩が世に出た一六二四から一六二八年頃にはヘリックはまだ名も知られぬケンブリッジの学生であった」(p.148)というようなことである。

……書かれたとしている *cf.* Moorman, *Robert Herrick*, 1910, p.267.

p.210 サミュエル・シェパード(Samuel Sheppard, 1646) イギリスの著述家ベン・ジョンソンの書記王党派に属した『愛と名誉を具えたフェアリー王』と題する六巻の英雄詩を著わす。

マーガレット・ニューカッスル (Margaret Newcastle, 1624-74)　イギリス十七世紀中葉の女流詩人。ヘリックを模したと見られるフェアリー詩の連作があり、その一つ『地球の中心なるフェアリー国におけるフェアリー女王の気晴しと官険』（'The Pastime and Recreation of the Queen of Fairies in Fairy Land, the Center of the Earth'）にはフェアリーの調度品が緻密に描かれ、ラムの讃辞と対照的にピプスの窓口の批評が有名（"A mad conceited, ridiculous woman"）。

p.211　……であろうから……　Newcastle, *Poems and Fancies*, 1653, p.139.

p.212　……も数多く……　Newcastle, 'The Pastime and Recrea-tion of the Queen of Fairies in Fairy Land, the Center of the Earth', p.148.

……歌いつづける……　*Ibid.*, p.151.

p.213　……行なわれる　*Ibid.*, p.164.

リチャード・コーベット (Richard Corbet, 1582-1635)　イギリス十七世紀の詩人、牧師。ジョンソンの友人。詩集 *Certain Elegant Poems*（1647）の他フェアリーを題材としたバラードがある。

p.215　……の正義さ！　*cf. Certain Elegant Poems*, pp.47-49.

サミュエル・ピプス (Samuel Pepys, 1633-1703)　イギリスの日記文名家。一六七二年海軍大臣となり「近代英国海軍の父」といわれた。一六六〇年から失明して筆を絶った。一六六九年の約十年間に亘って書き残した日記は、ロンドンの疫病や大火、オランダとの海戦の国家的記事から、朝夕の献立等までの私的な記録で、好奇心の強い率直なピプスの性格をよく表わしている。日記文学として世界に無比の地位を占めている。複雑な速記法で書かれていたため一八二五年にやっとジョン・スミスによって解読された。

……見たことがない　*cf. Pepy's Diary*, Sept. 29th, 1662.

常識を崇拝し……の文学者たち　*cf.* W.L. Phelps, *Beginnings of the English Romantic Movement* (Principal literary characteristics of the Augustan Age), 1899.

p.216　ジョン・ドライデン (John Dryden, 1631-1700)　イギリスの詩人、劇作家、批評家。詩人としての特色はヒロイック・カプレットを用いたことであり（*The Medal*, 1682; *Mac Flecknoe*, 1682; *Absalom and Achitophel*, 1681-82）、戯曲は喜劇にすぐれたものがあり、『秘めたる恋』（*Secret Love*, 1667）、『スペイン修道士』（*The spanish Friar*, 1681）、『すべて愛ゆえに』（*All for Love*, 1678）、『トロイラスとクリセード』（*Troilus and Cressida*, 1679）がある。批評家としては『詩劇論』（*An Essay of Dramatic Poesie*, 1668）があり、その中のシェイクスピア、ジョンソン論は、"the Father of English Criticism" たるにふさわしい名篇といわれる。またチョーサーやボッカチオから抜萃した『古今寓話』（*Fables Ancient and Modern*, 1700）の中にはチョーサーの「バースの女房の話」が引用されている。

ティッケル（Thomas Tickell, 1686-1740）　イギリスの詩人。一七一一年にオックスフォード大学詩学教授を勤める。一七一五年に『イリアド』の訳が出る。一七二一年アディソンの著作を編集し、それに付した詩は傑作といわれている（'To the Earl of Warwick on the Death of Mr. Addison'）。バラード風な『コリンとルーシー』（'Colin and Lucy', 1729）、『ケンジントン・ガーデンズ』（*Kensington Gardens*, 1722）がある。これは王家の血筋をひくイギリス貴公子のフェアリー・メイドンへの恋物語。

p.217　……偉大なものにした　'General Observations on Shakespeare's Plays'（*The Works of S. Johnson*, 1825, Vol. V）, p.148.

〈結論〉

p.221　キーツ（John Keats, 1795-1821）　イギリス、ロマン派の詩人。ロンドンの貸馬車屋の長男として生まれたが、クラーク学院に学び外科医の免許を得る。最初の詩「スペンサーにならいて」（1814）、物語詩『エンディミオン』（*Endymion*, 1817）、劇詩「レイミア」（'Lamia' 1819）、「ハイピリオンの没落」（'The Fall of Hyperion', 1819）の他に「ギリシャ古甕の賦」「ナイティンゲールに寄せる賦」等を代表とする、優れたオードがある。スペンサー、シェイクスピアを崇拝した彼の詩には、フェアリーの影響をうけたものが多い。

……魔法の窓　'Ode to a Nightingale', St. vii, *ll*. 9-10

p.222　……も聞こえない　'La Belle Dame sans Merci', St.i. *ll*. 3-4.

トマス・フッド（Thomas Hood, 1799-1845） イギリスの詩人。ラム、ハズリット、ド・クインシーと親交があり、「シャツの歌」（'The Song of the Shirt', 1843）や、「嘆きの橋」（'The Bridge of Sighs', 1844）、「秋」（'Autumn'）などの詩に才能を示し、諧謔と機智に富む雑文と漫画を『パンチ』、『ロンドン・マガジン』、『ニュー・マンスリー』誌等に発表した。

ジョージ・ダーリー（George Darley, 1795-1846） アイルランド、ダブリン生まれの数学者、詩人。愉快な牧歌風の抒情詩劇『シルヴィア』（*Sylvia, or the May Queen*, 1827）や、現実に不満を持ち夢幻界を遍歴する者を主題とした長詩『ネペンス』（*Nepenthe*, 1835）がある。

ウィリアム・アリンガム（William Allingham, 1824-89） アイルランドの詩人。ロンドンに出てリー・ハントと交り、『詩集』（*Poems*, 1850）、『昼夜の歌』（*Day ald Night Songs*, 1854）を出す。イェイツ編纂になる『アイルランド民話集』の中には民間伝承に基づくフェアリーやエルフに関する彼の詩が数多く収録されている。

フィオナ・マクラウド（Fiona Macleod, 1855-1905） William Sharp の筆名。スコットランド生まれの詩人、小説家、批評家。一八八一年ロゼッティを知り文筆生活に入る。ロゼッティ、シエリー、ハイネ、ブラウニングの伝記がある。詩集には『抒情歌謡と幻想詩集』（*Romantic Ballads and Poems of Phantasy*, 1888）、物語には『ジプシーキリスト』（*The Gipsy Christ and Other Tales*, 1895）がある。ケルト風の神秘的な情趣を湛えた作品が多く『森のささやくところ』（*Where the Forest Murmurs*）、『バンシーその他の伝説的道徳物語』（*The Washer of the Ford and Other Legendary Moralities*）等がある。

索引

ア

イ

ウ

エ

ヘ

ホ

ワ

フロリス・ドラットル Floris Delattre
1880年、フランスのノール県生まれ。英文学を志してリール大学文学部に入学。卒業後は高校教師をする傍ら、イギリスの詩人ロバート・ヘリックの妖精詩を題材にした論文をまとめ、文学博士号を取得。その副論文として英語で書かれたのが本書である。その後、リール大学やソルボンヌ大学で教授を務め、イギリス文学のほかイギリス人ならではの精神の研究などをおこなった。1950年没。

井村 君江（いむら きみえ）
英文学者・比較文学者。明星大学名誉教授。うつのみや妖精ミュージアム名誉館長。金山町妖精美術館館長。著書に『妖精学大全』（東京書籍）、『ケルト妖精学』（筑摩書房）、『帰朝者の日本』（東京創元社、近刊予定）、訳書にアーサー・コナン・ドイル『妖精の到来〜コティングリー村の事件』、ウォルター・デ・ラ・メア『ダン・アダン・デリー〜妖精たちの輪舞曲』（以上、アトリエサード）、W・B・イエイツ『ケルト妖精物語』（筑摩書房）、ウィリアム・シェイクスピア『新訳 テンペスト』（レベル）、オスカー・ワイルド『幸福の王子』（偕成社）、編著に『コティングリー妖精事件 イギリス妖精写真の新事実』（青弓社）ほか多数。

TH SERIES ADVANCED

フェアリーたちは
いかに生まれ愛されたか

イギリス妖精信仰――その誕生から「夏の夜の夢」へ

著　者　フロリス・ドラットル
訳　者　井村 君江
協　力　矢田部健史、深泰勉
発行日　2022年8月8日
発行人　鈴木孝
編集担当　岩田恵
発　行　有限会社アトリエサード
東京都豊島区南大塚1-33-1 〒170-0005
TEL.03-6304-1638 FAX.03-3946-3778
http://www.a-third.com/ th@a-third.com
振替口座／00160-8-728019
発　売　株式会社書苑新社
印　刷　モリモト印刷株式会社
定　価　本体2500円＋税
ISBN978-4-88375-474-8 C0098 ¥2500E

www.a-third.com

TH Literature Series

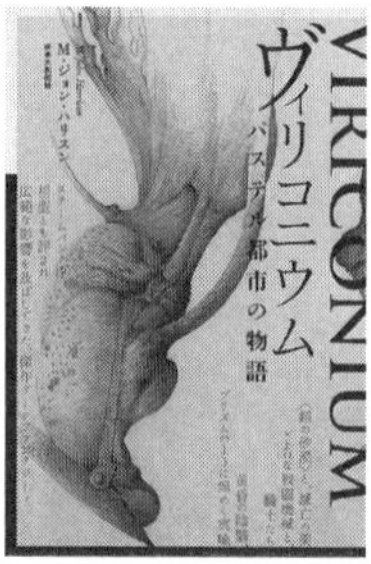

M・ジョン・ハリスン
大和田始 訳

「ヴィリコニウム～パステル都市の物語」

四六判・カヴァー装・320頁・税別2500円

〈錆の砂漠〉と、滅亡の美。レトロな戦闘機械と、騎士たち。
スチームパンクの祖型とも評され、〈風の谷のナウシカ〉の
系譜に連なる、SF・幻想文学の先行作として知られる
ダークファンタジーの傑作!

キム・ニューマン
鍛治靖子 訳

「ドラキュラ紀元一八八八」（完全版）

四六判・カヴァー装・576頁・税別3600円

吸血鬼ドラキュラが君臨する大英帝国に出現した切り裂き魔。

諜報員ボウルガードは、500歳の美少女とともに犯人を追う――。

実在・架空の人物・事件が入り乱れて展開する、壮大な物語!


◉シリーズ好評発売中!「《ドラキュラ紀元一九一八》鮮血の撃墜王」

「《ドラキュラ紀元一九五九》ドラキュラのチャチャチャ」

「《ドラキュラ紀元》われはドラキュラ――ジョニー・アルカード〈上下巻〉」

ケン・リュウ他

「再着装（リスリーヴ）の記憶 ――〈エクリプス・フェイズ〉アンソロジー」

四六判・カヴァー装・384頁・税別2700円

血湧き肉躍る大活劇、ファースト・コンタクトの衝撃……
未来における身体性を問う最新のSFが集結!
ケン・リュウら英語圏の超人気SF作家と、さまざまなジャンルで
活躍する日本の作家たちが競演する夢のアンソロジー!

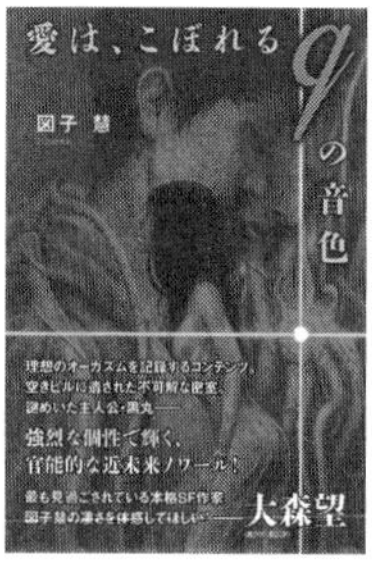

図子慧

「愛は、こぼれるqの音色」

J-06 四六判・カヴァー装・256頁・税別2200円

理想のオーガズムを記録するコンテンツ。

空きビルに遺された不可解な密室。

……官能的な近未来ノワール!

最も見過ごされている本格SF作家、
図子慧の凄さを体感してほしい!――大森望（書評家、翻訳家）

詳細・通販は、アトリエサード http://www.a-third.com/